图解人力资源管理

轻松易学的194个关键技巧

任康磊 著

人民邮电出版社
北京

图书在版编目（CIP）数据

图解人力资源管理 ：轻松易学的194个关键技巧 / 任康磊著. -- 北京 ：人民邮电出版社，2020.8（2023.3重印）
ISBN 978-7-115-53894-9

Ⅰ. ①图… Ⅱ. ①任… Ⅲ. ①人力资源管理－图解 Ⅳ. ①F243-64

中国版本图书馆CIP数据核字(2020)第074881号

内 容 提 要

人力资源管理的学习，不是难在人力资源管理涉及的知识比较多，而是难在很多关键知识点难以理解和应用。本书以实际场景和应对策略为背景，介绍人力资源管理工作过程中经常遇到的问题、用到的工具和应用的方法。

本书分为8章，主要内容包括人力资源管理概述、岗位管理与能力管理、人才招募与选拔管理、人才入职与离职管理、人才培养与发展管理、人才薪酬与福利管理、人才绩效与评价管理、员工关系与劳动保护。

本书采取全图解的形式，通俗易懂，精选的194个关键技巧，贴近实战，适合企业各级管理者、管理咨询师、人力资源管理从业人员以及其他想学习人力资源管理方法的人员阅读使用。

◆ 著　　　　任康磊
　责任编辑　郭　媛
　责任印制　周昇亮
◆ 人民邮电出版社出版发行　　北京市丰台区成寿寺路 11 号
　邮编　100164　　电子邮件　315@ptpress.com.cn
　网址　https://www.ptpress.com.cn
　北京虎彩文化传播有限公司印刷
◆ 开本：700×1000　1/16
　印张：17.5　　　　　　　2020 年 8 月第 1 版
　字数：276 千字　　　　　2023 年 3 月北京第 7 次印刷

定价：69.80 元

读者服务热线：(010)81055296　印装质量热线：(010)81055316
反盗版热线：(010)81055315
广告经营许可证：京东市监广登字 20170147 号

总序

让学习人力资源管理变得简单

“学习人力资源管理太难了！”这是笔者常听学员们说的一句话。

难在哪里呢？

主要不是难在人力资源管理涉及的内容比较多，而是难在人力资源管理的很多知识点难以理解和应用。

根据脑科学研究，人的大脑分成左脑和右脑，左脑管理着语言、文字、阅读等功能；右脑管理着视觉、图形、形象等功能。人们对图形的理解和记忆用的是右脑，对文字的理解和记忆用的是左脑。

右脑储存的信息量远远大于左脑，这也就是为什么人们常说，能用图形来表达的事情，就不要用文字来表达。人们看图理解的速度和记忆的深度，远大于看文字。

对于一些经典的管理工具，如果人们只看文字，有时候难以理解，而且不知道如何应用。但是我们将这些工具转换成图形来表达的时候，一下子就变得容易理解和记忆，而且能迅速上手应用。

比如，SWOT（Strengths 优势，Weaknesses 劣势，Opportunities 机会，Threats 威胁）分析工具，要讲清楚这个工具的应用，需要大量的文字。而当用四宫格图形来表示的时候，这个工具一下子变得清晰起来。

Strengths 优势	Weaknesses 劣势
1. 2. 3.	1. 2. 3.
Opportunities 机会	Threats 威胁
1. 2. 3.	1. 2. 3.

人力资源管理的知识能不能通过图形的方式来表达呢？当然可以！

传统的人力资源管理图书大多是采用文字形式，图形和表格的占比较少，阅读和理解起来有一定难度。在本书丛书中，笔者把实战人力资源管理相关的工具和方法用图形来表达，便于读者快速学习和应用。

图解类的图书看似文字较少，实际上知识点更密集，内容更丰富。要学好图解类的图书，靠的不是死记硬背，而是通过图形的组成结构，理解工具和方法背后的应用逻辑。一生二，二生三，把工具和方法融会贯通，变成自己思想的一部分，发散思维之后，产生更多的应用。

1. 除了看书自学，我还有别的学习渠道吗？

如果你期望利用碎片化的时间学习，可以关注笔者在喜马拉雅平台的专栏。每节 10 分钟左右的音频课程，可以帮助你快速提高人力资源管理技能，针对性地解决实际问题。

打开“喜马拉雅”App，搜索关键词“任康磊”，找到“任康磊的人力资源管理课”专栏即可获得。

2. 我想更系统地学习人力资源管理知识，有渠道吗？

笔者有一整套人力资源管理线上课程，能够为你提供非常系统的人力资源管理学习方案。笔者的线上课程可以为你提供标准化的知识产品，在帮助你学到原理和方法的同时，更全面地指导你的实践工作。

关注笔者的公众号“tobehr”，进入公众号后在左下角就能看到系列课程的列表。

打开千聊 App，搜索关键词“任康磊”,点击“直播间”找到“任康磊的人力资源管理”直播间即可获得。

3. 除了出版物和线上课，我还能得到什么？

你可以加入笔者的社群，关注微信公众号并回复“社群”，将弹出加入社群的方法。在社群中，会有不定期的免费课程和资料分享；你可以和同业的朋友们交流，还可以获得更多的学习机会。

愿你能够快速提升人力资源管理能力。

前言

常有人问我：人力资源管理到底有什么用？

每当听到这类问题时，我会举 3 个简单的例子进行说明。

1. 人力资源管理能告诉我们，为什么钱不能有效地激励人

有一次，我跟一位创业公司的总经理吃饭，他的团队有 30 多个人。这位总经理说起了自己的难处，他说现在公司的员工非常缺乏积极主动创新的动力。他们明明是个创业公司，可公司大部分人却朝九晚五、按部就班，只关注按时出勤，而不去想怎么把工作做好。

这位总经理认为，出现这种现象的原因是他的公司不像大公司有雇主品牌优势，员工的工资也不高，说出去没面子，所以员工就没有动力。他想通过给员工涨工资的方式，改变这种现象。我当时和这位总经理不熟，没有搭话。

半年之后，我又遇到他，问他涨工资了吗，他说涨了。我问他，效果怎么样。他说员工高兴了几天之后，就又回到了原来的工作状态，他很苦恼。

为什么会这样呢？因为人们的行为是由动机产生的。动机和什么有关系呢？和人的诉求有关系，和人的期望有关系，和人所处的环境因素也有很大的关系。

激励是为了让员工产生某种行为，其方式是激发员工产生某种动机。就这个创业公司来说，涨工资能激发员工产生什么动机呢？

什么都不会产生。因为涨工资是一种确定的结果，而不是预期。这是一件已经发生的事，而不是员工做出了某种举动之后，可能会发生的事。

就算有的公司设置了非常成熟的薪酬机制，员工在上一年做出了某种行为结果，在下一年他就可以获得某种薪酬加成，这也不见得一定有用。因为这种机制有一个前提假设，即对员工来说，最重要的是工资。

如果真的是这样，那别的公司只要比现在这个公司多出一元的工资，员工就会跳槽。现实是，很多公司就算愿意多出一倍甚至几倍的工资，有些员工也不愿意跳槽。因为工作环境、组织氛围、学习机会、组织认可、社会声誉、特殊福利等对于不同的员工个体来说，都有可能比工资更重要。对很多员工来说，这些反而才是能有效激励他们的因素。

2. 人力资源管理也能告诉我们，为什么不公平反而公平

曾经有个管理者向我诉苦，他的部门来了小王和小张两个新员工。他们从事着相同的工作，每月的工资构成相同，即基本工资 + 浮动工资，工资金额也一样。浮动工资的发放条件是每月完成 1 份 3 万字的调研报告。

小王和小张每月都能完成调研报告，所以他们每月都能顺利拿到浮动工资。开始时，小王和小张相安无事，但没多久问题出现了。

小王开始觉得不公平，他认为自己每月完成调研报告只需要十几天时间，剩下的时间做了很多不在自己职责范围内的工作，而小张每月总是拖到月底才完成调研报告。这说明自己的工作效率比小张高，工作能力比小张强，那凭什么自己的工资和小张的一样呢？

小张也觉得不公平，他认为自己每次被分配到的调研报告主题都是新的，都是公司资料库里没有的，自己要费很大力气从外部找资源，才能在月底前勉强完成调研报告，而小王每次的调研报告的主题和公司以往的调研报告都有很高的相关性，能在资料库里找到大量现成的参考资料。这说明自己的工作难度比小王的大，工作量比小王的多，那凭什么自己拿的工资和小王的一样呢？

为什么两个人都觉得不公平？这就需要了解什么是公平，什么是公正。公平指的是一视同仁；而公正指的是每个人获得自己应得的。公平没有主次，没有偏好，大家都一样，但是公正有非常明确的价值取向。

公平和公正的区别是，公正的事情通常也是公平的事情，但是公平的事情不见得是公正的事情。例如，小王和小张的工资一样，从工作结果和工资数量的维度上看，是公平的。但是二人的工作过程中不公正，所以他们两个人都感觉不公平。

如果他们的工资不仅和有没有完成调研报告有关，还和调研报告主题的难度系数有关——难度越大的调研报告，浮动工资越高；难度越小的调研报告，浮动工资越低。而且让他们自主选择要做的调研报告主题。那么这种规则就是公正的，这么做之后，小王和小张每月的工资很可能不同，但因为他们在统一的规则下，表面上看起来不公平，但只要公正，他们就会觉得是公平的。

3. 人力资源管理还能告诉我们，为什么质量比数量更重要

玩模拟经营类游戏时，假如双方的其他条件都相同，你的公司有 1 000 人，我的公司也有 1 000 人，你要想在经营结果上超过我，则需要重点关注资金、业务、市场等非人力资源因素。

可现实世界不是这样的，现实世界是，如果我们其他条件相同，就算你有 100 人，我有 1 000 人，只要你的人力资源管理能力比我强，100 人产生的价值就很可能大于 1 000 人产生的价值。

为什么会这样？因为 100 和 1 000 只是数量，数量不代表质量，质量更重要。

什么是质量？质量不仅是人与人个体之间学历、能力、经验之间的差异。就算你的 100 人学历不高、能力不强、经验不足，我的 1 000 人全是名校毕业的博士，个个能力强、经验丰富，那我完成工作的质量就一定比你的高吗？不一定。

这里的质量不是个体之间的比较，而是个体组织在一起后，组织能力强弱的比较。组织能力的强弱，和员工的治理方式有关系，和员工个体的组织方式有关系，和组织文化、组织环境等都有关系。100 人的组织能力，很可能强于 1 000 人的组织能力，在相同条件、相同人数之下，强的组织能力可能让 1+1 > 10，弱的组织能力可能让 1+1 < 0。

形成人力资源组织之后，组织能力强弱的关键在哪里呢？在于人力资源管理能力！人是公司无形的资产，存在着巨大的潜在价值。通过提高人力资源管理能力，团队的组织能力会越来越强，战斗能力也会越来越强，为市场、为客户创造的价值也会越来越大。

人力资源管理的质量和水平，取决于团队中所有管人的人，取决于所有的管理者在人力资源管理方面的意识和行为。

针对如何做好人力资源管理，最大化组织能力，我聚焦在人力资源管理实战层面，集合实用的工具、方法和案例，形成了本书。本书可以帮读者建立正确的人力资源管理思维，帮助读者成为一名优秀的管理者。

为便于读者快读阅读、理解、记忆并应用，本书内容全部采用图解的形式呈现。

希望读者朋友们能够学以致用，更好地学习和工作。

本书若有不足之处，欢迎读者朋友们批评指正。

本书特色

1. 全文图解，上手迅速

本书采取图解的形式，通过对工具和方法的解构，保证读者能够看得懂、学得会、用得上，让读者以最快的速度掌握人力资源管理的方法。

2. 内容丰富，实操性强

本书包含人力资源管理实战过程中能够用到的各类工具和方法，将这些工具和方法图形化、可视化、流程化、步骤化，而且有实施细节和注意事项，让读者一目了然。

3. 立足实践，解析详尽

本书以人力资源管理实战中的各类实际场景为背景，通过实际问题引出实战工具，通过对实战工具的充分解析，让读者不仅知其然，更知其所以然。

本书内容及体系结构

本书包含人力资源管理过程中经常遇到的问题、用到的工具和应用的方法。

第 1 章　人力资源管理概述

本章主要介绍：实战中人力资源管理全貌，包括人力资源管理模块、人力资源管理发展阶段和人力资源管理创造价值；人力资源规划，包括人力资源总体规划、人力需求预测程序、公司盈亏平衡分析、人力成本区间预测、人力成本预算编制；组织结构设计，包括各类组织结构的特点和设计方法以及设立组织结构的流程等。

第 2 章　岗位管理与能力管理

本章主要介绍：岗位管理体系，包括岗位体系全貌、岗位分类方法、岗位发展通道、岗位分析方法、岗位访谈方法、岗位说明书、岗位职责描述、岗位职等职级；如何构建胜任模型，包括胜任模型的维度和构建方法等。

第 3 章　人才招募与选拔管理

本章主要介绍：招聘渠道，包括各类招聘渠道的流程；简历筛选与面试邀约，包括工作经历分析、简历筛选分类、电话面试操作、面试邀约注意；经典的面试 6 种问题，包括导入类问题、动机类问题、行为类问题、应变类问题、压力类问题、情境类问题；薪酬谈判，包括薪酬谈判的实施步骤、实施技巧和注意事项等。

第 4 章　员工入职与离职管理

本章主要介绍：入职作业流程，包括用人申请流程、员工入职流程、员工试用期管理、员工转正管理；离职作业流程，包括员工辞职操作方法、离职交接操作方法、劳动合同到期操作方法、员工退休操作方法；入职离职风险防控，包括入职常见风险和应对、离职常见风险和应对等。

第 5 章　人才培养与发展管理

本章主要介绍：培训管理体系建设，包括培训管理体系的三大层面模块建设；新员工培训操作方法，包括集中组织新员工培训、部门内部新员工培训、新员工培训常见问题、新员工培训注意事项；培训需求分析，包括培训需求分析挖掘方法、培训需求三大层面、临时培训需求分析和培训需求分析注意；培训计划设计，包括培训需求汇总、培训需求量化、培训需求确认和培训计划制订；培训课程设计，包括培训课程开发、课程内容框架、培训内容结构、培训方案制定和培训方案测评；培训评估方法；培训效果转化和追踪等。

第 6 章　人才薪酬与福利管理

本章主要介绍：公司战略与薪酬战略，包括公司总体战略与薪酬战略、发展阶段与薪酬战略、薪酬定位策略、薪酬结构策略、薪酬策略制定；薪酬要素设计，包括薪酬组成要素，基本工资、绩效工资、提成奖金、股权激励、岗位津贴、员工福利、弹性福利、非经济性薪酬等的设计方法；考勤管理，包括考勤管理流程、加班补休流程、员工请假流程、员工外出流程、考勤汇总方法和考勤汇总时间；薪酬调研操作，包括基准公司选择、需求信息确认、薪酬调研渠道；薪酬方案设计；薪酬调整等。

第 7 章　人才绩效与评价管理

本章主要介绍：绩效管理与公司经营，包括公司经营与价值创造、影响绩效的关键因素；绩效管理常见工具，包括目标管理方法、关键过程领域、关键结果领域、关键绩效指标、目标与关键成果法、平衡计分卡、关键成功要素、360 度评估；绩效管理实施，包括绩效管理推进程序、绩效管理工具选择、绩效管理周期确定和绩效管理培训；绩效指标分解；绩效计划，包括绩效计划的分类、内容、制订流程、沟通流程和沟通注意；绩效辅导，包括绩效辅导的角色、职责、程序、工具、对象和步骤；绩效评价方法；绩效结果反馈；绩效结果应用；绩效管理申诉等。

第 8 章　员工关系与劳动保护

本章主要介绍：规章制度汇编，包括规章制度基本类别、规章制度汇编注意、员工手册内容框架、员工手册编制步骤、员工手册编制注意、规章制度通过程序、规章制度公示方法和员工违规处理办法；员工满意度调查，包括员工满意度调查的流程、内容、注意；员工投诉，包括员工投诉的受理、调查、处理和员工对抗应对；劳动争议，包括劳动争议的产生原因、处理流程和防控方法等。

本书读者对象

公司各级管理者

各类团队管理者

管理咨询师

人力资源管理各级从业人员

管理类相关专业在校生

其他想学习人力资源管理方法的人员

目录

第 1 章　人力资源管理概述

第 2 章　岗位管理与能力管理

第 3 章　人才招募与选拔管理

第 4 章　员工入职与离职管理

第 5 章　人才培养与发展管理

第 6 章　人才薪酬与福利管理

第 7 章 人才绩效与评价管理

第 8 章 员工关系与劳动保护

第1章

人力资源管理概述

人力资源是劳动者及其具备能力的总和。不论在哪个行业，人力资源都是组织中最重要的资源之一，也是最能够创造价值的资源之一。公司在人力资源管理方面的水平从侧面反映了公司整体的经营管理水平。

1.1 人力资源管理全貌

人力资源管理并不是一个单纯的行为，也不是一份简单的事务性工作，它是一套成体系的管理工作，需要管理者系统地认识、理解和操作。管理者只有认清人力资源管理的全貌，才能完整、有效地实施人力资源管理。

1.1.1 人力资源管理模块

要点介绍

人力资源管理模块可以划分为 3 层。第 1 层为人力资源战略管理层，第 2 层为人力资源管理工作层，第 3 层为基础人事工作层。

与人力资源管理相关的考试教材将人力资源管理分成六大模块，分别是人力资源规划、招聘与配置、培训与开发、绩效管理、薪酬福利管理、员工关系管理。这种划分方法偏向于人力资源管理理论上的划分，有助于报考人力资源管理相关证书考试的人员快速学习和掌握人力资源管理知识。

人力资源规划	培训与开发	薪酬福利管理
招聘与配置	绩效管理	员工关系管理

有的人力资源管理咨询机构将人力资源管理分为“选、训、育、留”4 个方面。这种划分方法是以多数公司人力资源管理工作的核心目的为依据，是对人力资源管理模块的简化表述，有助于公司明确人力资源管理工作的意义。

选	训
育	留

然而，对于人力资源管理工作实务来说，前面的两种模块划分方法都略显简单和笼统，模块划分以及它们之间的关系要更为复杂。

实务中的人力资源管理模块可以划分为 3 层

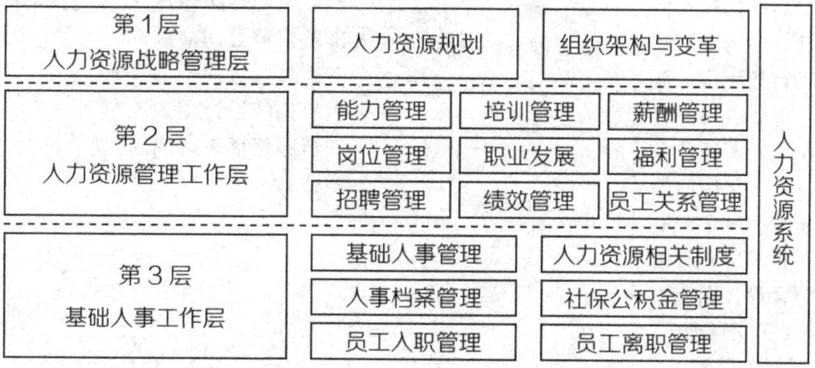

1.1.2 人力资源管理发展阶段

要点介绍

人力资源管理的发展可以分为 4 个阶段。第 1 个阶段是人力资源管理的起源形态，是行政事务阶段，是人力资源管理的 1.0 版本；第 2 个阶段是人力资源管理阶段，是人力资源管理的 2.0 版本；第 3 个阶段是战略人力资源管理阶段，是人力资源管理的 3.0 版本；第 4 个阶段是战略人力资本管理阶段，是人力资源管理的 4.0 版本。

人力资源管理发展的 4 个阶段，就像一层一层的阶梯，层层递进，且每个阶段都有不同的关注重点。

1.0 版本
行政事务

人力资源管理是从行政办公室分出来的一块业务，主要功能是保证公司不会违反劳动法，给员工办理一些基础的行政手续。在这个阶段，很多公司的行政办公室和人力资源部是不分家的，叫人事行政部或行政人事部。这个时期的人力资源管理也不应该叫人力资源管理，而应该叫人事管理或劳资管理。

2.0 版本
人力资源管理

人力资源部开始承担比较多的职能，主要给公司提供源源不断的人才支持。保证人才的数量和质量能满足公司的需要。人力资源管理开始转向一系列的人力资源管理实践。

3.0 版本
战略人力资源管理

人力资源部不仅关注人才的管理和开发，还更加地关注组织本身。这个阶段人力资源管理的标志是人力资源管理开始逐渐地与公司战略、公司文化建设紧密结合在一起。人力资源管理部要根据公司战略的规划，专注于组织机构的设计和人力资源管理系统的设计。

4.0 版本
战略人力资本管理

人力资源管理部不仅关注公司内部，更加关注公司的外部环境和成长情况。除了做好前 3 个阶段的事情外，这时的人力资源管理部更加地接近客户、投资者、社群或政府机构。这个阶段的公司不仅把人才当成资源，还把人才当成资本。

1.1.3 人力资源管理创造价值

要点介绍

戴维·尤里奇（Dave Ulrich）针对人力资源管理如何发挥作用，提出了一个三角形模型。这个三角形分为10个部分。最顶端的第1部分是人力资源管理要为公司创造价值：这既是人力资源管理的原则，也是人力资源管理需要关注的过程；既是顶层的注意事项，也是把底层的工作做好了之后将会收获的结果。剩下的9个部分，都是为第1部分提供支持的。剩下的9个部分中，前2个部分是“为什么”层面的问题，中间3个部分是关于人力资源管理具体要“做什么”层面的问题，最后4个部分是关于具体要“怎么做”层面的问题。

戴维·尤里奇人力资源管理创造价值的三角形

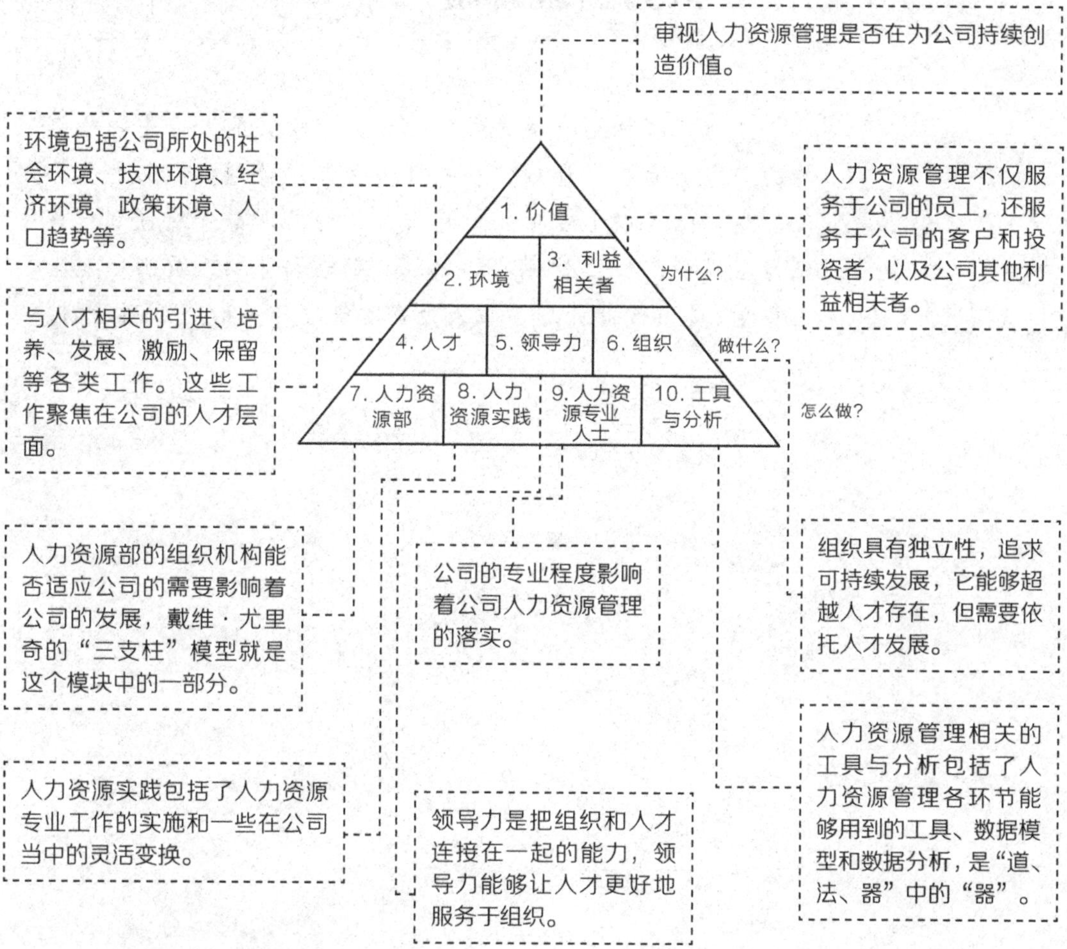

1.2 人力资源规划

人力资源规划有狭义和广义之分。狭义的人力资源规划指的是人员的配置计划、补充计划和晋升计划。广义的人力资源规划除了以上3项外，还有员工的培训与发展计划、薪酬与激励计划、绩效管理计划、员工福利计划、员工职业生涯规划、员工援助计划等与人力资源管理相关的一系列计划。

1.2.1 人力资源总体规划

要点介绍

人力资源规划的目的是承接和满足公司总体的战略发展要求，促进公司人力资源管理更好地开展，协调人力资源管理各模块的工作计划，提高公司人力资源管理的工作效率，让公司的目标和员工个人发展的目标达成一致。人力资源总体规划流程可以分为5步，分别是信息收集、现况分析、供需预测、制定实施、评估控制。

人力资源总体规划流程

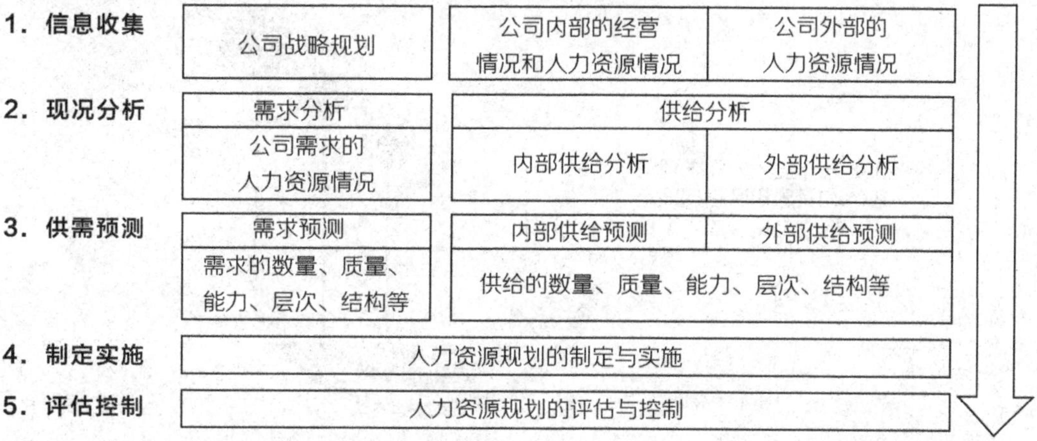

1. 信息收集，调查、整理公司的战略规划、内部经营状况，以及内外部的人力资源情况等各类相关信息。收集的信息应全面、真实、有效。公司的战略规划应包含市场、产品、技术、扩张等经营管理层面的全部规划。

2. 现况分析，对所有收集到的信息材料进行整理分析，包括对需求的分析和对供给的分析。做供给分析时需注意，供给可以分为内部供给和外部供给，应本着“先内部再外部”的原则，而不能只关注外部供给。

3. 供需预测，利用定量和定性的方法，对人力资源的供需状况进行预测。在预测前，需要对当前的人力资源情况进行盘点，包括人力资源的数量、质量、能力、层次、结构等，掌握当前的存量情况，在盘点存量的基础上，预测未来的增量情况。

4. 制定实施，根据前3步的分析和预测，制定人力资源规划并开始实施。需要注意的是，在制定人力资源规划时，既要充分考虑公司的短期需求，也要充分考虑公司的长期需求；既要促进公司现有人力资源价值的实现，又要为员工的长期发展提供机会。

5. 评估控制，在人力资源规划实施的过程中进行有效的评估和控制。由于内外部环境的变化、公司战略的调整和人力资源规划本身的欠缺，人力资源规划在实施过程中常出现不适宜的问题，为此，人力资源部应及时修改和调整人力资源规划。

1.2.2 人力需求预测程序

要点介绍

各部门每年根据公司发展战略和年度经营目标编制本部门年度计划的同时，应制定本部门年度的人力需求预测，填写人力需求计划表，人力资源部负责收集、审核各部门的人力需求计划表。人力资源需求预测有 3 个关键点，分别是公司年度人力需求预测、人力资源招聘指标确定、临时人力资源需求审批。

人力资源需求预测程序

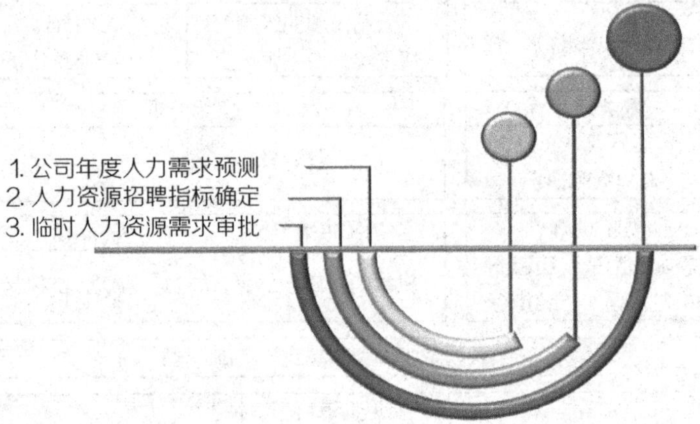

1．公司年度人力需求预测

人力资源部根据各部门上报的人力需求预测，综合考虑公司战略、组织机构调整、部门编制、员工内部流动、员工流失、竞争对手的人才策略等因素，对各部门的人力需求预测进行综合平衡，分别制定各部门的年度人力需求预测，确定各部门人员编制，上报集团总经理审批。

2．人力资源招聘指标确定

年度人力需求预测审批通过后，人力资源部确定各部门和各业态的招聘指标，并通知各部门，将经总经理、人力资源部负责人批准后的人力需求计划表留在人力资源部备案，将其作为招聘的依据。

3．临时人力资源需求审批

临时的人力需求，指的是除年度人力需求预测之外，部门因员工离职或临时业务需求而需要招聘的人才。由各部门临时填写人力需求申请表，相关领导审批通过后，人事专员进行信息整理，开始招聘。

1.2.3 公司盈亏平衡分析

要点介绍

公司要正常有序地经营，需要具备一定的盈利能力。一般来说，当公司的销售收入或产品销量高于某个点时，公司将会盈利；当公司的销售收入或产品销量低于某个点时，公司将会亏损。这里的某个点，叫盈亏平衡点。以盈亏平衡点为界，当销售收入或产品销量高于盈亏平衡点时，公司盈利；反之，公司亏损。盈亏平衡点可以用销售收入来表示，也可以用销售量来表示。计算盈亏平衡点，有助于公司做人力成本预测。

公司盈亏平衡分析

总成本 = 固定成本 + 变动成本

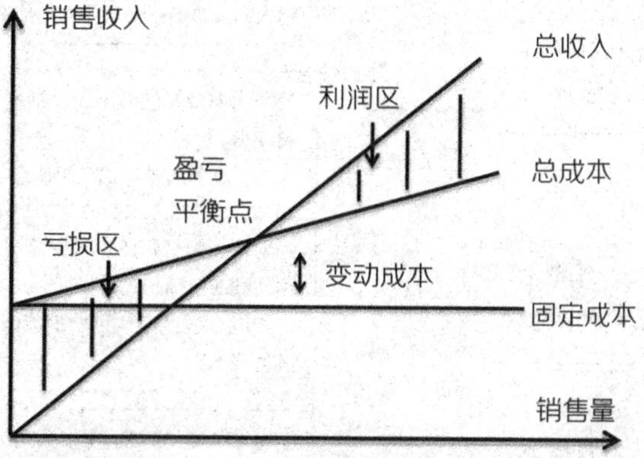

一般在正常经营的公司中，随着经营过程中产品销售量或服务的不断增加，总收入的增长速度会大于总成本的增长速度，进而形成两条斜率不同的直线。这两条直线相交的那一点就是盈亏平衡点。

总成本

- 固定成本：公司经营会有一部分固定成本，如租金、折旧费、管理费等，这部分固定成本在公司经营期间都会存在。
- 变动成本：公司经营还会有一部分变动成本，随着公司的持续经营，产品和服务不断输出，随着总收入的不断增加，这部分变动成本也会不断增加。变动成本和固定成本之和，构成了公司经营的总成本。

例如

某公司产品的单价是100元，生产每件产品的人力成本为30元，其他成本为20元，该公司每月的固定成本为20万元，则该公司的盈亏平衡点是多少呢？

100×盈亏平衡点销售量=200 000+（30+20）×盈亏平衡点销售量。

盈亏平衡点销售量=4 000（件）。

盈亏平衡点销售收入=4 000×100=400 000（元）。

1.2.4 人力成本区间测算

要点介绍

根据对公司盈亏平衡的分析，公司可以对人力成本区间做测算。公司通过对人力成本的测算，获得公司稳定运营需要的人数。根据公司的盈亏平衡点、公司期望的适度的盈利能力和公司最低的人力资源保障，公司的人力成本划分一般可以分为 3 条线、4 个区间。

人力成本区间测算示意

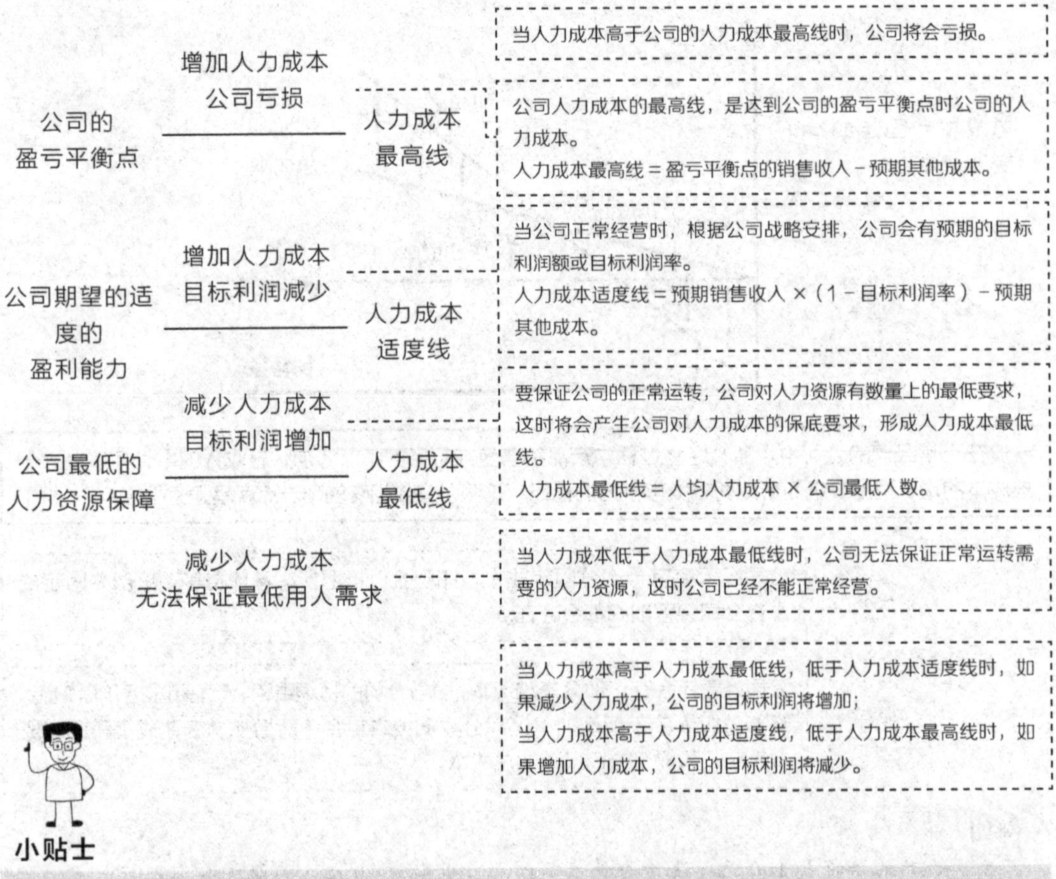

小贴士

这里对人力成本最低线、适度线和最高线的计算适用于一般正常经营和盈利的公司。有的公司本身处于连续亏损状态，这时计算的人力成本最高线可能会低于人力成本最低线。在这类公司中，为了保证正常经营，应当参考人力成本的最低线标准；如果有进一步的预期和发展，应当参考人力成本的适度线标准。

1.2.5 人力成本预算编制

要点介绍

根据以往的人力资源成本情况以及战略需求，公司能够形成人力成本预算方案，报公司预算管理委员会进行核准和审批。人力资源部在收到公司预算管理委员会的批复后，对于需要修改的方案内容，应及时修改，直至预算管理委员会最终通过。方案通过后执行该人力成本预算决议。

人力成本预算核准和审批流程

预算项目	预算额	实际发生额	差异额	累计预算额	累计实际发生额	累计差异额

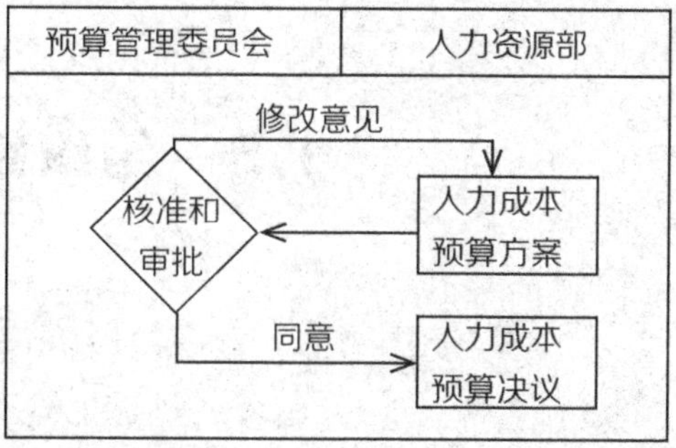

人力成本预算管控的 5 个注意事项

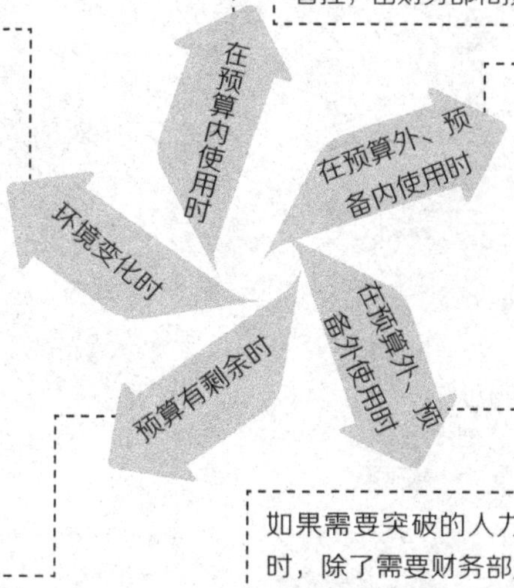

在人力成本预算管理的过程中，对于预算内的项目，一般来说由人力资源部负责人和总经理进行审批和管控，由财务部和预算管理委员会进行监督。

如果遇到特殊情况，需要突破人力成本预算，但是超出的金额在预算预备费用内时，需要提出申请，详细说明原因，由财务部负责人和总经理核准和审批后，纳入预算外支出。

如果需要突破的人力成本预算超过预算预备费用时，除了需要财务部负责人和总经理审批外，还需要预算管理委员会的审核与批准。必要时，应对该超过预算项目的必要性实施充分的论证。

当人力成本预算有剩余时，一般可以跨月结转，继续使用，但一般不能跨年度结转使用。

公司在使用人力成本预算的过程中，如果遇到各类环境变化（如政策环境变化、经济环境变化、产业环境变化等）以及其他特殊原因，造成公司的经营战略发生变化，则公司应对人力成本的预算及时做出修正，并按照公司权限，重新实施核准和审批流程。

1.3 组织结构设计

组织结构影响着人力资源的使用效率，它从一定程度上回答了“员工究竟为谁工作”以及“员工如何开展工作”的问题。设计公司的组织结构，不仅能解决关于公司运作方式的问题，还能提升员工的主观能动性。

1.3.1 组织结构设计流程

要点介绍

当遇到战略性的管理变化、建立新公司、扩张新业务、公司业务将会有重大转型、公司经营环境发生剧烈变化、公司面临并购或重组、公司需要规范化管理等情况时，公司往往需要进行组织结构设计。

组织结构设计五大原则

承接战略

组织结构的存在是为了服务于战略，在设计组织结构之前，一定要首先考虑战略的需求。

务实高效

务实高效是对组织工作的基本要求，是组织健康运转的前提，也是组织长久发展的必要条件。

合理的管理幅度

管理幅度分为横向管理幅度和纵向管理幅度两种，两种管理幅度应保持在合理的范围内。

运营、监督、管理部门的分开与合并

组织中既要有运营部门，又要有监督部门，还要有管理部门。负责运营的部门与负责监督的部门应有效地分开，监督部门和管理部门可以合并，也可以分开，确保组织中既有“运动员”，又有“裁判员”。

责、权、利对等

岗位的职责、职权和获得的利益要实现对等，否则就容易出问题。

组织结构设计的 3 步

1. 设计岗位

岗位是组织中最基础的单位，岗位管理是人力资源管理的核心。岗位设置的依据是工作任务和目标。在设计岗位时，要明确岗位的工作权限、工作职责、工作内容、薪酬范围、职级范围、上下级关系、考核指标、能力要求等关键要素。

2. 设计部门

部门是由一系列岗位组成的工作单位。岗位合并后，就形成了部门。部门的划分是一个自上而下和自下而上结合的过程。与岗位设计类似，设计好部门后也需要设计出部门的最高权限、职责、内部岗位、编制、从属关系、上下级关系等。

3. 设计层级

横向的管理幅度一般在 5 ~ 10 人为宜。为减少沟通成本，提高组织的工作效率和反应速度，纵向的管理幅度一般越窄越好。

1.3.2 职能型组织结构

要点介绍

职能型组织结构是最简单、最传统的组织结构类型，被我国绝大多数的中小型公司广泛应用。这种组织结构采取自上而下的纵向管理，将组织按照职能划分成不同的部门，各部门各司其职、分工协作，最终达成组织目标。

职能型组织结构示意

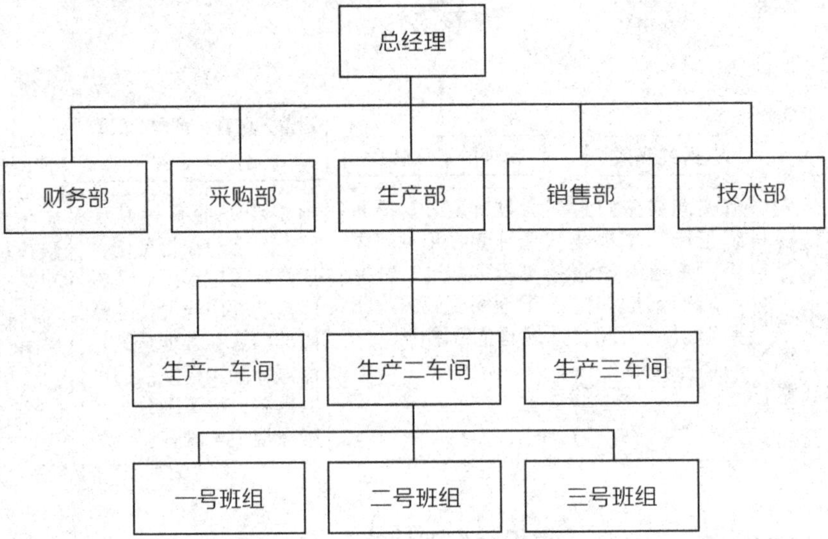

职能型组织结构的优点

1. 结构简单、分工明确；
2. 权责划分清楚；
3. 管理成本较低。

职能型组织结构的缺点

1. 各职能部门之间的横向配合容易出问题；
2. 可能过分强调各部门的专业分工，而忽略了融合统一；
3. 职能部门之间的沟通可能缺乏弹性；
4. 组织达到一定规模后，可能造成沟通不畅。

1.3.3 事业部型 / 超事业部型组织结构

要点介绍

事业部型组织结构以前被欧美大型公司广泛应用，现在在我国的大型制造企业当中的应用也非常广泛，已经成为比较常见的组织结构模式。这种组织结构是在职能型组织结构的逻辑基础上，按照地区、市场、产品或客户的相近性等属性，将组织划分为有独立责任的部门和多个事业部。

事业部型组织结构示意

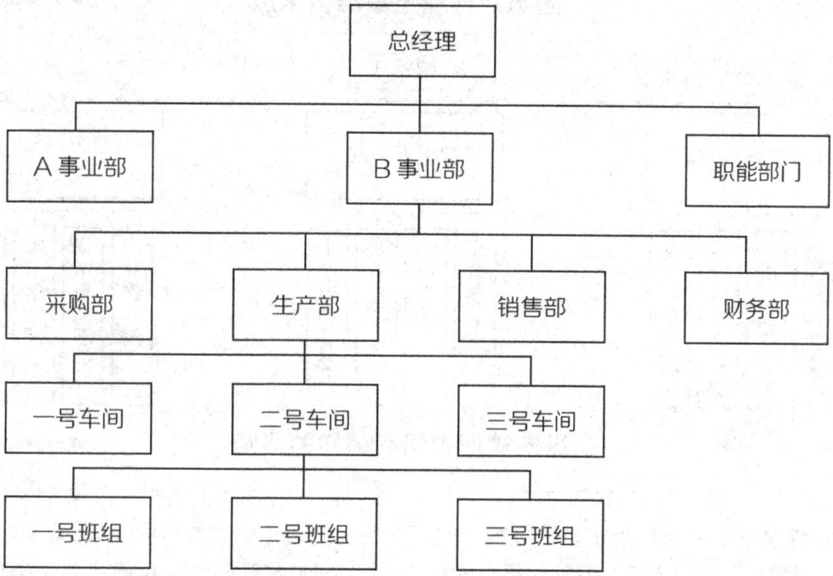

事业部型组织结构的优点

1．公司的灵活性和适应性更强；
2．权力下放，总公司的高层管理者能够从日常管理工作中解放出来；
3．权责利分工相对明确；
4．通常能够保证公司得到稳定的业绩；
5．有助于培养管理团队的接班人。

事业部型组织结构的缺点

1．横向与纵向之间沟通与协调工作较复杂；
2．需要的管理机构较多，管理成本较高；
3．管理者较多，对管理者的素质要求较高；
4．有可能架空总公司的高层管理者，让总公司对事业部失去控制；
5．事业部之间可能存在竞争，产生内耗，较难协调。

要点介绍

超事业部型组织结构的各个事业部之间通常是独立经营、独立核算的，具有一定的自主权。各事业部的负责人对本事业部的生产、销售、管理、业绩等负责。总经理对事业部下达任务目标或绩效指标，保留对事业部的财务控制权、人事任免权以及其他职能相关的监督权和控制权。在这种传统的纵向管理型组织结构里，组织结构越庞大，管理效率可能越低，这也许是“层级制”发展到一定程度和规模之后，必然会产生的后果。

超事业部型组织结构示意

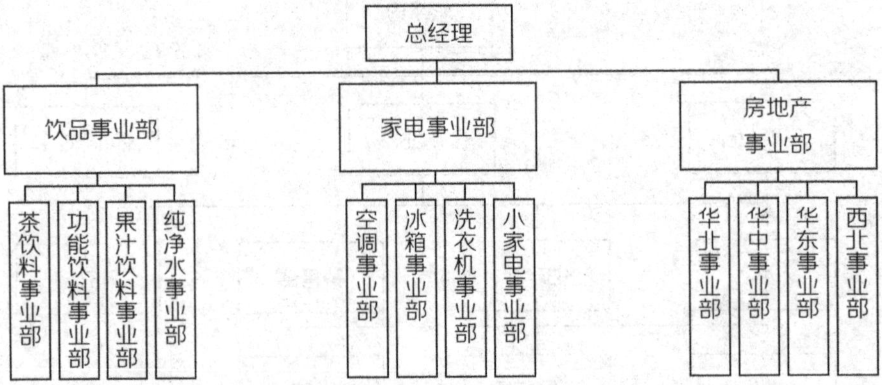

纵向管理型组织结构的问题

效率问题

纵向管理型组织结构规模达到一定程度后，权限的问题、责任归属的问题、做事流程的问题、制度要求的问题，都让原本正常的运营缺乏灵活性，让公司的运转缺乏应变能力，让管理效率变得非常低。

例如，公司都希望自身能够又好又快地发展，因此会按照这个原则来制定公司的发展目标。但是到了员工个体，员工可能会为了个人的短期收益寅吃卯粮、恶意竞争、透支未来等。

目标扭曲

公司有大目标，经过逐级分解后，大目标可以变成每个部门或每个岗位的小目标，可实现这些小目标后，却不一定能实现大目标。美国经济学家保罗·萨缪尔森（Paul A. Samuelson）提出的“合成谬误”（Fallacy of Composition）概念，就是形容这种现象的。

例如，某个跨国公司的一个部门的文案错了一个字，其实只需要做一个简单的动作，修改一下就可以了。但因为那个跨国公司等级森严、权限明确，任何修改都必须经过再一次的审批流程，结果修改一个字，耗时一周。

1.3.4 矩阵型组织结构

要点介绍

矩阵型组织结构是一种“任务－目标”型的组织结构。这种组织结构在原本职能型组织结构的基础上，以完成某项具体工作任务或达成某个目标为目的，组成临时的工作小组进行运作。

在矩阵型组织结构中，项目小组的目的性和适应性往往比较强，可以根据需要随时成立、随时解散。项目小组形成后，内部的成员受部门负责人和项目小组负责人的双重领导。

矩阵型组织结构在一些管理咨询公司、培训公司、律师事务所或会计师事务所里面非常常见。因为这些公司的业务模式通常是项目制，当公司有业务时，就形成项目小组，各个职能部门里面的人员将会分散到项目小组中。

矩阵型组织结构示意

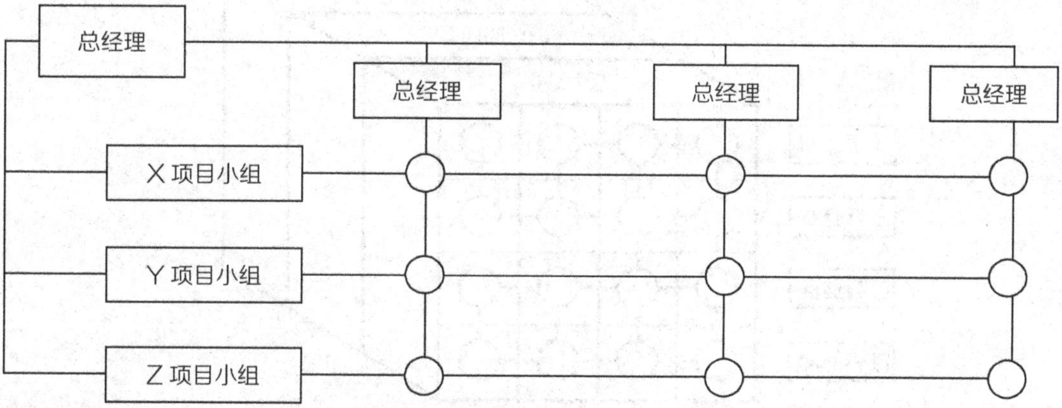

1．强化组织中的横向联络，让横向联络与纵向联络相结合；
2．提高组织形式的机动性和灵活性；
3．激发团队协作意识，提高人力资源的工作效率；
4．有效地实现分权管理。

1．双重领导可能会让员工无所适从；
2．员工组合具有临时性，员工的责任感可能不强；
3．可能出现项目小组负责人的权利较小、责任较大的问题。

1.3.5 多维立体型组织结构

要点介绍

多维立体型组织结构是把事业部型组织结构和矩阵型组织结构有机结合之后的新型组织结构。这种组织结构一般运用在规模比较大、产品比较复杂多样、跨地域较广的超大型公司中。

多维立体型组织结构通常包括3个维度的管理机构：第1个维度是按照部门职能划分的专业参谋机构，属于专业成本中心；第2个维度是按产品划分的不同事业部，属于利润中心；第3个维度是按地区划分的管理机构，属于地区利润中心。

多维立体型组织结构示意

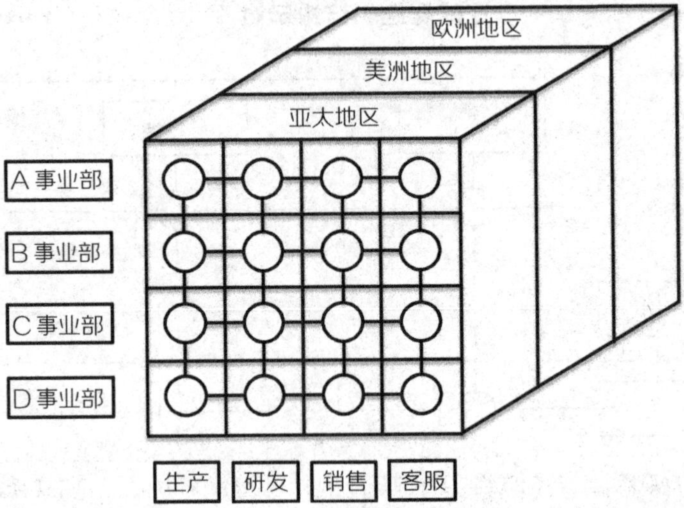

多维立体型组织结构的优点

1. 能够最大限度地满足客户的需要；
2. 更加容易从全局性考虑问题，便于公司层面做出集体决策；
3. 人力资源能够有效地在组织内灵活共享；
4. 能够适应更加复杂的外部经营环境。

多维立体型组织结构的缺点

1. 员工可能因面临三重管理关系，而更容易无所适从；
2. 对员工的沟通能力和人际关系能力要求较高；
3. 组织结构较复杂，管理成本较高，可能影响决策效率。

1.3.6 模拟分权型组织结构

要点介绍

模拟分权型组织结构是在职能型组织结构的基础上，根据各部门的特点以及在管理上的不同要求，把组织划分成类似于事业部的多个单位，并将其作为独立的生产经营部门，独立经营、独立核算、自负盈亏。

模拟分权型组织结构示意

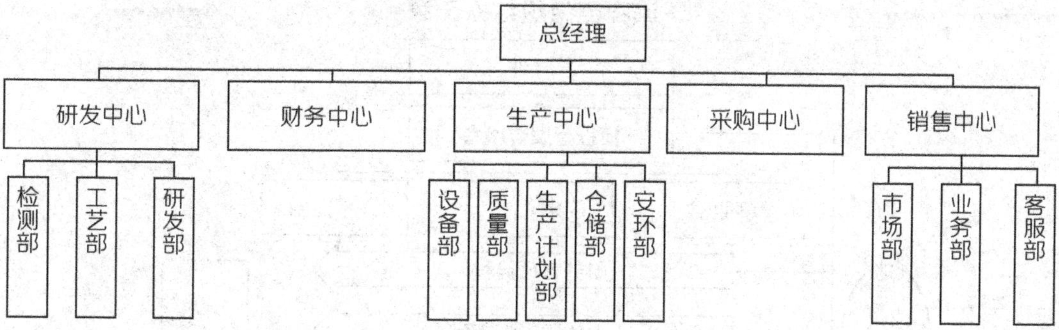

模拟分权型组织结构的优点

1．适应性更强，可以作为职能型组织结构的补充；
2．能够激发各部门的积极性，提升组织活力，提高效率；
3．相比职能型组织结构，权责利的划分更清晰，员工责任感更强。

模拟分权型组织结构的缺点

1．相比职能型组织结构，横向沟通和交流难度更大；
2．许多职能部门的计划和目标难以量化；
3．确定内部结算价格时容易引发内耗或矛盾。

小贴士

与事业部型组织结构不同，模拟分权型组织结构下的部门并非真正意义上的经济实体，通常只有总公司才具有法人资格。其他部门的独立经营和自负盈亏通过内部财务核算的方式进行。这是一种统分结合的管理模式，同时具备职能型和事业部型组织结构的特点。这种组织结构大多适用于已经具备了一定规模，生产的规模性、稳定性或连续性较强，具备一定财务管理能力的公司。

1.3.7 流程型组织结构

要点介绍

流程型组织结构源于价值链和公司关键流程的梳理，它以满足客户需求为导向，以业务流程为中心。在流程型组织结构中，大家并不强调纵向的管理线，而是采取以横向的流程线为主、以部门职能为辅的管理模式，以结果和客户为导向。在流程型组织结构中，大家更强调部门之间的相互配合，更强调怎么把工作做好。在这种组织结构中，大家并不特别强调上下级之间应该怎么管理，只要能更好地服务于关键流程，上下级之间的关系并不重要。

流程型组织结构示意

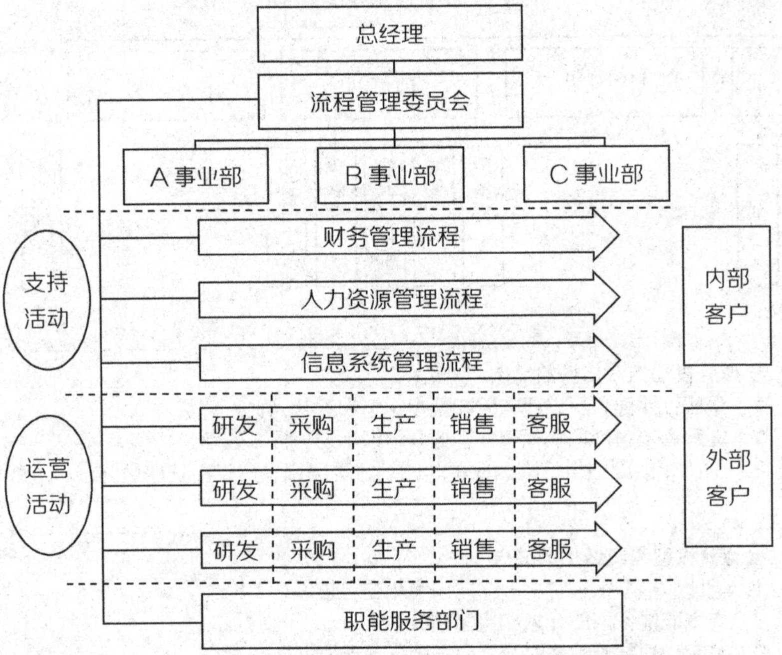

流程型组织结构的优点

1. 实现组织的扁平化管理，高层信息容易传达至基层；
2. 横向沟通更顺畅，减少部门间的内耗和不配合的情况；
3. 组织内的一切努力都是以结果和客户为导向，提高组织运行效率；
4. 组织的适应性和灵活性更强。

流程型组织结构的缺点

1. 流程的设计、确定、修改等工作较为复杂、困难；
2. 与传统纵向管理型的管理方式差别较大，员工接受度较低；
3. 对员工能力和素质的要求较高。

1.3.8 网络型组织结构

要点介绍

网络型组织结构下的组织是一种虚拟的概念，它的关键词是“合作”“联合”“外包”。它通过互联网、信息技术等手段，把研发、供应、生产、服务等各类公司或个体连接成一个经济联合体。类似于专业的人做专业的事，专业的组织做专业的产品或服务。通过与经济联合体内其他公司或个体之间的互动，公司可以专注于某个细分领域，保持自身的核心优势，“做强”组织能力，而不“做大”组织规模。

网络型组织结构示意

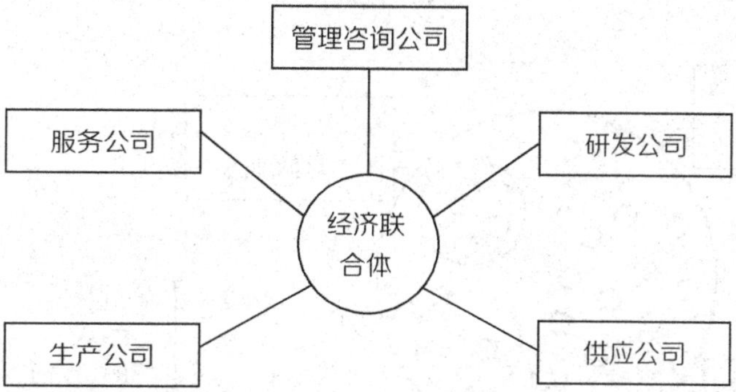

网络型组织结构的优点

1．能够优化各公司之间的资源配置，实现优势互补；

2．降低公司的管理成本，提高沟通效率；

3．有利于激发团队精神，促进员工间的相互合作；

4．组织的适应性和灵活性更强，变化更迅速。

网络型组织结构的缺点

1．公司或个体之间的关系较复杂，出现问题时难以协调；

2．有泄露组织核心机密的风险；

3．可能会增加潜在的竞争对手；

4．需要一定的能力和技术条件支持。

1.3.9 合弄制型组织结构

要点介绍

合弄制型组织结构的典型代表是亚马逊公司旗下的鞋类电商公司 Zappos。传统的组织结构大多是金字塔式的层层相扣，上级做决定下级去执行。合弄制型组织结构则完全取消了上级和下级的概念。整个组织就好比是一个大圈，大圈里套着类似于部门的小圈，小圈里又分别有针对不同任务的小小圈。合弄制型组织结构在概念上虽然提出的时间较早，但由于其模式的特殊性，还没有被公司广泛承认并使用，那些实施过合弄制型组织结构模式的公司也曾经遭遇了许多未知的问题，还处于不断摸索、发展和改进之中。

合弄制型组织结构示意

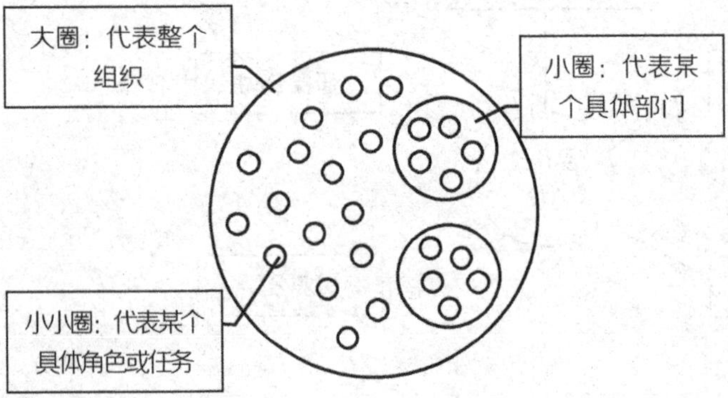

这种模式，类似于在读大学生聚在一起做一个项目，大家的身份是平等的。为了完成任务，分设不同的小组，每个小组分配一个小组长，但小组长没什么权力。

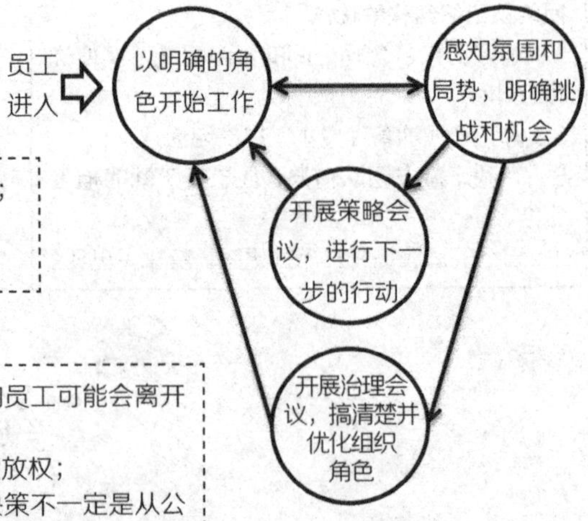

合弄制型组织结构的优点

1. 把传统组织的部门和管理者的权力给了全体员工；
2. 组织没有了层级的限制，实现组织内人人平等；
3. 决策源于一线，更贴近市场。

合弄制型组织结构的缺点

1. 失去了传统组织结构中的晋升和加薪模式，有的员工可能会离开这种公司；
2. 高层管理者愿意放权，但中层管理者不一定愿意放权；
3. 员工不一定有能力帮助公司做决策，或所做的决策不一定是从公司整体利益出发；
4. 没有管理者进行决策，全靠会议决定，有时效率反而更低。

1.3.10 阿米巴模式组织结构

要点介绍

阿米巴模式组织结构是在公司战略规划的指导下，为了达到经营目标和发展需要，将公司划分为可以独立完成业务，而且可以进行独立核算的单元体，这种管理模式将有利于公司对经营方向的把控。韩都衣舍运行的阿米巴模式组织结构相对比较成功。到2016年，韩都衣舍的年销售额已经从300万元增长到超过15亿元，在这背后，组织创新发挥了巨大的作用。韩都衣舍把整个公司分割为许多个被称为阿米巴的小型组织，每个小型组织都作为一个独立的利润中心，按照小公司、小商店的方式进行独立经营。

韩都衣舍的阿米巴模式组织结构示意

产品页面制作专员（导购、销售员）

设计师（负责设计款式）

货品管理专员（负责和工厂联络，即采购）

阿米巴模式组织结构有明确的责、权、利划分。

1. 责任。

销售额、毛利率、库存周转等。

2. 权利。

（1）确定款式。

（2）颜色、尺码、库存深度。

（3）价格，公司有一个最低价格，但不能太便宜。

（4）参与什么活动，如“双十一”，哪些款式参加活动。

（5）打折节奏和深度。

3. 利益。

销售额 × 毛利率 × 提成系数。

阿米巴模式组织结构具备以下特点。

1. 自主经营小集体。

公司被划分为若干个“自主经营”的单元体，把大公司化小，化整为零，同时具备规模性和灵活性。

2. 内部市场化交易。

通过内部交易的形式，直接向内部传递市场竞争的压力。

3. 全员做“领导”。

让员工从“被动执行”转变为“主动创造”，释放公司潜能，培养具备领导理念的经营人才。

4. 实现系统分析。

以独立核算为基础，通过内部的价值核算，能够运用更加科学的业绩管理和评价来相对直接地衡量员工贡献。

阿米巴模式组织结构的优点

1. 激发员工的工作积极性；

2. 把决策权由管理者分散到了小组织上，实现全员参与；

3. 真正实现自上而下的贯彻战略和自下而上的参与运营；

4. 能够培养大批具备独立经营能力的领导候选人。

阿米巴模式组织结构的缺点

1. 以核算作为衡量员工贡献的重要指标，对财务管理要求较高；

2. 可能导致阿米巴小组之间的恶性竞争；

3. 实施阿米巴模式组织结构的公司必须具备一定的实力。

1.3.11 创客模式组织结构

要点介绍

创客模式组织结构是一种平台式的组织结构。这种模式是将原本需要生产产品、管理员工、面向用户的公司变成一个平台，由原本的直接创造价值，变成打造和维护一个商业的“生态系统”。海尔集团是比较早运用创客模式组织结构的公司。海尔集团把这种组织结构模式称为互联网时代的管理模式。

海尔集团的创客模式组织结构的运作模式

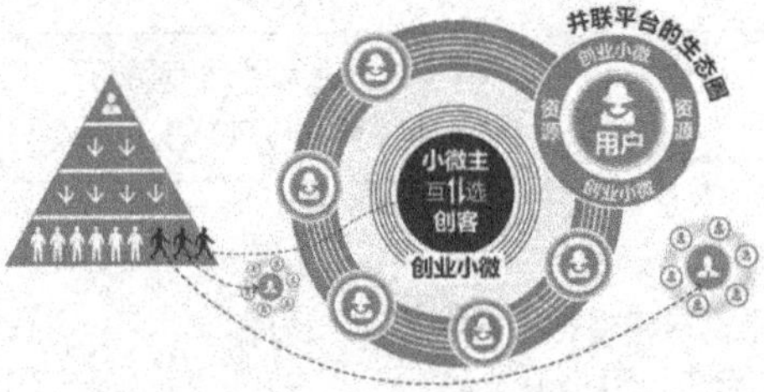

平台主从管控者变为服务者，员工从听从上级指挥到为用户创造价值，他们必须要变成创业者、创客。这些创客组成小微创业公司，创客和小微主共同创造用户、市场。

创客和小微主间可以互选，这些小微主加上社会的资源，就形成了一个生态圈，共同去创造不同的市场。这就会形成有很多并联平台的生态圈，面对不同的市场、不同的用户。

投资驱动平台就是将公司从管控组织变为生生不息的创业生态圈，为创业者在不同创业阶段提供资金支持。实现一切围绕市场，一切围绕价值，实现资本的市场化、人才的市场化、薪酬的市场化。

用户付薪平台是指创客的薪酬由用户说了算，从公司付薪到用户付薪，促使创业小微公司不断演进和迭代升级。投资驱动平台和用户付薪平台是海尔模式创新的驱动力量。

创客模式组织结构的优点

1. 能够最大化激活员工的自我驱动力；
2. 能够最大化满足用户的需求；
3. 公司管理市场化的体现更充分；
4. 公司对市场的反应能力和灵活性更强。

创客模式组织结构的缺点

1. 许多公司不具备管理创客模式生态圈需要的经验和能力；
2. 由管理众多员工转为管理众多小微公司，对公司的接受度和适应性有一定要求；
3. 创客的小微公司发展到一定规模后，同样面临规模公司管理模式的挑战。

第2章

岗位管理与能力管理

岗位管理与能力管理是人力资源管理工作的基础，是传统的人事管理与人力资源管理的重要分界线。如果没有岗位管理与能力管理，人才的招聘、培训、绩效、薪酬、评估、晋升等人力资源管理工作都如无源之水、无本之木，没有参照和依据。而这正是传统的人事管理无法达到人力资源管理高度的重要原因。

2.1 岗位管理体系

岗位是公司中最小的基本单位。它属于公司，但并不是任何公司成员，它承接了公司战略的分解目标，以结果为导向，是动态而稳定的存在。岗位就像一把一把椅子，当一个员工离开公司时，他可以带走他的工作风格、知识技能和业绩表现，但他的岗位依然存在。

2.1.1 岗位体系全貌

要点介绍

岗位体系是人力资源管理体系的基础，直接与薪酬福利体系、绩效管理体系、职业发展体系等形成关联、相互作用，保证公司能够持续不断地吸引、激励、保留优秀人才。例如，有了岗位体系，公司就可以根据职等职级确定薪酬和福利的标准；而绩效考核体系的结果，又可以作为个人升职、降职、调薪、激励的依据。岗位体系包含的内容有岗位层级、岗位分类、岗位发展通道、岗位图谱和称谓、岗位管理制度和岗位说明书。

岗位体系与薪酬福利体系、绩效考核体系之间的关系

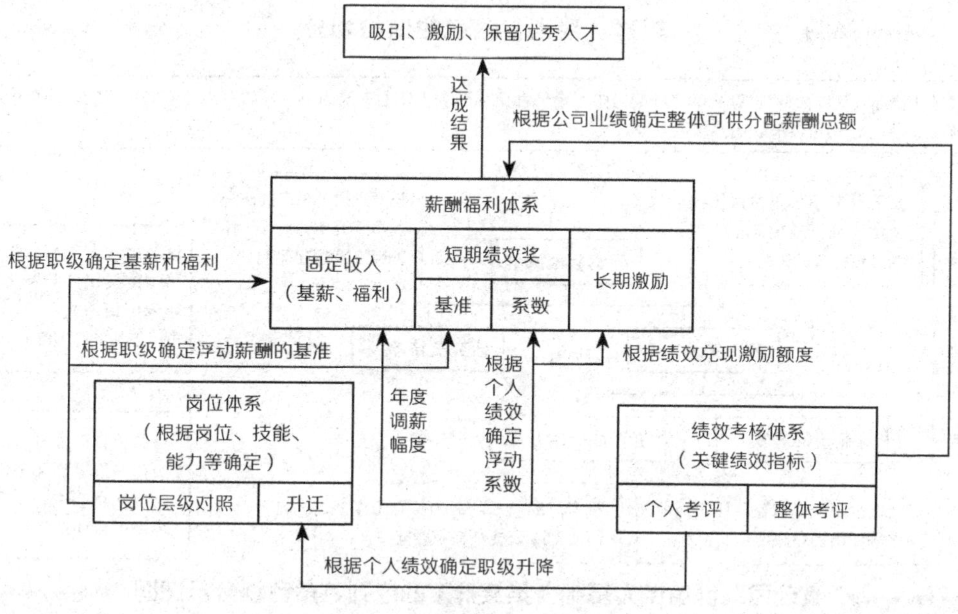

岗位体系示意

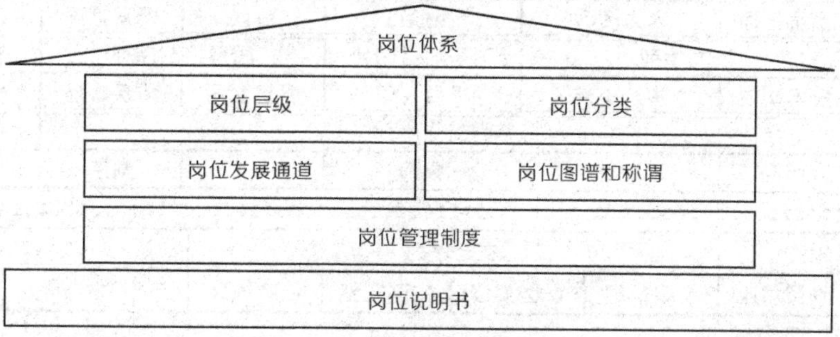

2.1.2 岗位分类方法

要点介绍

岗位族群是由一系列工作内容相近或相似，岗位任职者所需要的知识、技能等岗位要求相近，领域相同或相近的岗位组成的岗位集合。岗位序列在岗位族群之下，在岗位角色之上，基于族群和角色之间；岗位序列对岗位族群做进一步细分，对岗位角色做进一步总结。岗位角色是根据岗位职责的特点，对执行岗位职责时的特点进行概括性的描述，形成的特有的岗位类别。

建立岗位族群、序列、角色体系的用处：

1. 为人力资源调配提供一个新的工具，实现对数量庞大的岗位进行动态管理；
2. 建立多通道的职业发展路径，拓宽员工在公司的发展空间，增强对核心人员的保留与激励；
3. 可以针对不同岗位族群，制定个性化的人力资源管理配套方案，包括薪酬激励、培训与发展、人员选拔与流动、绩效管理在内的人力资源管理方案。

族群、序列、角色的结构划分

某公司的研发岗位族群，代表着在这个族群当中，全部都是与研发工作相关的岗位。与研发岗位族群平行的，还有其他的岗位族群，如生产岗位族群、销售岗位族群。

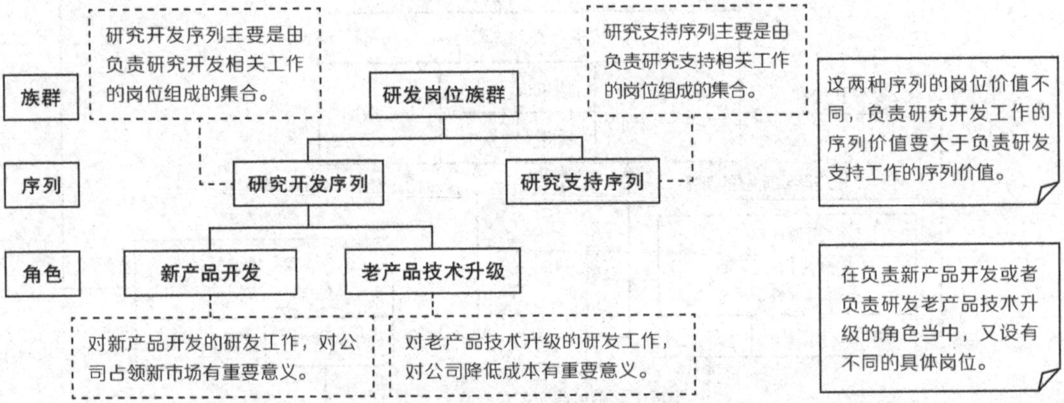

某公司以价值链为基础在某族群下的序列、角色划分示意图

辅助活动	序列	管理序列	人力资源序列	财务管理序列		行政序列	
	角色	高层管理	人力资源	财务	审计	档案管理	行政文秘
	序列	技术序列		科研项目序列	质量控制序列		安环序列
	角色	技术研发	生产工艺	项目管理	质量检测	体系认证	安环管理
	序列	后勤保障序列					信息序列
	角色	保卫	司机	厨师	宿管	勤杂	信息管理

基本活动	序列	采购序列	生产序列				市场序列	
	角色	物资供应	仓库管理	设备维修	生产实施	生产统计	市场开发与维护	售后服务

2.1.3 岗位发展通道

要点介绍

完整的岗位管理制度，至少要包括目的、适用范围、原则、定义、支持文件（其他相关的制度或规定）、岗位设置、岗位编制、岗位分类、岗位等级、任职资格、晋升管理（条件、方式、选拔、评定）、降级管理、转岗管理、借调管理、待岗管理、转正管理、离职管理等。

岗位发展通道示意

1. 横向职业通道

采取工作轮换的方式，横向的调动，可以使工作具有多样性，可以使员工焕发新的活力、迎接新的挑战。虽然没有加薪或晋升，但可以增加员工的新鲜感和价值。

2. 双重职业通道

分为管理通道和技术通道两条通道。沿着管理通道可以通往职级更高的管理职位，沿着技术通道可以通往职级更高的技术职位。在组织中，两条通道在同一等级上的地位和利益是平等的。员工可以自由选择两条通道中的任意一条发展。

3. 多重职业通道

这种模式是在双重通道的基础上又分出多条通道，为员工提供更多的机会和发展空间。例如有的公司为发展到一定层级后的管理通道上的员工，提供带领团队创业或者成为合伙人的机会；有的公司为发展到一定层级后的技术通道上的员工提供技术带头人通道或技术管理人员通道。

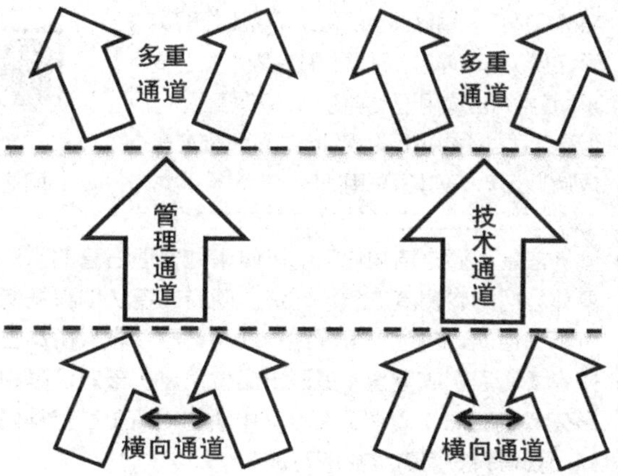

某公司岗位图谱和称谓关系示意

岗位层级划分体现着公司纵向权限分布、岗位的汇报层级关系，是岗位的相对价值分布。公司可以通过专业知识、岗位能力、贡献大小、业务领域影响力等角度来测量岗位的价值，划分岗位层级。

对应等级	管理通道岗位称谓	技术通道岗位称谓
16 ~ 18	总　监	首席工程师
13 ~ 15	高级经理	资深工程师
10 ~ 12	经　理	高级工程师
7 ~ 9	高级主管	中级工程师
4 ~ 6	主　管	工　程　师
1 ~ 3	专　员	助理工程师

2.1.4 岗位分析方法

要点介绍

岗位分析是指通过观察和研究，掌握岗位的性质、责任、任务、目标、组织内部相互关系等，同时确定从事该岗位人员需要具有的素质、知识、技能、经验等。岗位分析的流程相对比较简单，但工作烦琐，需要不断重复，工作量也较大，作业时需要耐心和细心。

岗位分析的 3 种方法

工作实践法

工作实践法是指岗位分析人员实际从事该项工作，在工作过程中掌握有关工作的一手资料的方法。采用这种方法可以了解工作的实际任务以及在体力、环境、社会等方面的要求。这种方法适用于短期内可以掌握的工作，但是对那些需要进行大量训练才能掌握或有危险的工作，不适宜采用此法。

观察法

观察法是指通过对特定对象的观察，把有关岗位各部分的内容、原因、方法、程序、目的等信息记录下来，最后把取得的岗位信息归纳整理为适合的文字资料的方法。这种方法取得的信息比较广泛、客观、正确，但要求观察者有足够的实际操作经验且使用结构性问题清单。这种方法不适宜于循环周期长的工作和主要为脑力作业的工作。

问卷法

问卷法是指通过结构化问卷来收集并整理信息的方法，具体包括问卷调查法和核对法。问卷调查法即根据岗位分析的目的、内容等编写结构性问卷调查表，由岗位任职者填写后回收整理，提取出岗位信息。核对法是根据事先拟定的工作清单对实际工作活动的情况进行核对，从而获得有关岗位信息的方法。

岗位分析的 4 个维度

岗位名称分析，将岗位名称标准化，便于了解工作性质和内容。

工作职责分析，包括工作内容、工作职责、工作关系等内容。

任职资格分析，包括素质、知识、技能、经验、体能等内容。

工作环境分析，包括物理环境、安全与健康环境、社会环境等内容。

2.1.5 岗位访谈方法

要点介绍

通过岗位分析人员与任职人员面对面的谈话来收集信息，包括单独面谈和团体面谈。这种方法较适用于行政管理、专业技术等难以从外部直接观察到信息的岗位。这种方法需要岗位分析人员掌握较好的面谈技巧。

岗位访谈流程

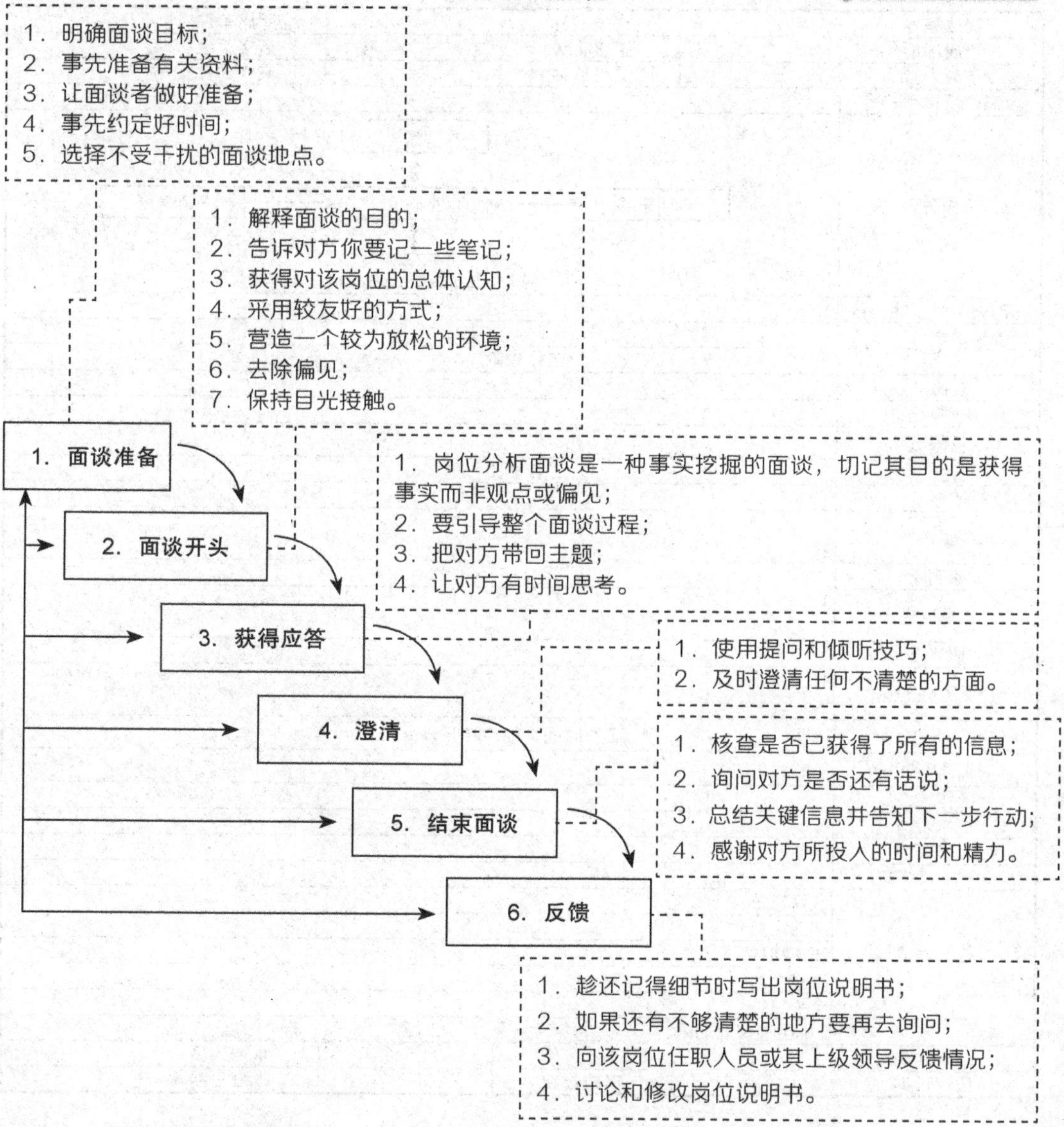

2.1.6 岗位说明书

要点介绍

根据岗位分析的结果，编写岗位说明书。岗位说明书因公司发展阶段不同、需求不同、岗位分析的目的不同等因素，其格式也不尽相同，可繁可简。

岗位说明书模板

岗位编号		岗位名称		所属单位	
所属部门		直接上级		直接下级	
下属人数		文件原件		文件副件	
岗位设置目的					
工作关系	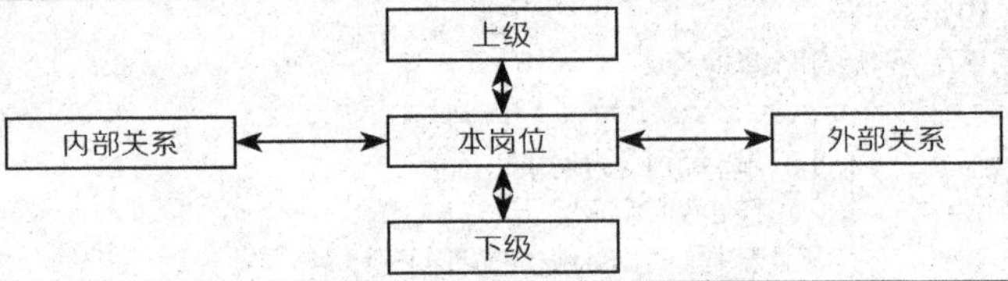				
内部关系联系的内容					
外部关系联系的内容					
工作权限					
权限 1					
权限 2					
权限 3					
工作职责					
职责 1					
主要任务	1. 2.				
职责 2					
主要任务	1. 2.				
职责 3					
主要任务	1. 2.				
工作时间、地点与环境					
工作时间					
工作地点					
工作设备					
工作环境					
关键业绩指标					
任职要求	教育背景： 从业经验： 知识结构： 工作能力： 个性特征：				
本岗位说明书有效期限：____年____月____日 至 ____年____月____日					
编制人员		审核人员		批准人员	
编制日期		审核日期		批准日期	

2.1.7 岗位职责描述

要点介绍

岗位职责描述需用简练而准确的语言来描述本岗位在单位及部门中存在的目的和作用。岗位职责描述有3个重点：

1. 该岗位实现了公司及部门的哪些目的，起到了什么作用；
2. 如果该岗位不存在，会对公司或部门造成哪些影响；
3. 格式为“工作依据＋工作内容＋工作成果”。

岗位职责描述的4个注意事项

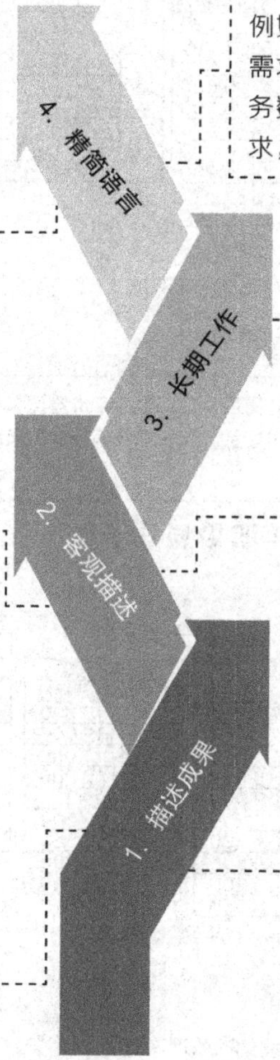

一般来说，描述岗位职责时应该用“工作依据＋工作内容＋工作成果”的格式。

例如“收集财务数据，审核各部门提出的预算费用需求，编制财务预算”。其中的工作依据是收集财务数据，工作内容是审核各部门提出的预算费用需求，工作成果是编制财务预算。

岗位职责应当描述长期的、经常性的工作，而不是短期的、临时性的工作。在岗位说明书中，岗位职责项的最后，一般会有一个兜底条款，一般是“完成上级临时布置的其他工作”。这一条已经涵盖了所有短期的、临时性的工作。

岗位职责描述应当是客观、具体的成果，而不是广义、主观、抽象的内容。

例如有的岗位职责描述里说，要做好某项工作。那么什么叫“做好”？做好是一个非常主观、非常抽象的成果要求。相比之下，每年保持5%以上的业绩增长，就是一个比较客观、具体的成果要求。

描述岗位职责时应当描述工作成果，或岗位有什么样的产出，而不是工作过程。例如对销售类岗位、市场类岗位和采购类岗位主要工作职责描述的对比。

岗位类别	主要职责	
	是什么	不是什么
销售类岗位	提升业绩	1天打100个电话
市场类岗位	扩大市场份额	1个月做10场活动
采购类岗位	准时保质保量以低价采购物资	1天看3小时购物网站

2.1.8 岗位职等职级

要点介绍

从岗位的专业知识、岗位能力、贡献大小、业务领域影响力等角度，测量岗位的价值，划分岗位层级。岗位层级可以通过职等职级来划分。不同企业对职等职级的应用有一定的差异，表达方式也不同，但都是用来表示岗位层级的。

A 企业岗位职等职级划分示意

A 企业划分了 7 个职等，分别是员工、主管、经理、高级经理、总监、副总经理、总经理；每个职等分成 9 个职级，每个职级对应着不同的月薪标准。

员工

职级	职等	月薪标准
	上限	6 800
一级	一等	6 200
	二等	5 600
	三等	5 100
二级	一等	4 600
	二等	4 200
	三等	3 800
三级	一等	3 500
	二等	3 100
	三等	2 800

主管

职级	职等	月薪标准
	上限	8 200
一级	一等	7 500
	二等	6 800
	三等	6 200
二级	一等	5 600
	二等	5 100
	三等	4 600
三级	一等	4 200
	二等	3 800
	三等	3 500

经理

职级	职等	月薪标准
	上限	10 000
一级	一等	9 000
	二等	8 200
	三等	7 500
二级	一等	6 800
	二等	6 200
	三等	5 600
三级	一等	5 100
	二等	4 600
	三等	4 200

高级经理

职级	职等	月薪标准
	上限	12 000
一级	一等	11 000
	二等	10 000
	三等	9 000
二级	一等	8 200
	二等	7 500
	三等	6 800
三级	一等	6 200
	二等	5 600
	三等	5 100

总监

职级	职等	月薪标准
	上限	14 600
一级	一等	13 200
	二等	12 000
	三等	11 000
二级	一等	10 000
	二等	9 000
	三等	8 200
三级	一等	7 500
	二等	6 800
	三等	6 200

副总经理

职级	职等	月薪标准
	上限	17 600
一级	一等	16 000
	二等	14 600
	三等	13 200
二级	一等	12 000
	二等	11 000
	三等	10 000
三级	一等	9 000
	二等	8 200
	三等	7 500

总经理

职级	职等	月薪标准
	上限	21 400
一级	一等	19 400
	二等	17 600
	三等	16 000
二级	一等	14 600
	二等	13 200
	三等	12 000
三级	一等	11 000
	二等	10 000
	三等	9 000

（图中月薪标准单位为元 / 月）

一般来说，职等职级越高，月薪标准越高。但针对某些技术类岗位，公司中存在价值贡献较大但职等较低的员工，这时公司为了让这部分员工继续晋升，而提升其职级。所以公司中可能会出现职等较低但职级较高员工的月薪水平大于职等较高但职级较低员工的月薪水平的情况。

B 企业岗位职等职级划分示意

职等职级也可以出现不同的形态，如 B 企业按照这类原则划分职等职级标准。

职等：员工

职级	月薪标准
1	6 200
2	5 600
3	5 100
4	4 600
5	4 200
6	3 800
7	3 500
8	3 100
9	2 800

职等：主管

职等	月薪标准
1	7 500
2	6 800
3	6 200
4	5 600
5	5 100
6	4 600
7	4 200
8	3 800
9	3 500

职等：经理

职等	月薪标准
1	9 000
2	8 200
3	7 500
4	6 800
5	6 200
6	5 600
7	5 100
8	4 600
9	4 200

职等：高级经理

职等	月薪标准
1	11 000
2	10 000
3	9 000
4	8 200
5	7 500
6	6 800
7	6 200
8	5 600
9	5 100

职等：总监

职等	月薪标准
1	13 200
2	12 000
3	11 000
4	10 000
5	9 000
6	8 200
7	7 500
8	6 800
9	6 200

职等：副总经理

职等	月薪标准
1	16 000
2	14 600
3	13 200
4	12 000
5	11 000
6	10 000
7	9 000
8	8 200
9	7 500

职等：总经理

职等	月薪标准
1	19 400
2	17 600
3	16 000
4	14 600
5	13 200
6	12 000
7	11 000
8	10 000
9	9 000

（图中月薪标准单位为元 / 月）

2.2 如何构建胜任模型

能力管理是公司识别各岗位能力要求，保证各岗位能力达标的过程，是对各岗位能力的培养、使用、学习和贡献的管理过程。公司的战略规划、经营目标和使命实现层层分解之后，都将转化为每个岗位需要的能力。各岗位的能力水平，直接影响着公司的经营业绩。

2.2.1 胜任模型 4 个维度

要点介绍

狭义的胜任模型仅指达到岗位要求和完成岗位目标需要的“能力”，而广义的胜任模型可以包含岗位所需要的素质、知识、能力、经验 4 个任职资格维度。

胜任模型的 4 个维度

类别	内容
素质	人格、素养、智商、价值观、自我定位、性别、年龄等
知识	专业、学历、社会培训、证书、认证、专利、岗位需要的知识等
能力	通用能力、专业能力等
经验	持续运用某项能力的时间

素质一般是指那些由个人自身特质决定的，根深蒂固的，不太容易改变的东西。包括：性别、年龄、性格、人格、智商、自我定位、忠诚度、人生观、世界观、价值观等。

知识一般是指那些通过学习、查阅资料等后天学习得到的信息。包括：专业、学历、学位、社会培训、证书、认证、专利以及岗位需要的知识等。

能力一般是指在一定知识的基础上，能够完成某个目标或者任务的可能性，是知识的转化。知识和能力是不同的，光有知识没有能力就是纸上谈兵。

经验一般是指某人从事一项工作的时间长短。能力一般和经验有一定的相关性，但并非持续相关。一般来说，随着时间的增加，经验的增长，能力的提升会趋于平缓。

2.2.2 胜任模型要素定义

要点介绍

为明确管理，胜任模型类目下的每项特质要区分出不同的等级，并配有详细的文字描述。胜任模型要用行为描述的方式来表达，它是个体要达到该岗位的绩效要求需要具备的综合要求，它需要具备可观察、可指导、可衡量的特点。

胜任模型要素定义举例

素质维度中的团队精神的特质，通常是指在团队目标下，对团队利益和协作的共同认知，将其分级后如下表。

级别	定义
一级	能在团队中配合其他成员，有合作精神，态度端正，能考虑团队目标与利益
二级	尊重团队中的每一位成员，能在团队中积极配合其他成员，有较好的合作精神，态度端正，当团队利益与个人利益冲突时，以团队利益为先
三级	经常为团队提出有意义、建设性的意见，当团队利益与个人利益冲突时，总是以团队利益为先
四级	能主动加强与团队中其他成员合作的意识，当团队利益与个人利益冲突时，总是以团队利益为先，并愿意牺牲个人利益

公司知识包括行业知识、产品知识、公司文化（发展历史、理念、价值观等）、组织结构、基本规章制度和流程等，也可以分成 4 个等级，每级的描述如下表。

级别	定义
一级	熟悉员工手册
二级	了解公司发展历史、相关产品知识，熟悉本岗位相关管理制度、流程
三级	全面了解公司的历史、现状、未来发展方向与目标、全部产品知识以及相关管理制度、流程
四级	熟悉公司整体运作流程、制度，了解公司整体战略规划以及战略步骤

能力维度中的沟通能力，通常是指通过口头和书面方式表达、交流思想，将其分级后如下表。

级别	定义
一级	能够针对工作事项进行联系或简单交流
二级	能够与他人进行较清晰的思想交流，书面沟通时文法规范，能够抓住重点，让别人易于理解
三级	沟通技巧较高，具有较强的说服力和影响力，书面沟通时有较强的感染力
四级	沟通时有较强的个人魅力，影响力极强，书面沟通时有很强的感召力

教育背景，按学历可以分为初中、高中（包括中专和中等技术学校）、大专、本科、硕士、博士。公司可以将教育背景划分成 4 级，如下表。

级别	定义
一级	初中、高中
二级	大专
三级	本科
四级	硕士及以上

对某一专项知识，也需要用此方式分类，如财务知识。具体包括：A. 会计学原理、统计学原理、税收；B. 工业公司财务管理、工业公司会计、会计电算化；C. 管理会计、成本会计；D. 审计学；F. 金融证券、投融资管理。对财务知识的分级如下表。

级别	定义
一级	了解某一类所包含的基本知识
二级	掌握 A、B 类所包含的知识； 掌握 A、B 类知识，了解 C 类知识
三级	精通 A、B、C 类知识，掌握 D、F 类知识
四级	精通 A、B、C、D、F 类知识

经验维度同样也可以分级，将其分级后如下表。

级别	定义
一级	2 年以下相关经验
二级	2 ~ 6 年相关经验
三级	7 ~ 15 年相关经验
四级	15 年以上相关经验

2.2.3 胜任模型构建

要点介绍

严谨的胜任模型是人力资源管理的基础。因此，必须抱着科学的态度和方法，建立真实、有效的胜任模型。想要最大限度发挥胜任模型的作用，必须抓住重点和关键，合理地设计和运用胜任模型。公司在建立胜任模型之前，如果对胜任项目、组织目标和发展状况以及胜任模型的有效应用等方面掌握不足，那么胜任模型的建设只会成为空中楼阁。

构建胜任模型时的 4 点注意事项

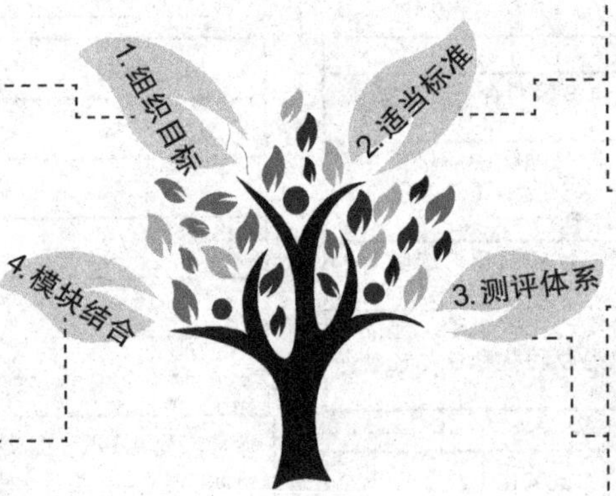

达成组织的目标是建立胜任模型的根本目的，而有的公司竟然在不清楚自己的目标的情况下就建立了一套胜任模型，其效果可想而知。

如果希望组织有一定的压力，能促使人才不断进步，则一般把胜任能力定在分位值为75%的水平是比较合理的。

建立胜任模型是为了应用，这就要求胜任模型中的所有项必须是明确的、可评价的、可实际操作的，要有能够适用且实用的测评系统。

胜任模型本身无法发挥作用，它需要和人力资源的其他模块有机结合才能真正发挥作用。

构建胜任模型的 3 种方法

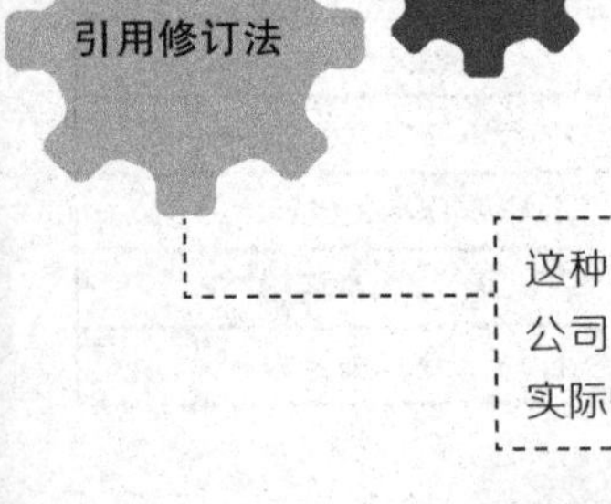

这种方法适用于成熟、稳定、具备一定规模、管理水平相对较高的公司。这种方法是通过研究同类岗位的高绩效员工与低绩效员工的差异来建立胜任模型。

这种方法适用于变化较快、管理水平相对较弱的公司。这种方法是通过公司的核心价值观以及战略规划对公司能力的要求，推导并建立胜任模型。这种方法的步骤为：首先，明确公司的战略、愿景、使命和核心价值观；其次，了解各岗位的角色和职责；最后，推导并建立胜任模型。

这种方法适用于需要快速建立胜任模型的公司。公司引用专业咨询公司、同行业内优秀公司或对标公司的岗位胜任模型，根据本公司实际情况稍做修改后，作为本公司的胜任模型直接使用。

第3章

人才招募与选拔管理

人才的招募与选拔是人才补充过程中的筛选环节。高质量的人才招募与选拔管理不仅能让公司有持续的人才供应，而且能让公司补充的人才保持一定的质量，在公司实现战略的过程中为公司提供人才支持和保障。

3.1 招聘渠道

人才招募要发挥作用，首先要让公司的招聘信息被尽可能多的人看到。要想让公司的招聘信息被更多的人看到，最直接的方法就是熟练掌握和运用各种招聘渠道。在不同的招聘渠道组合投放招聘信息，提高招聘效率。

3.1.1 招聘渠道选择

要点介绍

人才招聘的渠道一般可以分为网络招聘、校园招聘、社会招聘、机构招聘、内部招聘、传媒招聘、政府协助招聘七大类。不同招聘渠道的精细分类、招聘形式、适用范围、优劣势如下。

招聘渠道类别划分

招聘渠道	精细分类	招聘形式	适用范围	优势	劣势
网络招聘	外部网站	专业的人才招聘门户网站 当地招聘网站 各类招聘自媒体	各类人才均适用	成本较低 适用面广 局限性小 选择空间大	投简历者随意性大 无效简历较多 针对性较差 面试成功率较低
	内部网站	公司的官方网站 公司的微信公众号 公司的微博		成本低 应聘者一般对公司已了解 针对性强 方便筛选 成功率高	投简历者一般较少 需迅速补充人才时此方式往往不能满足需求
校园招聘	校企合作	学校和公司实施项目合作联合培养 公司安置学生实习	储备人才 一线岗位 管培生	有针对性的培养 用工成本低 几乎不需担心学生离职	学生经验少，需培训 只能利用一段时间
	应届生招聘	校园宣讲会 校园招聘会 校园公益讲座		招聘成本适中 可以宣传公司形象 候选人思维活跃，具备一定的创新能力和学习能力	应届毕业生稳定性较差 学生普遍缺乏社会经验 学生难以适应公司文化
社会招聘	一般社会招聘会	参加城市招聘会或社区招聘会	中基层岗位	招聘成本较低 人员类型多样 选择余地大 初筛空间大 能够及时沟通 方便集中面试、入职和培训	招来的人才层次良莠不齐 求职人员的选择余地大 有一定的区域局限性
	偏远地区招聘	到经济欠发达的偏远地区招聘	一般适用于一线操作岗位或者文化程度要求低的岗位	短期内能够招聘到大量的劳动力	招聘成本较高 可能会难于管理 可能集体抱团离职
机构招聘	派遣招聘	利用劳务公司做劳务派遣或者委托招工	一般适用于一线操作岗位或者文化程度要求低的岗位	招聘成本低 便于管理 降低用工风险 减少劳动争议	人员流动性大 劳务者不容易融入本公司
	猎头招聘	与猎头公司合作，由猎头顾问推荐人才	中高端人才、特殊岗位人才	针对性强 吻合度高 能够迅速找到需要的人才	招聘费用高 外来高端人才不容易落地
内部招聘	以工带工	内部员工介绍合适人选来公司工作	各类岗位或人才均适用	成本低 能够充分发挥人际关系的作用 一般稳定性较高 有问题可以向推荐人倾诉	如果员工推荐来的人不适合公司可能会引起推荐人的不满 有拉帮结派的风险 管理不当可能引起集体抱团辞职
	内部人才补充	内部竞聘、轮岗、调岗、晋升、返聘等	各类岗位或人才均适用	促进内部人才的流动 促进人才的培养与开发	补充人员可能经验不足，需提前培训内部岗位调整后的工作交接问题
传媒招聘		报纸广告 公交车广告 电视广告	一般为中基层岗位	受众较多 关注度高 反馈迅速 有利于扩大公司的知名度	成本较高 时效性较低 有一定的区域局限性
政府协助招聘		利用当地政府、党委、工会、残联（福利公司，招募残疾人）等帮助宣传和吸纳劳动力	一般适用于一线操作岗位	利用资源 扩大影响力 具备良好的社会效应	招聘效果一般 有一定的局限性

3.1.2 网络招聘流程

要点介绍

网络招聘是目前各个公司最常用的招聘渠道之一。公司所有需求的岗位都可以通过网络招聘渠道发布招聘信息，实施招聘。网络招聘又可以细分为外部网站招聘、公司官方的网络媒体招聘、外部社群招聘、自媒体平台招聘等方式。

网络招聘的通用流程

流程	注意事项
招聘需求 ↓ 发布招聘信息 ↓ 收集汇总简历 ↓ 筛选简历 ↓ 面试通知 ↓ 初试 ↓ 复试 ↓ 拟录用人员审批 ↓ 入职前培训计划和考核计划 ↓ 发聘任通知书	填写职位名称、职位类型、招聘人数、工作职责、任职要求等信息，选择发布时间和截止时间，确认后发布 筛选简历的时间最好是每天 9：00 ~ 14：00 将筛选后符合基本任职要求的简历打印，按照职位类型对简历进行分类汇总。定期将整理好的简历发给各部门负责人 各部门负责人筛选简历后，将符合要求的简历交到人力资源部。人力资源部根据各部门负责人提交的候选人简历确定面试候选人 电话通知候选人，集中组织安排面试 面试人员到公司后，前台根据《面试人员表》确定来访者是否为面试人员，并通知人力资源部 初试与复试尽量安排在同一天，避免候选人跑两趟 录用前，找具备审批权的领导做最后审批 确定培训的时间和内容 确定考核的内容和标准 给考核通过的人员发聘任通知书

3.1.3 校园招聘流程

要点介绍

对于要具备一定知识文化背景，经验要求又较少的岗位，如管培生、储备干部等岗位，校园招聘是个较好的渠道。校园招聘常见的形式有校企合作、校园双选会、校园招聘会等。

校园招聘通用流程

流程	进度	注意事项
招聘需求 → 制订校园招聘计划	8月	1. 制定招聘方案 2. 确定招聘高校、专业、招聘人数 3. 制订校园招聘计划
组建校园招聘团队	9月	校园招聘团队包括人力资源工作人员、总部联络人、面试官、宣讲人、公司相关领导、主持人等
筹备校园招聘用品	9月	校园招聘用品包括： 1. 宣传用品（校园应聘宣传手册、宣传单页、易拉宝、X展架、校园招聘海报、校园招聘纪念品等） 2. 常规用品（校园应聘申请表、评估表、文具、药品等）
修订校园招聘材料	9月	1. 组织宣讲人、新录用大学生对校园招聘 PPT 进行修订 2. 召开校园招聘 PPT 评审会，最终定稿 3. 组织宣讲人试讲
组织相关培训	10月	1. 培训面试官面试流程和内容 2. 组织人力资源工作人员培训
发布校园招聘信息	10月	1. 建立高校通信录，提前一周在招聘高校及其周边院校就业网、公司招聘网站上发布招聘信息 2. 联系专业招聘网站发布招聘信息
实施校园招聘	10～12月和第2年3～7月	校园招聘的实施时间主要在每年的10～12月，部分大专院校可延续到第2年3～7月
校园招聘总结评估	第二年4～5月	1. 学生就业协议办理和关系维护 2. 校园招聘工作总结，完善校园招聘流程
校园关系维护	第二年6～8月	1. 制订校园关系维护计划 2. 在年后非招聘旺季进行高校老师和学生的关系维护

3.1.4 校企合作流程

要点介绍

校企合作是学校和企业实施的项目合作，对还没有毕业的学生实行联合培养。通过企业安置学生实习，在校学生接受企业方教育的形式，学生能够在还没有毕业的时候就提前了解企业，企业能够在学生还没有毕业的时候就提前和学生接触，提前更有针对性地选拔和培养优秀的学生。

校企合作实施的 5 步

做行动方案时，公司要想好有效实施行动方案需要准备什么。例如需要修缮的宿舍、需要购置的物资、需要引进的设备等。因为这都需要花费一些时间，公司需要提前准备。

即使公司把之前的工作都做足了，在实际操作时，也难免会有一些部门或者管理者不重视，所以公司在整个过程中还要持续实施检查和评估。

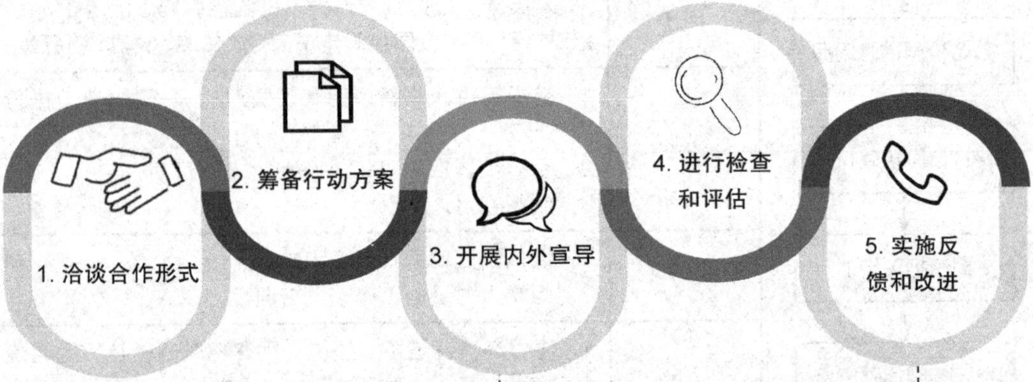

校企合作的形式其实非常多样，针对不同的目的，合作形式可以为项目的、人才的、研发的。公司可以根据自身与洽谈学校的实际情况和具体的目的，选择一个或者多个洽谈的项目或方向。

这里的“内”指的是公司内部的各部门管理者以及帮带师傅；这里的“外”指的是学生。对内的宣导是要把整个方案的目的、意义、运行和注意事项向内部员工交代好；对外的宣导是要给学生上一些基本的职业教育课。

对于学生实习做得好的部门，或者做得不好的部门，公司都要有一定的反馈和改进的意见，必要时根据公司制度实施奖惩。针对校企合作的实施情况，公司可以进一步改进未来校企合作的方案。

3.1.5 招聘会招聘流程

要点介绍

招聘会招聘的优点是招聘成本较低、候选人类型多样、选择余地大、可以进行面对面的交流、能够及时进行初步面试，同时方便进行下一步集中的面试、培训或工作安排等。

招聘会招聘的缺点是有一定的区域局限性，招来的人才通常在层次上良莠不齐。由于各企业复试安排时间较集中，候选人的选择余地大，可能现场意向明显的候选人并不会参加复试。这样会造成表面收到简历挺多，但实际效果并不好的情况。

招聘会招聘流程

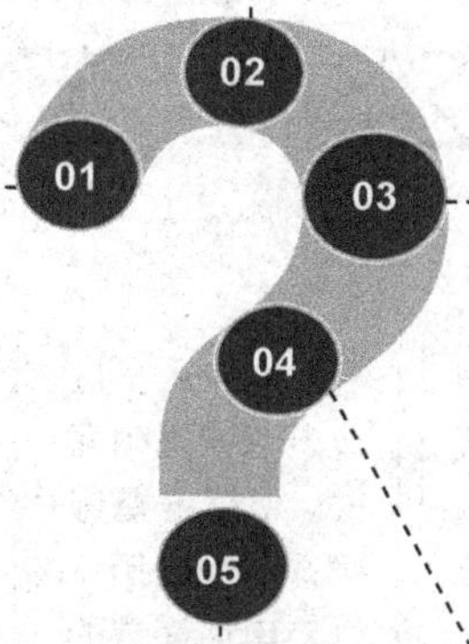

01 与招聘会的主办单位洽谈，联系场地，预定展位。整理招聘岗位相关信息，发送电子版至招聘会主办单位，以便提前在招聘现场的电子显示屏或展示厅等进行发布。确定招聘会的时间、地点，确定会场的环境，确定展位的位置。

02 根据所在展位的地形优劣势，制定造势方案。造势方案的原则是：最大限度地吸引候选人的目光，达到收取简历数量最大化。根据招聘场地的条件和招聘岗位的情况进行场地布置，制作相关的宣传资料。

03 确定参会工作人员名单，明确现场的招聘流程以及参会人员的任务。召开参会相关工作人员的动员沟通会，沟通招聘会的安排、工作分工、作业流程，培训招聘会现场的统一说明、突发状况处置等相关内容。

04 召开公司管理层会议，与总公司的相关领导层沟通，推动分公司、子公司及相关人员对招聘会的关注和协助。同期利用其他的招聘渠道和宣传渠道来宣传招聘会，增加招聘会候选人的数量。

05 招聘会当天根据招聘会规模提前 30 ~ 60 分钟入场，布置会场并做好准备工作。招聘会开始后，对于现场初试合适的人员，直接发放面试通知单，让候选人在固定的时间凭单据到公司面试。

3.1.6 猎头招聘流程

要点介绍

公司在招聘上遇到困难无法解决时，或招聘投入产出比较低时，可以考虑将招聘外包给外部的公司。中高端的招聘岗位可以外包给猎头公司，猎头公司因为有专业的人才筛选和背景调查的经验和方法，有时能够帮助公司快速招聘到需要的中、高端人才。虽然成本较高，但是人才的针对性更强、吻合度更高。

猎头招聘流程

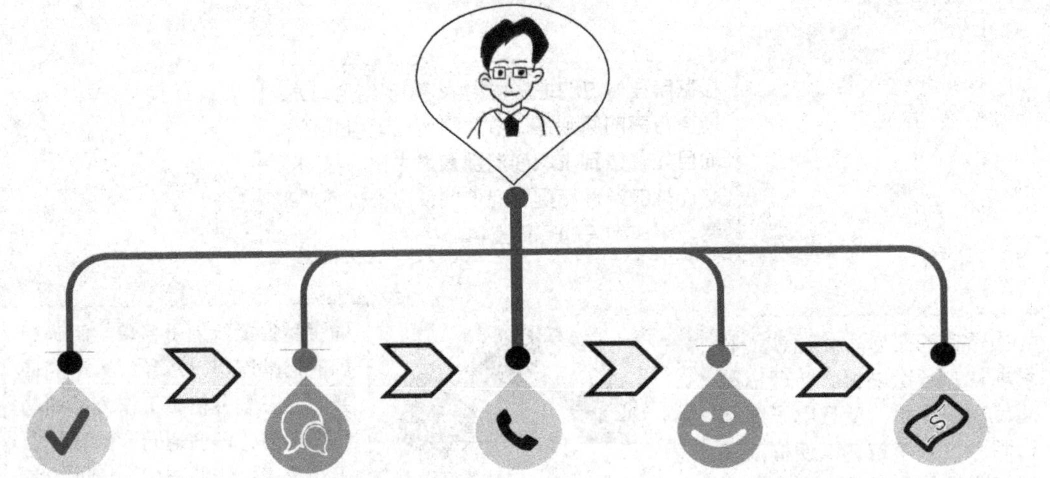

1. 选取合作的猎头公司。猎头公司必须具备相应资质，一般可选取3家以上进行比较。注意，选取合作的猎头公司并不是越大的、越有名气的越好，大的猎头公司往往条件比较苛刻，费用较高。
2. 按照本岗位的要求初步筛选猎头公司提供的简历。将初筛适合的简历发给相关部门，由相关部门领导审核。审核通过后的确定为候选人，人力资源部门向猎头公司索取候选人的联系方式，并协调双方交流的时间和方式。
3. 安排相应人员进行电话或视频面试。需要准备好候选人的简历，以及电话面试的提纲。及时将面试结果反馈给猎头公司。如果候选人不合适，这样做能够使猎头公司进一步掌握公司对此岗位的要求、标准以及定位。
4. 如果候选人合适，则跟候选人确认见面的时间和地点。安排好候选人的行程，包括票务、接送、住宿等。安排好面试官、面试的时间、地点，进行相关的面试流程。
5. 如果初步敲定了人选，可请猎头公司提供相关的背景调查资料，并出具背景调查报告。向候选人发送Offer。根据猎头合同约定，人选到岗一段时间后，同猎头公司结算费用，注意付款方式和索取发票。

3.1.7 内部招聘流程

要点介绍

对于管理较成熟的企业，当内部有岗位空缺时，可以优先考虑用内部竞聘、轮岗、调岗、晋升等方式从内部人才中选拔，形成一个内部人才市场。这样既可以促进内部人才的流动，又是人才培养与开发的有效方式。但操作时需要注意内部岗位调整后的工作交接问题，防止这种调整影响企业的正常运营。

内部招聘流程

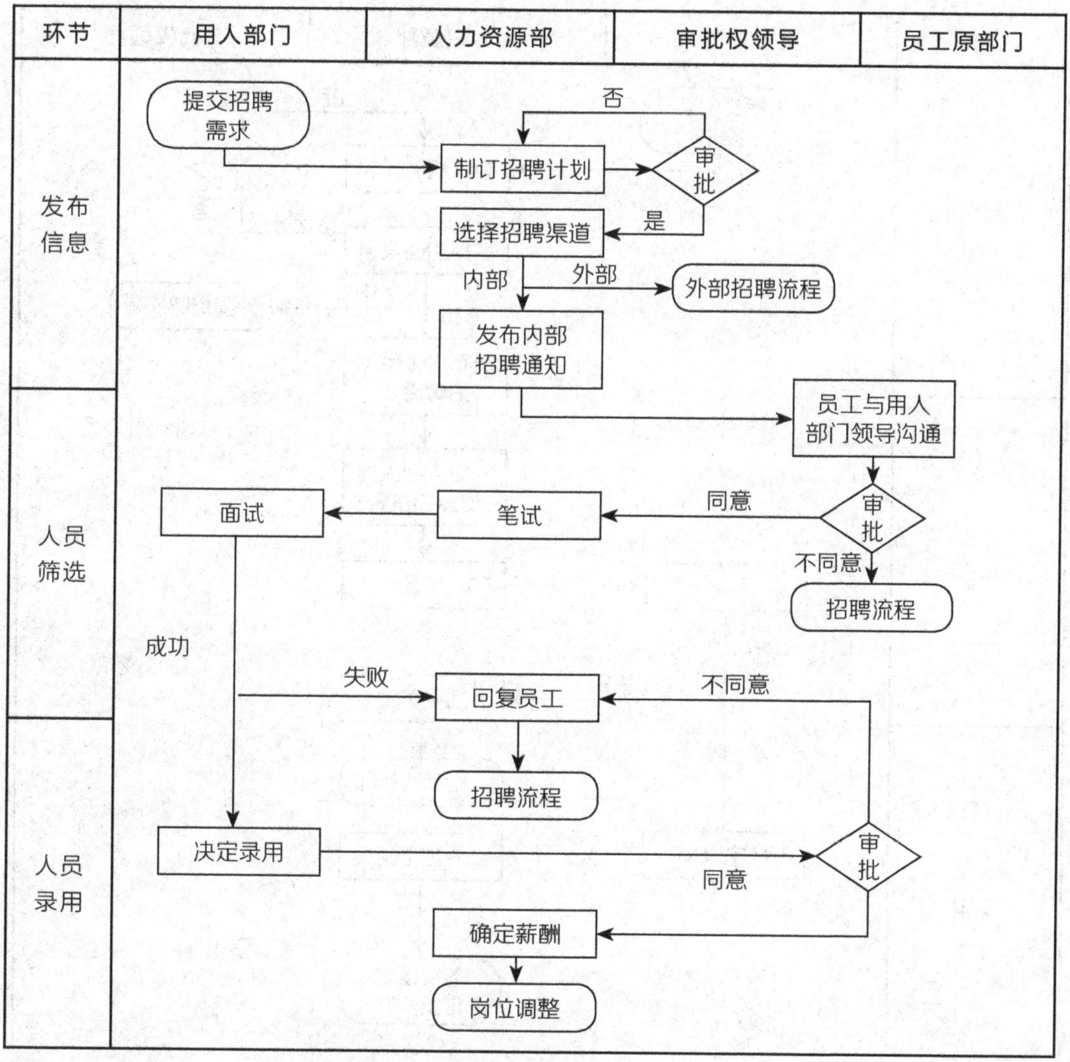

3.1.8 以工带工招聘流程

要点介绍

对于一些难于招聘的岗位，公司可以奖励内部员工“以工带工”，鼓励员工通过朋友圈或其他形式传播公司的招聘信息，以吸引外部人才。这种方式的成本低，能够充分发挥人际关系的作用，员工发自己公司的招聘信息无形之中也是对公司品牌的提升。以这种方式招来的人才平时如果在工作生活上遇到什么问题，可以向推荐人倾诉，推荐人自然会帮忙，可以提高人才稳定性。

以工带工招聘流程

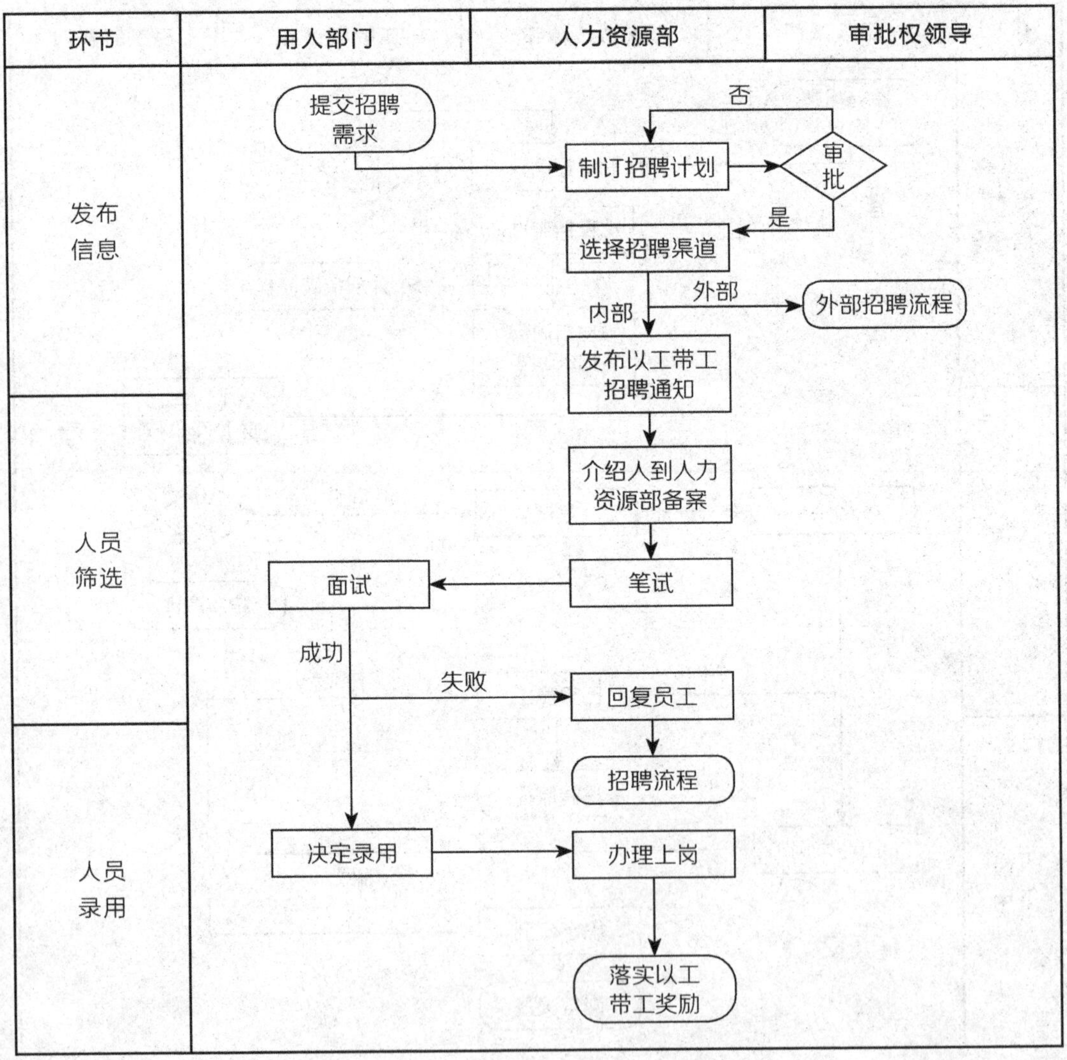

3.2 简历筛选与面试邀约

简历筛选与面试邀约环节有问题的公司，常常会在招聘时收到很多简历，可费心费力筛选出来的候选人在面试之后却发现并不合适；或者简历筛选之后发现候选人合适，但是候选人没有参加面试。简历筛选与面试邀约是正式面试的准备环节，这个环节的工作质量决定了人才招聘的质量。

3.2.1 工作经历分析

要点介绍

当拿到候选人的简历时，首先要关注简历的整洁性、全面性、排版与美感等整体形象。通过对简历的整体印象的关注，公司可以初步判断候选人在未来工作中可能会有的态度、思维和能力。除了比对简历中的基本信息是否符合岗位的要求外，分析工作经历也是非常重要的。工作经历有3点重要的信息需要公司特别注意，分别是工作时间、工作岗位和工作绩效。

工作经历分析的 3 点注意事项

在筛选简历时，要注意候选人每段工作经历的时间长短、每段工作经历之间时间的衔接程度，是否存在频繁跳槽、频繁岗位转换的情况。

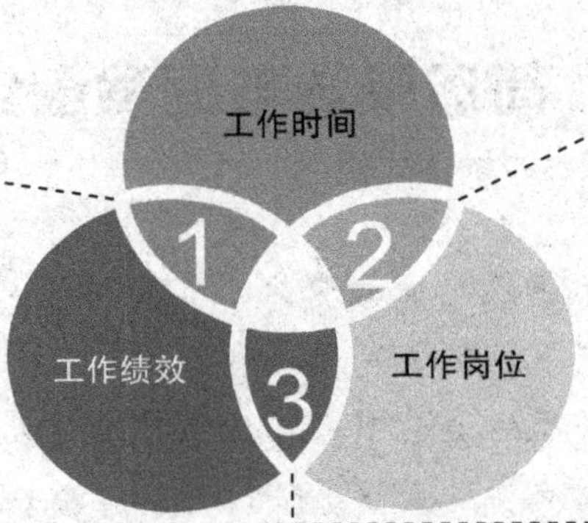

要关注候选人原工作岗位是否与招聘的岗位有一定的相关性。这里需要注意的是，并不一定岗位名称相同，职责、工作内容就相同；也不一定岗位名称不同，职责、工作内容就不同。

要关注候选人在原工作岗位上都做出过哪些成绩，曾经做出过的成绩代表着未来可能创造绩效的能力。描述工作绩效最好是用那些能够量化的内容，而不要被“取得了很好的效果”“业务增长速度迅速”“用户数量大幅度增长”等这类不量化的描述性语言所迷惑。

招聘岗位相关性的 5 点注意

1. 原工作岗位的行业、规模、性质和招聘岗位的相关性。
2. 原工作岗位的职责与招聘岗位的相关性。
3. 原工作岗位的上下级关系、汇报链与招聘岗位的相关性。
4. 管理的幅度、管人的数量与招聘岗位的相关性。
5. 工作内容的复杂程度与招聘岗位的相关性。

3.2.2 简历筛选分类

要点介绍

为有效管理人才，方便对简历做进一步管理，公司在完成对简历的初步筛选之后，要对简历进行分类管理，参考做法是把简历划分为 A、B、C、D 这 4 种类别。

简历的 4 种类别

A

A 类代表这份简历的候选人和公司招聘的岗位非常相符。公司要先给这部分人进行电话面试和现场面试。当这部分人通过面试后，公司要优先录用这部分人。对于 A 类简历中，面试没有通过的候选人，公司可以在简历上标注没有通过的原因，存入公司的简历库。

B

B 类代表这份简历的候选人和公司招聘的岗位有一定的符合度，但是符合度比较小，或者已经有更适合的候选人已通过面试。当所有 A 类简历的候选人面试没有通过或面试通过后没有选择上岗时，公司可以在 B 类简历的候选人中选择。

C

C 类代表这份简历的候选人和公司招聘的岗位基本不符合，但是公司有必要暂时先存档该人选的简历。例如，目前这位候选人的年龄不够，能力不行或经验不足，但是这些因素会随着时间的推移而发生变化。

D

D 类代表这份简历的候选人和公司当前或未来一段时间的所有岗位都不符合，没有为当前所有岗位或者未来一段时间可能产生的其他岗位存档的必要。例如，有的公司根本没有保安的岗位，却收到一份一直做保安的候选人简历。

简历筛选的两点注意

不要仅仅考虑大公司背景

很多公司只青睐各种著名的大型公司出来的候选人，自然地认为大公司的工作经历、接触人员的层次和小公司不一样，所以可能会有很好的能力。而实际上，很多大公司出来的人都并不适合中小公司。

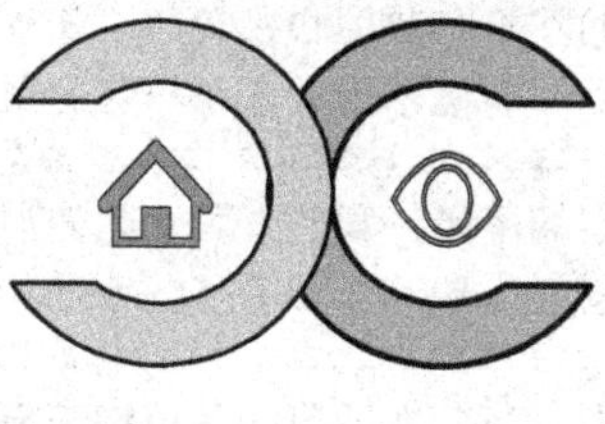

注意工作转换的原因

只要不是过于频繁地换工作就行，有时短时间内转换工作次数比较多不一定是坏事。很多人跳槽之后会不适应，因此有可能会在一段时间内频繁地换工作。

3.2.3 电话面试操作

要点介绍

电话面试是公司与候选人的第一次面试交流。电话面试的操作质量不仅决定了公司从各方面考察候选人时获得的信息的完整性，还决定了候选人和公司之间进一步交流沟通的可能性，以及候选人最终入职的可能性。

电话面试的六大内容

1. 请候选人简单介绍个人情况。以自我介绍开场，是双方相互熟悉的过程。公司可以借此判断候选人简历信息和个人描述是否一致，可以大体了解候选人的情况。

2. 询问和确认候选人各阶段的工作经历和工作职责，针对候选人简历上写的学习背景和工作内容谈候选人的情况。这里要注意工作时间长短和专业深度的匹配情况。

3. 询问目前或上一份工作经历的绩效情况和主要技能。这里要注意，希望候选人提供体现他曾经工作中做出业绩、工作责任和复杂程度的确切数字。

4. 询问候选人每个阶段离职的具体原因，判断候选人离职是因为个人没有确定自己的职业发展方向，还是候选人对薪酬不满，或者是其他的原因。

5. 询问候选人的求职动机，询问候选人目前薪酬情况以及他能够接受薪酬的最低限度。如果候选人能接受的最低限度和岗位能提供的最高值差别较大，可以放弃考虑。

6. 询问简历筛选过程中，公司发现的各项疑问点。简历筛选过程中发现的所有疑问，都可以在电话面试时先行确认，以免进一步面试时浪费双方的时间。

电话面试的 4 项注意

1. 招聘人员要做好沟通笔记，虽然电话面试不是正式面试，但同样要予以重视，做好记录。电话面试的记录可以为正式面试提供一定参考。

2. 电话面试过程中听候选人的回答时要用心和专心，注意分析候选人的回答是否和简历矛盾，注意候选人的回答是否存在不符合逻辑的地方。

3. 在电话中不要做任何不确定的承诺。候选人可能因为招聘人员的承诺而对公司产生好感，可当候选人真正入职后发现承诺虚假时，很可能愤然离职。

4. 电话面试的主要目的是获取信息，次要目的是传递信息。电话面试过程中招聘人员应该尽量让候选人表达，而不是让候选人听招聘人员表达。

3.2.4 面试邀约注意

要点介绍

电话面试邀约的质量影响着候选人来参加面试的概率。一位优秀的招聘人员同时也应该是一位优秀的公司品牌营销者和自我营销者。他首先要成功地把自己销售给候选人，同候选人建立长期的联络关系，无论招聘的结果怎样，这种关系都会是长期的、积极的。这就要求招聘人员学会面试邀约的方法。

电话邀约的 4 点注意

1. 注意礼貌

招聘人员给候选人打电话时，要先和对方打招呼，询问对方现在打电话是否合适，而不要想当然地自说自话。

2. 介绍公司

很多候选人找工作时是海投简历，因此招聘人员要向对方介绍自己的公司，把公司的优势做简单的描述。如果有必要，可以简单介绍一下岗位的内容。

3. 适度认同

既然给候选人打电话，说明他在学历、工作经历等方面是适合公司岗位需求的。这时候不要吝惜对候选人的认同，可以适当地表达出候选人与岗位的匹配性。

4. 时间选择

招聘人员对候选人进行面试邀约时，应尽可能地提供 1~2 个或更多的时间段供对方选择。在通话的最后，招聘人员应再次重复面试的时间，和候选人达成心理契约。

电话邀约的 4 个细节

判断对方反馈

根据候选人在电话中的反馈，判断对方是否愿意来参加面试。

主动猎取信息

主动和候选人做一些交流，获取候选人信息，同时体现出对候选人的尊重。

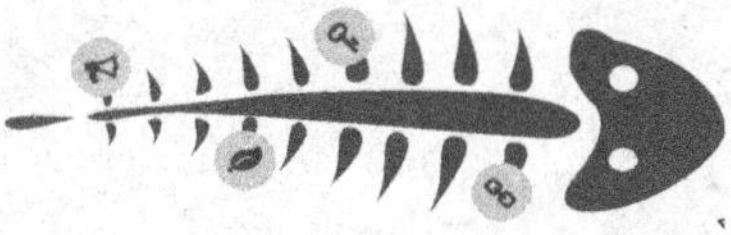

做出必要解释

对于候选人提出的问题，如果不涉及公司的机密，应尽量向对方做出解释。

不要急于求成

电话邀约时不要着急，在逐渐了解候选人的意向之后，再敲定具体的面试时间。

3.3 面试经典 6 问

在结构化面试的过程中，招聘人员可以通过问候选人 6 类经典的问题来考察候选人的能力。这 6 类经典的问题分别是导入类问题、动机类问题、行为类问题、应变类问题、压力类问题和情境类问题。一般通用的结构化面试过程可以按照这 6 类问题的顺序来逐项进行。

3.3.1 导入类问题

要点介绍

导入类问题的主要目的是暖场，公司可以通过导入类问题给面试过程建立一个良好的氛围，把候选人带入面试的环境。公司也可以通过问候选人一些简单的问题，逐渐地切入面试话题，获取候选人的一些基本信息。

常见的 7 类导入类问题

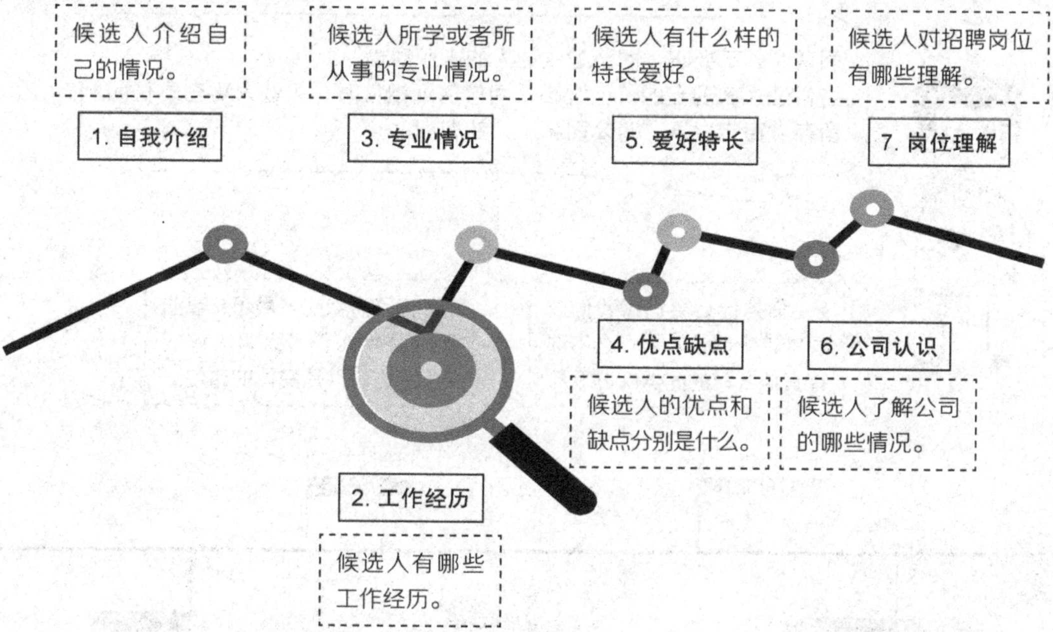

3.3.2 动机类问题

要点介绍

公司通过动机类问题，能够了解候选人的价值观、职业性格特质、职业发展规划，了解候选人选择公司或岗位的目的和意愿。动机类问题的主要目的是判断候选人的价值观、职业性格、职业目标和规划等与招聘岗位、公司文化是否匹配，公司能给员工提供的职业发展与员工未来的期望是否匹配。

常见的 5 类动机类问题

面试时，不要忘了问清楚候选人的求职动机。
当候选人表现出的价值观和公司价值观相符时，候选人更容易长期留存、稳定发展，对公司和个人都有利。

2．你为什么会选择我们公司的这个岗位？为什么不选择其他公司的同类岗位呢？

4．你最喜欢或者最想从事的职业是什么？可以是大体的方向，也可以是具体的岗位。

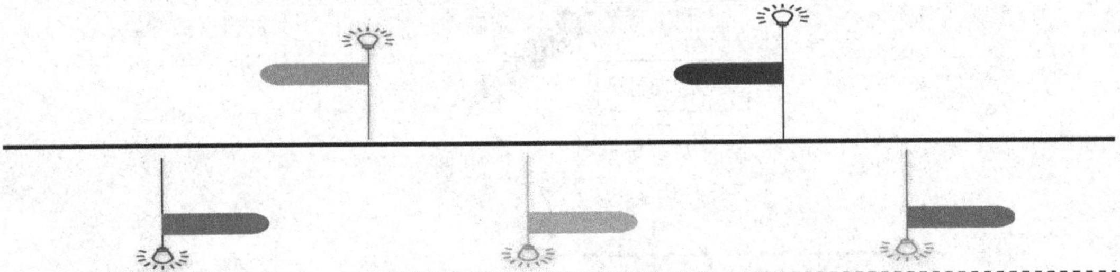

1．你在职业发展方面最看重的是什么？你为什么最看重这个？

3．你为什么要选择离开原来的公司和原来的岗位？是不是在公司文化、人际沟通、同事关系或者岗位适应上有问题？

5．你未来的职业发展具体是怎么规划的？3 年要成为谁，5 年要成为谁，10 年要成为谁？

小贴士

招聘人员问动机类问题时要注意，并不是候选人对个人发展或者职业规划的愿景越远大、越宏伟越好，而是要根据招聘岗位的需求来判断候选人的匹配程度。

3.3.3 行为类问题

要点介绍

行为类问题通过对候选人曾经的工作或者经验的挖掘，了解候选人的能力水平。公司通过候选人过去的工作成果、工作经验、工作能力等工作表现情况，判断候选人过去的行为特质和分析问题、处理问题的综合能力，从而判断候选人未来可能会产生的工作成果，以及候选人可能会在工作岗位上发挥的工作能力，进一步判断候选人和岗位之间的契合程度。

行为类问题的 STAR 工具

情景 Situation

S 代表情景，指的是这件事情当时处在什么样的时期，在什么样的环境之下，有什么样的具体背景。

任务 / 目标 Task/Target

T 代表任务或目标，指的是候选人当时的主要工作是做什么，具体的目标是什么，预期达到的结果是什么。

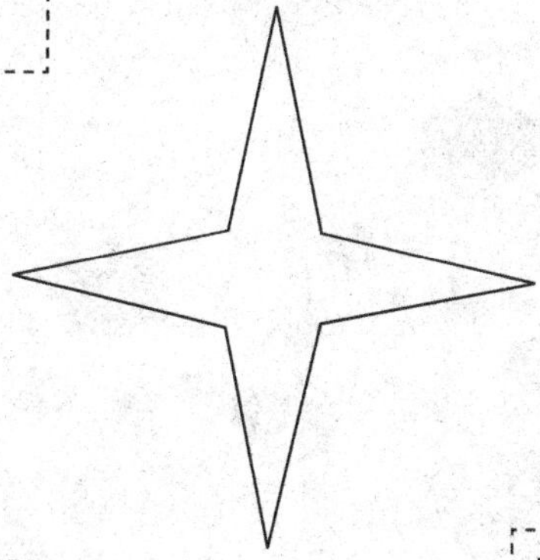

行动 Action

A 代表行动，指的是候选人都采取了哪些具体行动，行动过程中候选人的思维模式是什么样的，候选人的行为模式是什么样的。

结果 Result

R 代表结果，指的是最后达到了什么样的结果，通过这个结果可以进一步问候选人有没有经验的总结，有没有收获或进一步改进的想法。

可作为行为类问题开场的 4 类典型问题

1 你最大的成就或者失败是什么？

2 你最成功或者最失望的项目是什么？

3 你和上级、同事或者下级最激烈的争吵 / 冲突是什么？

4 你如何和最不喜欢的同事相处？

3.3.4 应变类问题

要点介绍

应变类问题有时也可以以一种智力类问题的形式出现，这类问题一般是一些有一定难度的两难问题。提出这类问题的主要目的是考察候选人的反应速度、应变能力、逻辑分析能力、思维能力、想象力以及解决一些棘手问题的能力。

常见的5类应变类问题

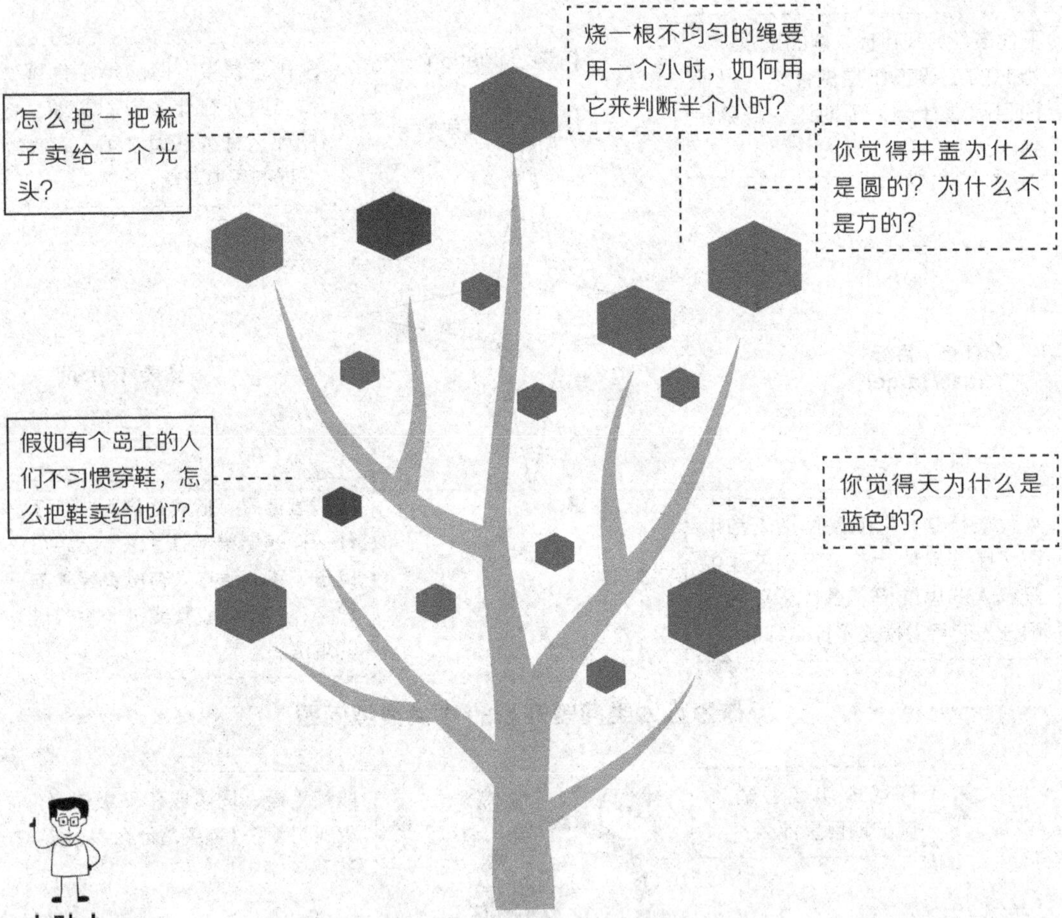

小贴士

应变类问题本身不一定要和招聘岗位有必然的关联性，问题的内容可以尽量地发散。但是也要注意，问题可以追求新奇，但是不要过于天马行空。应变类问题的原则是要在意料之外，但是在情理之中。应变类问题的本质是考察候选人，而不是为难候选人。

3.3.5 压力类问题

要点介绍

压力类问题是指通过故意制造一种紧张的氛围，提出一些看起来比较生硬的、不太礼貌的问题，让候选人感到不舒服，或者针对同一件事，进行一连串地发问，直到候选人开始很难回答。压力类问题的主要目的是考察候选人在压力环境下的心理素质、承受压力的能力、在压力面前应变和变通的能力以及沟通能力。候选人的气势比较强时，也可以用这类问题来平衡气场。

常见的制造紧张氛围的 3 类压力类问题

请告诉我，还有这么多优秀的人在和你竞争这个岗位，我们为什么要录用你呢？

从你的简历和刚才的描述来看，你似乎并不适合这个岗位，你认为呢？

从你刚才的表现来看，你被录用的可能性很小，你觉得呢？

连珠炮式压力类问题举例

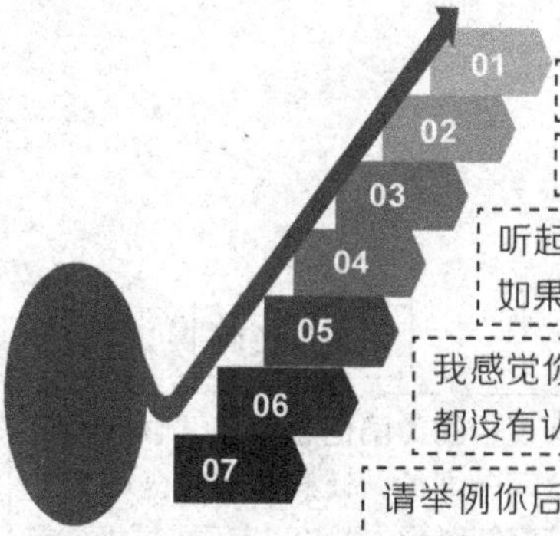

你生命中最失败的事情是什么？

你为什么认为这件事是最失败的？

你是怎么对待这件最失败的事情的？总结了哪些经验？

听起来我觉得你好像被消极情绪影响，情绪不够稳定，也不够积极。如果工作中出现挫折或困难，你是不是也会这样？

我感觉你根本没认真对待过这件最失败的事。如果你连“最”失败的事情都没有认真对待，那我怎么相信你会认真对待工作？

请举例你后来在哪些方面有所改变？请举出至少一个例子来说明这种改变的成效？

通过你刚才的回答，我认为你可能不是个行动派，没有落实行动的精神和意识。你如果是这么对待自己的，那你未来对待工作又会是怎么样的？

小贴士

招聘人员在问压力类问题时要注意语调，要不带任何情绪平缓地说。不要故意采用轻蔑的语气或者语调来表达，更不要添油加醋地指责候选人的一些言语、品行或过去工作中的做法。毕竟公司测试的是候选人承受压力的能力，不是测试候选人承受人格侮辱的能力。即使候选人心理承受能力较差，最后败在了压力类问题上，面试的最后也要给候选人一个完美收场，把之前给出去的压力通过收场补救回来。

3.3.6 情境类问题

要点介绍

情境类问题是指假设一个在岗位实际工作中会发生的情景，要求候选人在这样一个模拟的情景中处理相应的问题。公司通过候选人对情境类问题的回答，判断候选人在实际工作中可能会出现的行为。公司可以借情境类问题对候选人做出知识、经验、思维、观念、态度、习惯上的更综合的评价。

常见的 4 类情境类问题

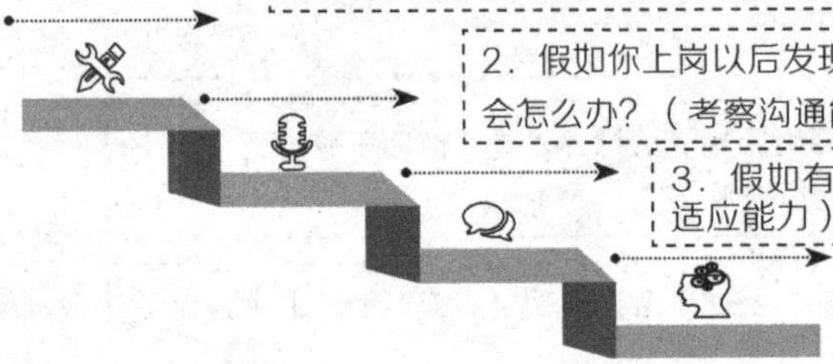

1．假如让你担任财务经理这个岗位，你要如何开展工作？（考察行动能力）

2．假如你上岗以后发现你要推行的工作，你的直属领导并不认可，你会怎么办？（考察沟通能力）

3．假如有多个领导向你布置工作，你要怎么办？（考察适应能力）

4．假如你的直属领导和他的上级领导意见不合，你要怎么办？（考察应变能力）

实施情境类问题的 2 点注意

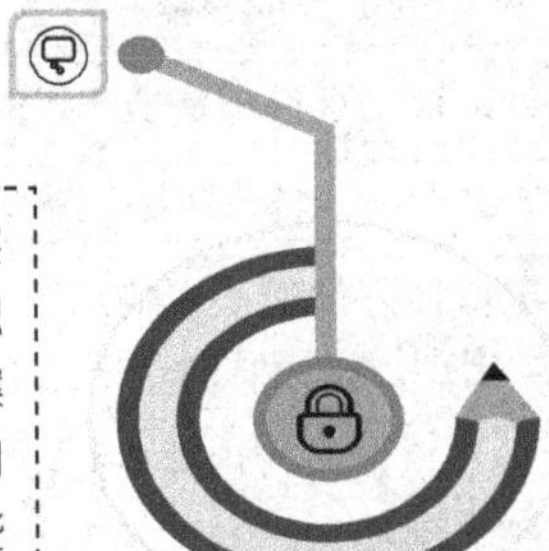

不要假大空

情境类问题考察的是候选人解决实际问题的能力，而不是候选人的想象力。所以情境类问题中用到的案例最好是当前公司中真实发生的问题，或者类似的情况，而不是一些没有意义的、假大空的想象场景。例如“如果你的同事被外星人抓走了，你会怎么办？”

不要太负面

面试中的负面信息会降低候选人对公司的评价，让候选人对公司产生不好的联想。例如“如果公司倒闭，你会怎么办？”这类问题会让候选人感觉到潜在的负面信息，感觉公司现在的经营状况可能并不好，或者公司的管理可能存在很大问题。

小贴士

情境类问题主要是考察候选人分析和解决公司实际问题的能力，看他是否有处理问题的具体方法和技巧，以及处理方式是否符合公司的实际情况，是否符合公司文化，是否能够被公司接受。

3.4 薪酬谈判

公司和候选人谈薪酬时，薪酬谈高了，公司会受损失；薪酬谈低了，候选人不愿来，给招聘工作带来很大的难度，公司同样会受损失。正确地实施薪酬谈判，才能既不让候选人被公司逼退，又不让公司付出的薪酬大大超出候选人的能力水平。

3.4.1 薪酬谈判实施步骤

要点介绍

薪酬谈判的过程中虽然涉及沟通技巧，需要灵活应对，但也有章可循。按照薪酬谈判的基本步骤，同时注意实施过程，就比较容易达到较好的薪酬谈判效果。

薪酬谈判的 3 个步骤

1. 了解对方的期望

公司询问候选人的期望时，不能直接地问对方："你想要多少钱？"事实上，最安全的做法是问候选人目前的工作或上一份工作的薪酬是多少。

2. 回应对方的期望

如果知道了候选人目前的薪酬低于公司预定能给出薪酬的最高值，那么这段差距就是公司可以和候选人谈判的空间。

3. 压缩对方的期望

如果候选人具有非常好的个人素质和能力，那么公司在薪酬上可以大方一些。如果候选人只是几个条件相当的可能人选之一，那么公司可以把薪酬压低些。

策略 1

（1）"刚好您说到这了，我也顺便了解一下，您目前的薪酬福利是什么情况？"
（2）"您的期望薪酬是多少？是每月 1.2 万～1.5 万元？还是有其他的想法？"
（3）"我想了解一下，您现在的薪酬大概是多少？"

策略 2

（1）"公司现在的薪酬体系是这样的，跟您的期望有一定的差距，不过公司有完善的培训体系，有导师手把手地指导，有丰富的知识资源库，有强大的团队支持，还有……"
（2）"虽然您的期望与公司薪酬标准存在差距，不过我们提供其他公司没有的晋升和发展空间，我们所处的行业也具备独特的领先优势，还有……"
（3）"请不要仅仅看到表面上我们公司的薪酬达不到您的要求。除了薪酬之外，我们公司还提供额外的住房补贴、用餐补贴、制服补贴等各类补贴，还有……"

策略 3

（1）"您知道，一般情况下，换一份工作的加薪空间是 10%～20%。"
（2）"您的薪酬是年薪制浮动薪酬，虽然固定的月薪可能达不到您的期望，但如果业绩能达到全年的目标，全年总收入比您的期望值还高。"
（3）"目前我给您说的是试用期工资，相对低一些，转正后会有一定幅度地提高。当然如果您入职后工作表现超过公司的预期，那么公司会进一步调整薪酬。"

3.4.2 薪酬谈判实施技巧

要点介绍

公司在和候选人做薪酬谈判时，要遵循一些技巧。运用技巧做薪酬谈判，达到谈判目标的概率更高。

薪酬谈判实施的六大技巧

公司在薪酬谈判的过程中，别把所有底牌都亮出来。许多公司在问候选人问题时已经给出了公司的薪酬标准，但是自己却还不知道对方心理期望的薪酬是多少。如果公司要招聘的岗位薪酬有比较大的空间，那么在招聘信息上可以写一个范围比较大的薪酬空间。

公司做薪酬谈判时，最容易犯的错误是觉得薪酬谈判是谈得越低越好。薪酬谈判的最终目标不是把候选人期望的薪酬压到最低，而是为公司找到最适合的人才，给一个双方都能够认可的薪酬。

在薪酬谈判的过程中，要让候选人开诚布公地直接说出薪酬数字并不容易。许多候选人觉得，当自己说出数字时，公司就会占据主动，可能会让自己在应聘过程中丧失优势。但是对公司来说，和候选人确定薪酬的具体数字是绕不过去的环节。

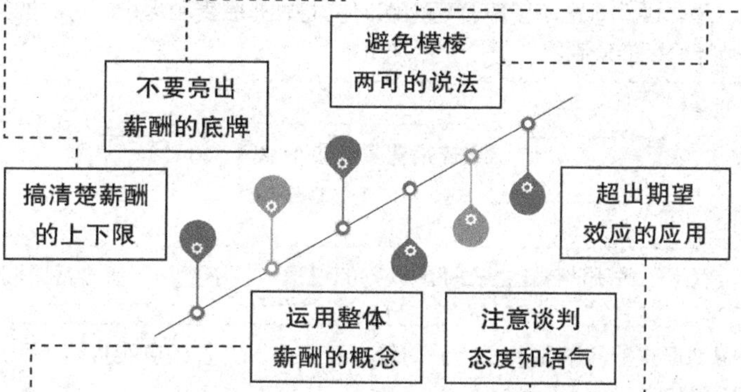

公司在与候选人谈薪酬时，不要忽略整体薪酬的概念。公司能够提供的薪酬包括能量化的薪酬以及不能量化的整体薪酬，而不仅是工资和奖金。

当候选人适合招聘岗位时，如果候选人期望的薪酬低于公司薪酬标准，公司可以痛快地答应他的薪酬要求。在他上岗后，按照公司标准给他发放薪酬，这将高于他的期望。

薪酬谈判的过程是一个商务谈判的过程，讲究双方基本的尊重和诚信，整个过程中体现出来的是双方的商业素养。在整个薪酬谈判的过程中，不论公司认为候选人提出的要求多么过分，都不要在态度或语气上表示出轻蔑。

3.4.3 薪酬谈判注意事项

要点介绍

细节是“魔鬼”，细节能够出效益。实施薪酬谈判有很多细节值得注意，如果不注意这些细节，薪酬谈判不仅会显得不专业，而且会起到一些意想不到的负面效果。

薪酬谈判的三大注意事项

避免面试开始就谈薪酬

面试一开始，如果招聘岗位薪酬标准已经很明确，则可以直接告诉候选人，而且也应当在招聘信息中体现出来。快速让候选人了解公司招聘的这个岗位的信息，让候选人有心理预期和准备，避免浪费双方的时间。

如果岗位的薪酬没有明确的标准，那么在面试时不要一开始就和候选人谈薪酬。不仅因为一开始就谈薪酬可能会泄露公司的薪酬信息，还因为在面试开始之前，面试双方缺乏足够的了解。公司不了解候选人的能力水平，候选人也不了解公司招聘岗位的具体职责和需求。这时如果公司盲目说出薪酬数字，可能会破坏后续的谈判。

恰当应用背景调查信息

背景调查信息也可以用在薪酬谈判上。在薪酬谈判的过程中，不要忘了参考背景调查信息。

不是候选人自己说他原来的薪酬是多少，公司就信是多少。背景调查能帮助公司知道候选人上一份工作薪酬的相对确切数字。

薪酬谈判回归聚焦结果

很多失败的商务谈判因为务虚，谈来谈去，到最后谈不出结果。薪酬谈判的目的是让双方明确薪酬的具体数字，所以薪酬谈判的最后一定要让双方都明确薪酬数字和具体的薪酬项目信息。

薪酬谈判的具体信息至少包括：试用期薪酬；转正薪酬和转正条件；基本薪酬；绩效薪酬和绩效条件；福利待遇；等等。当明确关键信息后，公司可以全部写在对候选人正式发放的 Offer 中。

疑难问题　如何提高面试赴约率

要点介绍

面试过程中的约而不见已经不是新鲜的话题了，很多公司因此造成大量的成本损失。对于一些高端岗位、高端人才或比较难招的优秀人才，公司招聘过程中的重点不仅要放在面试方面，还要放在通过招聘的过程吸引对方这一方面。其中，提高人才面试的赴约率就是一项重要内容。

提高面试赴约率的 5 个方法

对于一些特殊的岗位，有可能公司 1 天打 100 个电话也邀约不到 1 位候选人。这时千万不要灰心，100 个电话不行，那就打 200 个，打 200 个电话不行，那就打 300 个，直到有候选人愿意来参加面试。

公司快结束邀约电话时，可以要求加候选人常用的社交软件好友。即使候选人不选择公司，但说不定也能成为好友，且能留意候选人生活中的点点滴滴，以便后续的合作。

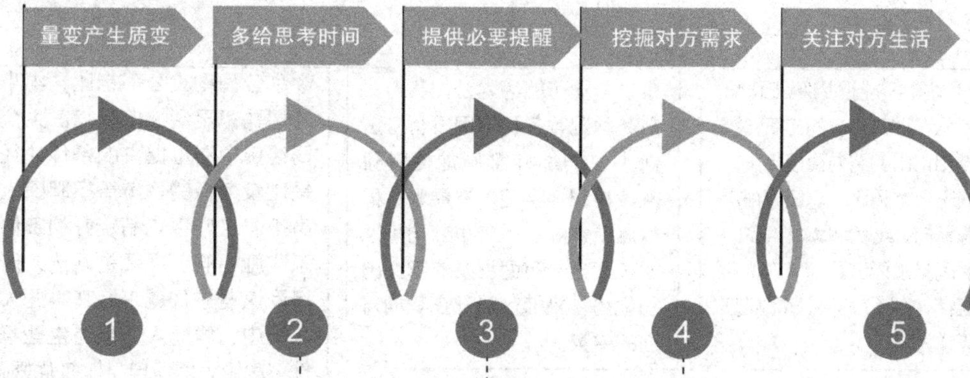

电话沟通时，可以多一些耐心，多给候选人一些思考时间。这里的询问有一个技巧，就是最好让候选人做选择题，如不要问“您什么时间方便？”，可以直接问“您明天有空还是后天有空？”或“周一有空还是周二有空？”问完之后，也可以给候选人一段思考时间作为缓冲。通过沟通当中的暂停，候选人会有受到尊重的感觉。

公司打完面试邀约电话后，首先需要发送短信确认面试的时间、地点，以及候选人需要携带的物品。除了这些必需的信息之外，还可以人性化地写上路线信息、停车信息等。在面试的前一天，公司最好能再次给候选人发消息，进行提醒和确认，以防候选人忘记。

电话邀约虽然是简单地让候选人了解公司，但公司有必要在简短的谈话中深入挖掘候选人的需求，获取更多的信息，这样才更能打动候选人。在邀约过程中可以使用开放式提问方式，针对候选人的工作经历等信息提出新的问题。

疑难问题 中小公司如何吸引人才

要点介绍

对于大公司来说，其自然会比一些中小公司具备雇主品牌方面的优势。然而这不代表中小公司在人才吸引方面完全没有优势。在人才吸引方面，中小公司不必和大公司“硬碰硬”，用自己的劣势去比大公司的优势，另辟蹊径，中小公司同样能够吸引人才。

中小公司吸引人才的 3 种方法

一家公司能不能把招聘工作做好，和总经理对招聘的态度、重视程度和付出的努力直接相关。如果对于人才招聘，总经理根本就不想参与，或者总以“自己忙，没有时间参加面试”为借口逃避招聘工作，则这样的公司很难把招聘工作做好。

只有总经理拿出诚意参与招聘，中小公司的人才招聘工作才有希望做好。邀约一些需要中小公司总经理面试的高端人才，往往不是看总经理有没有空，而是看人才有没有空；不是总经理坐在办公室等着人才来见自己，而是总经理亲自上门拜访人才。

中小公司可能因为公司实力、财务状况等各种原因没有办法像大公司那样全面地提供薪酬、福利、学习、发展等各种待遇条件。但是中小公司可以通过在某一方面具备非常突出的优势，来掩盖自己在其他方面的劣势。

例如，有的公司经营和财务状况比较好，就是缺人才，那么就可以直接通过高薪酬、高福利来吸引人才；有的公司如果近期经营情况不佳，但是远期预期很好，那么就可以通过远期收益来吸引人才，如长期股权计划、长期现金计划或者长期福利计划等；有的公司近期财务状况不好，远期也不敢保证经营能缓解，那么就可以在其他非财务方面吸引人才，如提供较高的职位，给予充分的信任和权力，提供学习锻炼的机会等。

中小公司和大公司相比，中小公司具备灵活性的特点。大公司给每个岗位提供的条件往往是比较死板的，负责招聘的人员按照这些事先制定好的条件来实施招聘，逻辑是候选人能接受这些条件就来。在某些大公司中，候选人如果对这些条件不满意，即使自身比较优秀，值得更好的条件，往往也没有办法获得令人满意的、更高的条件。

在中小公司里面应当允许存在弹性。当然这里的弹性不仅可以是薪酬，还可以是福利、考勤、工作职责、权属关系等方面。只要那个方面不影响公司的正常运行，且能让人才为公司所用，就可以探讨。

疑难问题　面试过程中的常见误差

要点介绍

在面试过程中，面试官因为存在一定的主观性，往往会出现一些常见的判断误差，对人才的判断不准，影响面试的效果。要避免这些面试误差，首先要了解这些误差，根据这些误差的产生机理，减少面试误差。

面试常见的五大误差

首因效应	晕轮效应	相似误差	对比误差	刻板印象误差
面试官对候选人的面试往往会因为第一印象产生误差。面试官可能会通过候选人的外貌特征、行为举止等，判断候选人是否适合招聘岗位。如果候选人给面试官的第一印象好，面试官会偏向于认为候选人符合招聘岗位；如果候选人给面试官的第一印象不好，面试官会偏向于认为候选人不符合招聘岗位。	面试官对候选人某一个优势或者劣势的判断，可能会影响对候选人整体的判断。如果候选人在某个方面特别突出和优秀，面试官可能会认为候选人整体都非常优秀，非常适合招聘岗位。如果候选人在某个方面存在比较大的劣势，面试官可能会认为候选人整体都非常差，完全不适合招聘岗位。	面试官往往会对那些和自己具备相似经历、年龄、兴趣、爱好、民族、籍贯、背景等特征的候选人产生好感和亲近感，认为这类候选人非常优秀，从情感方面偏向于录用这一类候选人。面试官往往会对那些和自己在各方面都不相似的候选人产生偏见，认为这些候选人并不 优秀，不想录用这类候选人。	面试官对候选人之间的对比可能出现偏差。如果有好几位非常优秀的候选人排在一起，而这时有一位没有其他候选人优秀但也不差的候选人，那么这位候选人容易被面试官认为比较差。如果有好几位非常差的候选人排在一起，而这时有一位相对一般的候选人，那么这位候选人则容易被面试官认为比较优秀。	受知识和观念的限制，面试官可能对某一类人存在一些刻板的印象。当面试官遇到这类候选人时，第一时间就会在心中给他做出归类。如有的面试官认为工作经验不足 3 年和没有经验一样等。

疑难问题 背景调查不配合怎么办

要点介绍

在公司做背景调查的过程中，证明人有“事不关己，高高挂起”的态度是人之常情，证明人不配合的情况是非常常见的。公司中实施背景调查的工作人员不必因此而产生负面情绪。当证明人不配合时，公司可以通过一些方法让证明人配合。

应对背景调查证明人不配合的两大手段

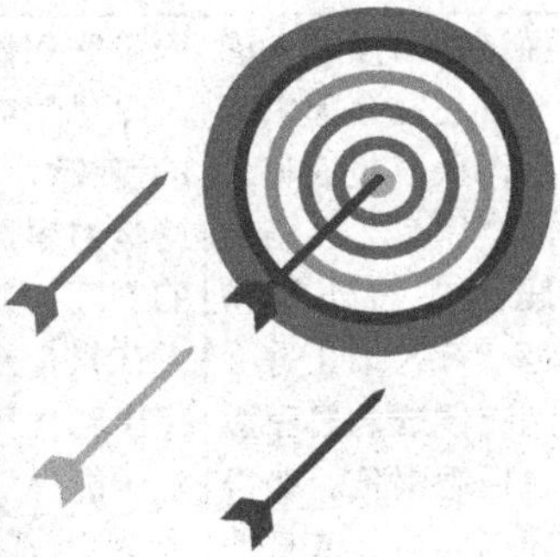

在证明人的选择上，公司可以找原来属于这家公司，但是目前已经离职的员工做背景调查。做背景调查前，公司也可以定向筛选证明人。若可以给不同的证明人打电话，则首先给配合度可能最高的证明人打电话。

例如，同样是人力资源部的工作人员，负责招聘的人员一般背景调查的配合度比较高，因为他们也经常需要做背景调查，也期望得到别人的配合。而一般财务人员收到背景调查问询时配合的可能性比较低，因为财务人员的工作性质比较严谨。

对于年薪较高的岗位，花费小成本获得一份详细的候选人背景调查报告，防止背景调查不清带来员工入职风险，其实是值得的。

可以给参与背景调查的证明人一份小礼品。这种方法是非常有效地得到他人支持和配合的方法。如果能给证明人一点小奖励或纪念品，他更有可能配合背景调查。这个方法也是一些专业的背景调查公司为了保证背景调查结果信息的真实性和全面性会采用的。

第4章

员工入职与离职管理

员工入职与离职管理对公司有重要的意义，它的价值主要体现在风险控制、效率提高和成本管控。员工入职管理，能够降低公司的用工风险，提高工作效率；员工离职管理，能够降低员工离职率、减少离职带来的成本损失，尽可能减少离职风险。

4.1 入职作业流程

员工入职管理，不仅要保证员工在入职阶段基本的手续办理、合同签订、试用转正等流程的标准化、规范化，降低公司的风险，更要让新员工感受到公司的办事效率，并快速融入公司文化，进入工作角色。

4.1.1 用人申请流程

要点介绍

为了保证招聘工作有序开展，当用人部门产生人力需求时，需要填写用工申请表，走用人申请流程。人力资源部汇总各部门的人力需求、岗位职责及岗位要求后，形成岗位需求汇总表，报相关领导审批。

用工需求申请表模板

编号：			
需求部门		部门编制	
申请日期		拟到岗日期	
部门现有人数		定编人数	
拟招聘人数		拟招聘岗位	
是否为增编岗位		若是增编岗位写明原因	
岗位职责：			
学历要求		专业要求	
外语水平		计算机水平	
工作技能		其他要求	
部门负责人签字		人力资源部签字	
分管副总签字		总经理签字	

岗位需求汇总表模板

序号	公司	部门	岗位	专业要求	学历要求	人数	岗位要求	其他要求	需求原因
1									
2									
3									

4.1.2 员工入职流程

要点介绍

在候选人面试合格，公司对候选人发放 Offer 之后，候选人一旦接受并确认，那么下一步将是办理入职手续。

员工入职的基本流程及关键控制点

在新员工报到前，人力资源部需要做好充分的准备工作，主要如下。

（1）确定好新员工的入职时间，提前做好入职手续办理的各项准备。

（2）虽然 Offer 中已包含入职需要携带的相关资料信息，为防止新员工入职时遗漏，人力资源部最好提前打电话确认。

（3）若需要新员工做入职前体检的，需要安排好体检相关事宜。

（4）协同相关部门，为新员工安排好座位，并提前准备好相关的办公用品、工作服、工作牌、餐卡、入职需要的各类资料和表单等。

（5）提前与用人部门对接，通知用人部门领导，提前为新员工准备好帮带师傅或入职对接人。

办理入职手续的过程主要是收集资料、核对信息、整理归档的过程，主要如下。

（1）面试时使用的岗位申请表可以作为入职登记表使用。

（2）收取新员工的相关资料。

（3）核对岗位申请表上的相关信息与入职后个人准备的信息是否一致。

（4）与新员工签订劳动合同。

（5）告知新员工入职培训的时间和地点。

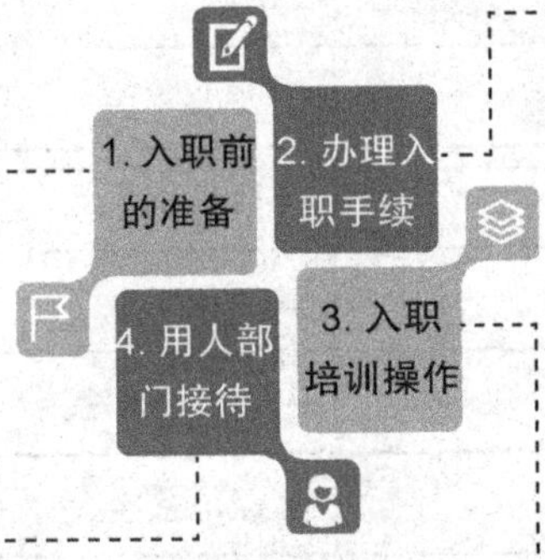

入职前的培训，也就是新员工培训，基本操作是执行新员工培训流程，但需注意以下几点。

（1）学习公司各类规章制度、员工手册，一定要有培训开始前的签到和培训结束后的考试。

（2）培训结束后，要所有新员工对学习内容签字确认，签字内容“本人已详细阅读并学习了公司 XX 的全部内容，并谨此声明本人愿意自觉遵守。如有违反，自愿按照公司相关规定执行。”

（3）带新员工参观公司或相关的岗位。参观前，需要与各部门做好沟通，以免影响各部门工作的正常运行。

（4）参观过程中需要专业细心地讲解，耐心全面地解答新员工提出的问题。

用人部门在新员工入职过程中的作用比人力资源部更重要，它直接影响着新员工的感受，决定了新员工未来是否愿意留在公司，是否能够融入公司并长期稳定工作。用人部门在新员工入职中的工作如下。

（1）部门安排帮带师傅或专人负责引导新员工并做相应的人员介绍。

（2）向新员工介绍本部门规章制度和岗位职责要求。

（3）部门例会上向同事介绍新员工。

4.1.3 员工试用期管理

要点介绍

员工试用期管理影响着员工未来的发展。当新员工在试用期时，公司不能“放任不管”，需要做及时的摸底和跟进，做必要的面对面访谈。为便于新员工总结和提高能力，新员工在试用期，可定时提交总结报告，频率一般为1周到1个月提交1次。

员工试用期管理流程

1. 面谈

一般在入职的1周之内、1个月之内和转正之前做3轮面谈，每轮面谈的对象分别是新员工本人、新员工的帮带师傅或周围的同事。

面谈的内容主要是新员工对工作氛围和工作内容的感受、新员工是否得到了来自部门内部应有的关心和帮助、新员工的帮带师傅或同事对该新员工的评价、新员工遇到的问题以及需要的帮助等。

2. 反馈

根据员工试用期的3轮面谈情况，提炼出有建设性、有价值、有意义的信息，并将这些信息反馈给新员工的直属领导或部门负责人。

如果发现新员工的直属领导或部门负责人没有很好地帮助新员工融入公司，则人力资源部需要及时指出，了解实际情况并及时修正，根据情况给出指导和建议。

3. 总结

针对新员工在试用期遇到的不同问题，参考与新员工和部门之间的面谈结果，人力资源部要总结招聘、面试、入职、试用过程中存在的问题。

例如，人才的招聘标准是否有问题，面试的方法和判断是否有问题，入职培训的全面性是否有问题，入职和试用期的管理是否能更优化等。

员工试用期总结报告模板

姓名		所属部门	
岗位名称		入职日期	
工作总结			
帮带师傅评价			
部门负责人评价			
人力资源部评价			

4.1.4 员工转正管理

要点介绍

试用期满后，新员工可以按照公司的转正流程提交转正申请。新员工提交转正申请后，在正式转正之前，公司需要组织对新员工评估。对新员工的评估不仅是为单个员工的转正，也是公司优化人力资源管理的重要工作。

转正申请表模板

<table>
<tr><td colspan="6">编号：　　　　　　　　日期：</td></tr>
<tr><td>申请人</td><td></td><td>所属部门</td><td></td><td>岗位名称</td><td></td></tr>
<tr><td>入职时间</td><td colspan="2"></td><td>试用期缺勤天数</td><td colspan="2"></td></tr>
<tr><td>试用部门</td><td colspan="5"></td></tr>
<tr><td>试用期自我评价</td><td colspan="5"></td></tr>
<tr><td>帮带师傅意见</td><td colspan="5">□同意转正　□延期转正（建议延期至）　□转岗（建议岗位）　□终止试用，辞退
签字：　　　　　　　　日期：</td></tr>
<tr><td>部门负责人意见</td><td colspan="5">□同意转正　□延期转正（建议延期至）　□转岗（建议岗位）　□终止试用，辞退
签字：　　　　　　　　日期：</td></tr>
<tr><td>人力资源部意见</td><td colspan="5">□同意转正　□延期转正（建议延期至）　□转岗（建议岗位）　□终止试用，辞退
签字：　　　　　　　　日期：</td></tr>
<tr><td>总经理意见</td><td colspan="5">□同意转正　□延期转正（建议延期至）　□转岗（建议岗位）　□终止试用，辞退
签字：　　　　　　　　日期：</td></tr>
</table>

新员工转正评估的 4 个维度

知识层面的评估

评估新员工对岗位应知应会的知识的掌握程度。测评方式可以是笔试或面试。实施知识层面的评估需要提前准备试题库和标准答案，试题需要和新员工的工作有较强的相关性且属于必备知识。

能力层面的评估

评估新员工是否已经掌握了岗位必备的各项基本能力。测评的方式可以是实测操作模拟、工作成果评估、专家意见评价、直属领导评价、团队成员评议、关联方打分等。

行为/态度层面的评估

评估新员工日常工作过程中的行为和态度是否符合公司的要求和期望，新员工是否存在消极怠工、违规操作等不好的态度和行为。测评的方式可以是民主评议或直属领导打分。

绩效层面的评估

评估新员工的工作成果是否达到了岗位的基本要求。测评方式是岗位绩效评价。由于新员工入职时间短，对新员工的要求不应过于严苛，一般达到岗位绩效最低要求即可达标。

4.2 离职作业流程

根据员工是否出于主观意愿，员工离职可以分为主动离职和被动离职两种。本节主要介绍主动离职，其包括员工由于各种原因主动提出辞职、合同期满后员工不再续签、退休后不接受公司的返聘等类型。不同的员工离职类型，对应着不同的离职操作。

4.2.1 员工辞职操作方法

要点介绍

根据《中华人民共和国劳动合同法》（2013 年 7 月 1 日实施）的规定，用人单位与劳动者协商一致，可以解除劳动合同。劳动者提前三十日以书面形式通知用人单位，可以解除劳动合同。劳动者在试用期内提前三日通知用人单位，可以解除劳动合同。主动提出辞职的员工，应在《中华人民共和国劳动合同法》规定的时间内提出，填写离职申请表，经单位直属领导、部门负责人和人力资源部审批后，办理离职手续。

离职申请表模板

姓名		性别		身份证号	
公司		部门		岗位	
入职日期		申请离职日期		预计离职日期	
家庭住址			联系方式		
离职原因					
直属领导面谈记录				直属领导审批意见	
部门负责人面谈记录				部门负责人审批意见	
人力资源部面谈记录				人力资源部审批意见	

离职操作的 3 项基本原则

合法合规

公司一切的操作原则都要根据劳动相关的法律法规执行。所以涉及相关的法律法规的每一项，公司都要先了解一下相关的法律法规是怎么规定的。

合情合理

公司在制定离职流程时，要注意员工的个人感受。要给员工一些方便，而不要只站在公司的角度去考虑问题。公司不一定能做到让员工离开之后还一直感恩公司，想怎么回报公司，但至少不要让员工离开之后还对公司心存恨意。

降低风险

在员工离职的流程方面，公司要尽量减少员工离职之后，可能会给公司带来的损失和风险。对于关键岗位，公司最好和员工签保密协议和竞业禁止协议。

4.2.2 离职交接操作方法

要点介绍

离职员工应填写离职交接表，按照离职交接表中的内容逐项执行交接手续。相关负责人需注意，由于员工离职后的工作职责、文件资料、办公用品等每一项不一定是全部交接给同一个人，所以，在交接的过程中需要逐项核对，并由接收人逐项签字。如果表格填不下，可以附交接清单。如果交接过程中发现有物品或资料遗失或毁损，给公司造成损失的，应按照相关规定折价赔偿。

离职交接表模板

<table>
<tr><td>姓名</td><td></td><td>性别</td><td></td><td>身份证号</td><td></td></tr>
<tr><td>公司</td><td></td><td>部门</td><td></td><td>岗位</td><td></td></tr>
<tr><td>入职日期</td><td></td><td>申请离职日期</td><td></td><td>预计离职日期</td><td></td></tr>
<tr><td colspan="6">交接手续</td></tr>
<tr><td>部门办公用品</td><td colspan="3">□办公设备 □文档资料 □办公用品
□物料工具 □其他</td><td colspan="2" rowspan="2">部门负责人签字：
日期：</td></tr>
<tr><td colspan="2">交接内容
1.
2.
3.
4.
5.
6.</td><td colspan="2">交接人签字
1.
2.
3.
4.
5.
6.</td></tr>
<tr><td>行政部</td><td colspan="3">□办公钥匙归还 □宿舍 □通讯录更新
□餐卡 □其他</td><td colspan="2">行政部负责人签字：
日期：</td></tr>
<tr><td>信息部</td><td colspan="3">□ OA 账号 □其他</td><td colspan="2">信息部负责人签字：
日期：</td></tr>
<tr><td>财务部</td><td colspan="3">□借款清算 □其他</td><td colspan="2">财务部负责人签字：
日期：</td></tr>
<tr><td>人力资源部</td><td colspan="3">□工作服 □工作牌 □出勤情况
□工资计算 □人事档案 □员工手册
□其他</td><td colspan="2">人力资源部负责人签字：
日期：</td></tr>
<tr><td colspan="6">总经理意见：
签字： 日期：</td></tr>
</table>

4.2.3 劳动合同到期操作方法

要点介绍

根据《中华人民共和国劳动合同法》（2013 年 7 月 1 日实施）第四十四条第一项的规定，劳动合同期满的，劳动合同终止。即当劳动合同期满时，若无特殊情况或特殊条款说明，劳动合同自动终止，用人单位和劳动者之间的劳动关系解除。除用人单位维持或提高劳动合同约定条件续订劳动合同，劳动者不同意续订的情形外，劳动合同期满终止固定期限劳动合同的，用人单位应当向劳动者支付经济补偿。

员工劳动合同到期时的 5 种情况

1. 如果公司想续签，员工想续签，续签劳动合同，双方劳动关系继续。
2. 如果公司不想续签，员工想续签，劳动合同终止，公司要支付员工经济补偿。
3. 如果公司想续签（不低于原劳动合同条件），员工不想续签，劳动合同终止，公司不需要支付员工经济补偿。
4. 如果公司想续签（低于原劳动合同条件），员工不想续签，劳动合同终止，公司要支付员工经济补偿。
5. 如果公司不想续签，员工不想续签，劳动合同终止，公司要支付员工经济补偿。

公司支付员工经济补偿标准

按照每满 1 年支付 1 个月工资的标准向员工支付。

6 个月以上不满 1 年的，按 1 年计算。

不满 6 个月的，向员工支付半个月工资的经济补偿。

工资是指员工在劳动合同解除或终止前 12 个月的平均工资。

员工月工资高于公司所在直辖市、设区的市级人民政府公布的本地区上年度员工月平均工资 3 倍的，向其支付经济补偿的标准按员工月平均工资 3 倍的数额支付，向其支付经济补偿的年限最高不超过 12 年。

4.2.4 员工退休操作方法

要点介绍

员工达到法定退休年龄后，可以办理正常的退休手续。各地人社部门的规定不同，退休办理的流程也不尽相同，但大致逻辑基本相同。

正常退休办理的 3 步通用流程

员工先填写退休申请表（一般需含有一寸照片）。
公司每月在当地人社部门规定的时间内，向人社部门提交退休人员的退休申请表、身份证原件及复印件（复印件一般一式两份）、社保卡复印件、员工档案（一般需要加盖公司公章）。

人社部门审核退休人员的出生年月、参加工作时间、历年调资表、社保缴费年限等，审核后开具公示单。公司公示无异议后，加盖公司公章。
当月缴纳完社保后，公司对退休人员进行减员，向人社部门提交退休申请表、退休申报表、退休公示表。

有部分地区的人社部门可以给有需要的人员打印退休证明。
如果是特殊工种或因病等情况需要提前办理退休的人员，办理流程比正常的退休流程多一步提前审核的过程，公司可以根据当地人社部门的具体要求提交相关审核材料。

4.3 入职离职风险防控

员工入职和离职的过程并不只是办理手续这么简单。公司在办理员工入职和离职的过程中，如果操作不当，可能会让公司承受很多风险，蒙受不必要的损失。因此，公司在操作时要格外注意。

4.3.1 入职常见风险

要点介绍

公司在办理新员工入职时，需要特别注意因为操作不当或不注意，而带来的一些风险。

员工入职常见的五大风险

01 录用条件不清楚

如果员工的录用条件不清楚，则可能会出现公司发现员工不符合录用条件，但是员工却已经办理完入职手续的情况。这时，如果公司不期望员工入职，员工却执意要入职，将会引发劳动争议。如果员工的录用条件清楚，则就算员工已经入职，公司依然可以合法地与员工解除劳动关系，且不需要支付员工经济补偿。

02 岗位职责不明确

当员工入职后，常因为履行职责不到位引起公司的不满。这可能是因为员工入职前认为的岗位职责和岗位实际职责不符；可能是因为公司的岗位职责一开始就没有设置清楚，让员工无所适从；也可能是因为员工不适合岗位。

03 登记环节出问题

有的候选人为了获得岗位，在入职登记的环节可能会提供一些虚假信息。不影响岗位录用的虚假信息往往很难发现，可在后续的工作中这些虚假信息可能会对公司造成影响。

04 体检环节出问题

公司可以合法合理地根据岗位需要，设置岗位入职的身体条件要求，并要求员工实施体检。可有的候选人为了获得岗位，可能隐瞒自己的健康状况，不按照公司的规定做身体检查，或伪造体检报告。另一方面，公司也可能因为对岗位要求身体状况的规定不合法，涉嫌就业歧视，而引发员工的投诉。

05 合同签订出问题

很多公司为了逃避自己的雇主责任，不与员工签订劳动合同。实际上，公司与员工的劳动关系确立自公司用工之日起开始，也可以理解为自员工第一天报到工作开始。根据《中华人民共和国劳动合同法》（2013 年 7 月 1 日实施）的规定，用人单位自用工之日起超过一个月不满一年未与劳动者订立书面劳动合同的，应当向劳动者每月支付二倍的工资。

4.3.2 入职风险应对

要点介绍

针对入职环节的常见风险，公司应当提前采取相应的应对手段，避免发生风险。

员工常见五大入职风险应对手段

录用条件不清楚

规范、明确、合理、经得住推敲的人才录用条件和合法、合规、有效的规章制度对公司的用工意义重大，是公司规避用工风险、防止用工欺诈的有效手段。其中，录用条件包括岗位职责条件、身体健康条件、兼职条件、档案存放情况、社会保险缴纳条件、绩效考核条件等。

登记环节出问题

公司要对员工入职材料和信息的真实性做仔细核查，重点关注的信息包括员工的教育背景信息、工作经历信息、家庭成员信息、紧急联系人及通讯地址信息、健康状况信息等。务必要员工在岗位申请表最后的声明中签字。

合同签订出问题

公司应当在员工入职的一个月内，与员工签订劳动合同。签订劳动合同时，公司要主动告知员工工作中的相关内容，包括工作条件、工作时间、可能存在的职业危害、职业安全状况、工作职责、劳动报酬等员工需要了解和掌握的相关信息。

岗位职责不明确

员工入职前，公司需要有清晰明确的岗位职责。一是为了评估该岗位究竟需要招聘什么类型的人才；二是为新进人才入职后能够快速理解岗位工作内容，快速进入工作状态提供保障；三是为了能够有效评估员工上岗后工作职责的履行情况。

体检环节出问题

入职前的体检环节是确认员工身体健康状况的重要信息依据，公司可以指定固定的体检机构，同时注意核查，有效甄别出个别员工体检作假的情况。同时注意，不要有健康歧视，要根据员工的健康状况合理分配岗位。

4.3.3 离职常见风险

要点介绍

员工离职可能会存在各类风险，除了因操作不当引起的法律风险之外，公司在处理员工离职的问题上，还可能出现很多其他风险。

员工离职常见的四大风险

公司如果对员工的离职没有预期，则很可能因为没有储备人选可以接替离职者的工作，导致工作上的被动局面。同时，在离职交接的过程中，也可能因为交接流程的不完善造成交接时间不充分、交接内容不全面，从而带来其他风险。

公司的关键信息包括技术资料、商业秘密等关乎公司核心竞争力的重要信息。如果处在关键岗位、掌握核心机密的员工离职，那么无论该员工是到竞争对手那里，还是自主创业，都必然会给公司带来巨大的影响，严重的，甚至会危及公司的存亡。

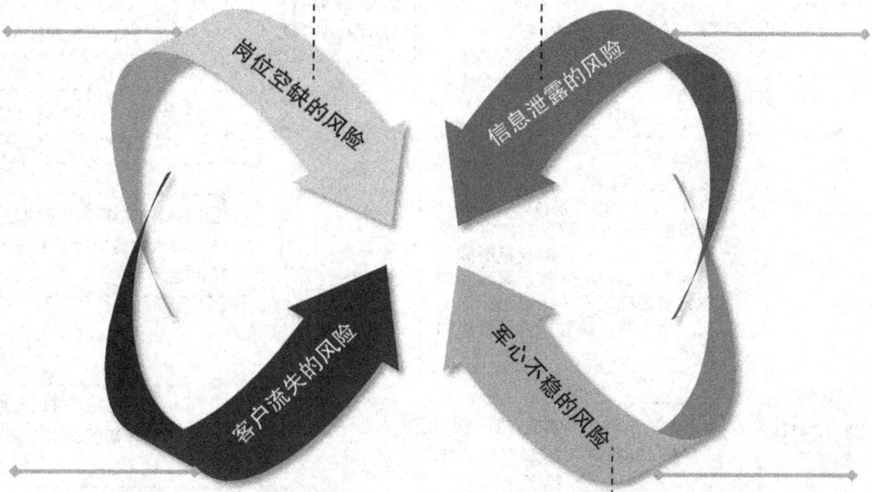

直接面向客户、与客户接触较多的员工离职后往往也容易把客户一起带走，尤其是这个客户一开始就是由离职员工开发或长期维护的，没有其他人插手。这类岗位在一线销售人员中最为常见，如果公司长期对一线销售人员实施“只追求业绩”的粗放式管理，那么必将在员工和客户流失方面存在巨大风险。

平时朝夕相处的同事离开了，必然会对组织中的其他员工产生一定的影响。有权威机构估算，1个员工离职会引起大约3个员工产生离职的想法。按照这个逻辑推算，如果某公司员工的年化离职率为20%，那么，代表着可能会有60%的员工正在找工作！公司中有些核心员工一旦离职，会带来一个群体的心理冲击，降低公司的凝聚力。

4.3.4 离职风险应对

要点介绍

针对离职环节的常见风险，公司应当提前采取相应的应对手段，避免发生风险。

员工常见四大离职风险应对手段

岗位空缺的风险

（1）提前预防。做好人才梯队建设，评估所有岗位的离职风险，建立关键岗位的后备人才库，平时要保障和强化后备人才相关岗位能力的提前培养。

（2）规范流程。建立并维护正常的离职程序，规定不同的岗位和职责需要谁确认、确认什么、怎么确认，需要谁审批、以什么为依据批准，需要谁监督、怎么监督，需要谁负责、负什么责。

（3）马上反应。当员工有离职意向时，部门管理者迅速反应，立即行动，与离职者做离职面谈，如果离职意愿明确，立即进入交接流程。争取充足的交接时间，确保工作交接的质量，离职面谈要定位在安抚而不是责备，切不可激化矛盾，让离职者产生抵触情绪。

信息泄露的风险

（1）留人很重要，平时在留人上做文章好过离职之后再弥补。

（2）从流程和制度上，将核心竞争力打散、拆分。

（3）依赖组织与团队好过依赖个人，团队可以把核心能力内化于无形。

（4）利用法律手段保护公司的合法权益，与核心人才签订保密协议和竞业禁止协议。

客户流失的风险

（1）注重品牌建设，提升公司品牌的知名度、美誉度和影响力。

（2）实施客户关系管理，建立并维护好客户档案和数据库，所有客户由公司统一管理。

（3）建立并实施轮岗制度，不论干部、员工，尤其是在一线业务部门。

军心不稳的风险

（1）从选人时开始预防，选用具备不同背景的员工，采取多元化的管理。

（2）利用组织文化，丰富员工生活，让员工与组织产生情感。

（3）做好员工的职业生涯规划管理，定期组织相关的培训和讲座。

（4）在与即将离职的员工沟通的同时，注重与和离职员工长期接触的未离职员工沟通。

疑难问题 员工离职有哪些成本

要点介绍

员工的离职成本是指公司因为员工离职需要付出的所有成本，包括公司需要支付给员工的离职津贴、因为一些原因需要支付的一定时期的生活费、离职的交通费、解聘员工的费用、辞退员工的费用以及因员工离职对岗位造成的损失。

常见的 4 种离职成本

离职补偿成本

离职补偿成本指的是公司因为员工离职，需要支付给离职员工的各类费用，包括支付给离职员工离职前的工资、公司要辞退员工时需要补偿员工的费用、必要的离职员工安置费用、一次性支付员工的离职金等。

离职管理成本

离职管理成本指的是公司为处理员工离职的事务所产生的全部费用，包括参与员工离职的相关员工的劳动费用、与离职手续相关的资料费用、办理员工离职手续需要承担的交通费用等。

离职低效成本

离职低效成本指的是员工在决定离职到离开公司这一过程中，由于心态和行为的变化，造成自己生产效率比以前低，使原来的生产效率受到损失而带来的成本，以及由于该离职员工的离职，造成公司其他员工生产效率降低而带来的损失。

岗位空缺成本

岗位空缺成本指的是员工离职后，在公司找到接任者补充到该岗位之前，岗位空缺给公司造成的损失，以及由于该岗位补充的接任者能力或经验不足，造成生产效率达不到原岗位水平而给公司造成的损失。

疑难问题 如何降低员工离职率

要点介绍

离职率过高对公司来说有较大的损失，公司通过行动上的努力，能够降低员工的离职率，从而降低公司的管理成本。

降低员工离职率的 4 种方法

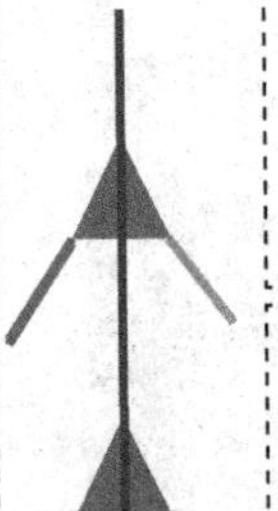

薪酬福利留人

具有市场竞争力的薪酬福利体系是留住员工的有效手段之一。薪酬和福利应采取多样化的方式，不应仅包括工资和奖金金额的提高，还应在薪酬福利的多样性、长远性、独特性上下功夫。例如设置员工持股计划、提供菜单式可选的个性化福利、定期组织团建活动等。

需要注意，薪酬和福利是“保健因素”，而不是“激励因素”；是能够满足员工物质和生活需求的基础资源，而不是一用就灵的“灵丹妙药”。如果一味期望依靠高薪酬、高福利留住员工不一定会达到预期效果。

注意招聘环节

面试时，如果候选人曾经的工作经历转换比较频繁，平均每份工作的时间不超过 3 年，工作过的公司较多，转换工作的理由含糊其辞，则说明该候选人的稳定性较差，公司在选择这类人才时需要谨慎考虑。

有的公司为了迅速吸引人才，在招聘宣传时会给候选人传递过多的正面信息；有的公司提供薪酬信息时只提供薪酬范围；有的甚至提供虚假岗位、薪酬、福利待遇等信息。候选人会产生过高的期望，入职后发现实际情况与公司的描述不符，将产生较大心理落差，导致离职。

职业发展留人

如果公司能够为员工提供良好的学习和培训机会，提供一条畅通、清晰的职业发展通道，那么哪怕目前公司在该岗位上的薪酬没有市场竞争力，但是未来的预期收益是明显的。职业的发展和能力的提升意味着员工将收获自身价值提高的满足感，会有许多员工为了得到更好的发展选择留在公司。

公司应完善培训管理体系，做好职业发展通道建设，为员工创造更多的学习机会，给员工提供更好的发展平台。让员工能够在公司发挥自己的特长，获得公司的认可。

文化情感留人

比制度更能够影响员工的是公司文化，公司文化是员工扎根的土壤。优秀的公司文化天然具有吸引和留住员工的作用，能够让员工在这片土壤中茁壮成长；而不好的公司文化，就像一股无形的力量在把员工往外推。

与薪酬和福利这些“保健因素”不同，与员工建立起的情感交流属于“激励因素”。上级和同事与员工之间建立起的感情纽带，能够极大地增加员工的幸福感、满意度、责任感，进而增强员工的稳定性。

疑难问题　如何劝退不合格员工

要点介绍

劝退不合格的员工是公司降低用人成本、提高用工效率的必要方式。虽然公司需要严格遵守劳动法律法规，不得随意辞掉员工，但也不能让管理流于形式，任由不合格的员工越来越多。在劝退不合格的员工之前，首先需要确认该员工不合格。如果员工在某一岗位达不到岗位要求，公司需要提供必要的培训；如果该员工培训后还是不能达到岗位要求，可以调岗或继续培训；若仍不合格，再实施劝退。

劝退员工前的 3 项准备

具体化人才录用条件

例如，某岗位需要员工上夜班，该公司在该岗位的录用条件中规定：该岗位每个自然月需要上 10 天夜班，必须根据公司统一的排班要求出勤，每月夜班的请假时间不得超过 2 天，此条件为从事本岗位的必要条件。

具体化岗位胜任条件

例如，某生产岗位的胜任条件为：8 小时以内，生产合格品的数量不少于 50 件。某服务岗位的胜任条件为：每个月顾客满意度的调查结果须达到 90% 以上。某人力资源管理招聘岗位的胜任条件为：每月的招聘满足率须达到 95% 以上。

具体化严重失职条件

例如，某公司保安岗位规定：如果在未登记的情况下，让非本公司的人员进入公司，则属于严重失职。某财务岗位规定：如果账务问题出现 10 万元以上的差异则属于严重失职。

劝退不合格员工的 4 步

1. 认清目的

劝退不合格员工的核心目的，并不是公司想免于支付经济补偿金，而是让员工了解自身能力与公司岗位要求之间的差异，减少员工对离职的抵触心理，保留公司的社会声誉。如果员工意识到这一点后自愿提出离职，也能在事实上为公司降低成本。

2. 提前准备

在劝退不合格员工前，要了解相关的法律依据，要提前经过工会的审批，面谈者要提前预测面谈过程中可能出现的状况。

3. 实施面谈

面谈的内容应以事实为主，简单的寒暄之后，可以直奔主题，围绕员工不合格的原因，展开对事实的讨论。如果员工接受，公司适当提出建议；如果员工不接受，则员工可以提出反对的原因和证据，公司做必要的核查。

4. 稳定情绪

为了稳定不合格员工的情绪，公司需告知员工能够享受的权利，承诺如果其他公司对员工进行背景调查时，公司不会透露对员工再就业的不利信息。如果有必要，公司可以为员工写推荐信。

第5章

人才培养与发展管理

公司将人才引进之后，如何将公司文化、价值观有效传承到人才身上，如何通过人才的能力持续不断为公司创造价值，如何让公司的培训发挥效果。这些问题都需要公司具备培养和发展人才的能力才能够去解决。

5.1 培训管理体系建设

持续有效的培训需要培训管理体系的支持。落后的培训管理体系会阻碍人才的成长，影响公司的发展；而优秀的培训管理体系能够自发运行，能够使公司各层级人员得到能力上的提升，加强公司的凝聚力和员工的归属感，促进公司良性发展。

5.1.1 培训管理体系三大层面

要点介绍

一套完整的培训管理体系至少需要包含三大层面，分别是运作层面、资源层面和制度层面。公司在评估自身的培训管理体系建设质量时，如果发现公司当前培训管理工作关注的模块有缺项，则说明公司当前的培训管理体系是不完整的。当前公司培训效果或效能有问题的原因很可能就是培训管理体系模块不全。

培训管理体系三大层面

说明	层面	内容		
最顶层是培训管理运作层面，是公司在贯彻培训策略，动用各种培训资源的过程中，为了保证培训能够有效、有序地进行所需要采取的一系列关键行为。	运作层面	培训计划	培训实施	评估跟踪
		培训需求	方案制定	培训内化
中间层是培训管理资源层面，是公司内部为培训策略和制度能有效实施所具备可调配或者可以使用的资源。	资源层面	课程体系	资料库	培训预算
		讲师体系	媒介与形式	基地与物资
最底层是最基础的层面，是培训管理的制度层面，是公司基于自身的战略，制定的人力资源规划中关于人才培训与发展的纲领性策略或导向性思路。	制度层面	培训管理制度		
		人才发展与培训策略		

小贴士

培训管理体系的三大层面之间的关系是层层递进、相互作用、共同发展的。完整的培训管理体系是人才培养与培训系统完整的必要保证，是培训持续有效运转的重要保障。培训管理体系还不完善的公司，需要不断地创建和完善这三大层面的内容。

5.1.2 培训管理制度模块建设

要点介绍

培训管理制度是保证培训工作能够专业化、规范化、流程化的前提，是提高全员整体素质、保证全员达到岗位要求的能力，是打造优秀的员工团队、建立学习型公司、增强公司核心竞争力的有力保障。培训管理制度不仅是有没有的问题，还要考虑是否适合、是否科学、是否完整、是否有效。培训管理制度其实就是公司实施培训的规则。在开展培训管理之前，公司要事先把一切的规则都想明白、列明白、讲明白，后续的一系列培训管理工作才可能很好地开展。

培训管理制度层面的九大模块

培训机构与职责

培训机构与职责是培训管理组织机构和具体职责的设置。公司要执行培训策略，就必须建立科学有效的培训机构，并且确定各参与方的角色定位和职能。

培训对象和培训形式

这部分要详细地规定公司针对什么样的员工进行培训，由谁提供什么样的培训，以及如何提供培训。

培训资源管理

这部分要规定培训讲师要如何开发，如何培养，如何管理；培训课程要如何开发，如何更新，如何管理；培训的基地和物资要如何开发，如何管理；培训的资料库要如何更新，如何管理；等等。

培训计划管理

这部分要详细规定公司应该有多少种培训计划，什么时候开始做，由谁来做这些培训计划；培训计划的编制规范是什么样的；编制完了之后的培训计划执行怎样的审批流程。

培训评估管理

这部分要规定公司可以包含的培训评估方式都有哪些；针对不同的培训类型和培训目的，公司应当采取什么样的培训评估方法；要如何实施这些培训评估方法；培训评估的结果如何应用；等等。

培训实施管理

培训实施管理指的是公司为了更好地实施培训而做出的规定。这其中包括培训组织人员的纪律、管理培训的档案、培训课堂中培训学员需要遵守的纪律、培训的实施流程、培训期间的考勤管理等。

外派培训管理

这部分需要规定公司可以外派培训的类别；选择外派培训员工的标准；外派培训申请和审批的流程；外派培训之后需要如何转化；等等。

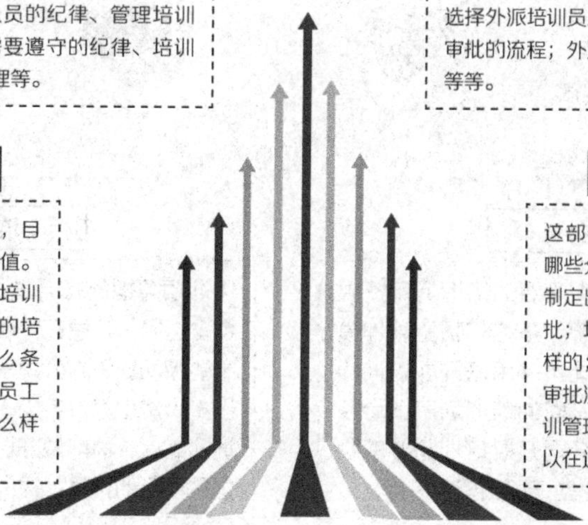

培训协议管理

公司让员工参加成本较高的培训，目的是让员工长久地为公司创造价值。在这部分，公司要规定当有什么培训时，需要和参训人员签署什么样的培训协议；培训协议中要明确在什么条件下，员工的服务期是多长；当员工违反培训协议离职时，要承担什么样的违约责任。

培训费用管理

这部分需要规定培训费用都有哪些分类；培训费用预算是怎么制定出来的，由谁制定，由谁审批；培训费用的使用原则是什么样的；培训费用的支付、报销和审批流程是什么样的；一切在培训管理中涉及费用的问题，都可以在这部分做具体规定。

5.1.3　培训管理资源模块建设

要点介绍

资源是管理行为的基础，很多项目要正常开展，离不开资源。培训管理资源层面为公司培训能够有效实施和落地提供各种资源上的支持。

培训管理资源层面的六大模块

讲师体系

讲师体系指的是在培训管理中，对培训讲师的开发和管理。讲师体系管理模块探讨的内容包括从哪里获取培训讲师；如何选拔培训讲师；如何开发和培养培训讲师的能力；如何激励培训讲师；如何管理培训讲师；等等。

课程体系

课程体系指的是在培训管理中，对培训课程的开发和管理。课程体系管理模块探讨的内容包括如何开发培训课程；如何定期更新培训课程；如何管理培训课程；等等。

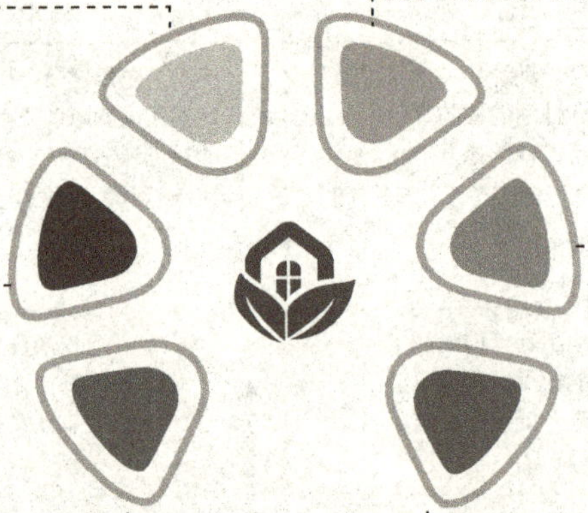

媒介与形式

媒介和形式指的是公司培训可以用到的传播渠道和能够驾驭的培训形式资源。媒介与形式管理模块探讨的内容包括培训可以通过怎样的媒介进行传播；公司可以操作的培训形式有哪些；不同的培训形式适合哪种类型的培训；等等。

资料库

资料库与课程体系之间有着不一样的功能和定位，资料库指的不是公司的档案资料室，也不是培训档案的存放处。资料库指的是在公司中有价值的、能够被组合或加工后转化为培训课程的原始资料体系。

基地与物资

基地与物资指的是培训需要的培训场所资源和培训需要的物资资源。基地与物资管理模块探讨的内容包括公司可以用来开展培训的培训场所都有哪些；不同的培训场所适合开展哪些类型的培训；公司开展培训需要的物资有哪些；如何管理这些培训物资；等等。

培训预算

培训预算指的是公司为培训管理提供的可支配的资金资源。公司在管理培训预算模块时需要注意，不能被动地等着公司来提供资金，不能以一种公司出多少资金就办多少事的态度做事。而应当根据培训的需求，提前做好培训资金使用的筹划，提前做好各项目的预算，提前和公司的相关管理层沟通。

5.1.4 培训管理运作模块建设

要点介绍

培训举办得有问题，或者培训之后没有效果，可能是因为培训在运作层面出现了问题。公司在运作培训时，如果不能有……采取一系列行为，那么培训的实施将是不完整的。

……理运作层面的六大模块

培训……
之后，……
策略，……
计划。……
订出下……
在公司……

培训需求

培训需求管理模块是对公司内什么样的人适合什么样的培训这些信息进行了解、加工、处理并形成管理决策的过程。公司层面的培训需求调查一般是在每年11月底之前完成。

方案制定

培训方案是具体培训活动实施参照的依据。在收集、审核、确认并审批通过了公司整体和各部门的培训计划之后，公司要根据每一次培训的目的和预期效果的不同，制定有针对性的、具体的、可操作的、可执行的培训方案。

培训正式实……
实施过程中的……
的总结。很多……
的公司，培训……
都放在培训实……

培训内化

培训内化管理模块是公司让参训人员把培训中获得的信息内化为自身的知识、技能、观念等的过程。这一步主要是通过培训过程中或结束之后，公司保证参训人员持续运用和实施培训中获得的信息而实现的。

培训的评估和跟踪……
参训人员对培训信息……以及对培训内容的落地程度。具体可以使用培训结束后的满意度调查、培训前后行为的改变、培训结束后的行动计划和结果的评估、培训前后绩效改善情况等评估手段。

5.2 新员工培训操作方法

新员工培训不仅是新员工上岗之前，公司集中组织的培训，更是从公司确定录用新员工、新员工来公司报到，到新员工的技能水平达到岗位的基本要求，整个期间需要的一系列培训学习过程，即新员工从入职到技能成熟所经历的所有培训学习过程。

5.2.1 集中组织新员工培训

要点介绍

公司集中组织新员工培训主要是为了传递思想和精神，具有一定的统一性和严肃性。在这类新员工培训中，公司给新员工设置的通常是标准化程度比较高的培训课程。除非一些公司做不了的特殊项目，这类新员工培训的讲师一般不宜使用外部讲师。因为外部讲师不在公司内部工作，很难真正了解公司核心的文化和倡导的理念，很难把公司精神的核心精髓传递给新员工。

集中组织新员工培训操作流程

准备阶段		实施阶段		评估阶段
新员工培训计划 新员工培训通知	⇨	人员协调 场地安排 质量监控	⇨	培训效果反馈表 培训评估分析报告

1. 准备阶段

在培训开始前，人力资源部应根据新入职员工的规模等具体情况确定培训时间，拟定培训的具体方案，形成新员工入职培训计划报送本部门领导审批，确认后再报送其他相关部门领导确认。待其他相关部门领导确认无异议并给出反馈后，发送正式的新员工培训通知。通知发送后，做好培训讲师的沟通，场地、设备等这些培训资源的准备。

2. 实施阶段

在培训实施的过程中，人力资源部要和相关部门协调，做好培训全过程的组织管理工作，包括人员协调组织、场地的安排布置、培训讲师的沟通安排、培训课程的调整及进度推进、培训质量的监控保证等工作，保证培训能够按照预定的计划顺利运行。

3. 评估阶段

人力资源部每期培训结束当日对新员工进行培训评估的反馈调查，填写新员工入职培训效果反馈调查表，并汇总分析新员工反馈的意见，总结出有关培训课程、培训讲师、授课方式、授课时间等的改进参考意见。一般在新员工培训结束后的一周内，提交该期培训的总结分析报告，报送相关领导审阅。

小贴士

新员工培训的讲师应该尽量在公司内部寻找，一般可以找优秀的部门领导或有较丰富工作经验、品行兼优、具备正能量的骨干员工。规模不大的公司，建议让公司的创始人或最高领导参与公司文化和发展历程的授课。

5.2.2 部门内部新员工培训

要点介绍

部门内部新员工培训主要是为了让新员工快速进入工作状态，具有一定的差异性和灵活性。在这类培训中，引导新员工的主要是部门负责人或员工的帮带师傅，除了传授新员工技能之外，还要让新员工融入团队。

部门内部新员工培训操作流程

1. 创造第一印象

新员工入职后，部门负责人或帮带师傅要给新员工留下好的第一印象。为了让新员工尽快融入环境，部门负责人或帮带师傅应该亲切地迎接他们，让他们感到轻松愉快，给他们留下“这里的人都很好”的印象。

2. 彼此认识对方

主动向新员工介绍自己的姓名、岗位、负责的工作内容，然后请新员工介绍一下自己。之后，对新员工说：“我是……，你将从事和我相同的工作，我会帮助你尽快熟悉工作，别担心，有什么不会的问题，可以随时问我，我相信你经过学习之后一定会做得很好。”

3. 消除不安情绪

新员工来到一个陌生的环境，难免会有一些不适的情绪反应。这时应协助新员工消除紧张和不安的情绪，可以对他说：“别担心，我刚来时也这样，过两天习惯了就好了。”

4. 熟悉工作环境

部门负责人或帮带师傅要带着新员工，一起在公司内走走，带领新员工熟悉工作环境。参考策略：“我们上下班在这里打卡，我们打卡的时间是……，这里是更衣室，这里是机要室，打印复印文件都在这里，这里是洗手间……，我们的餐厅在那边，中午吃饭时间为……”

5. 介绍工作关系

带着新员工认识部门的同事，并介绍与新员工的内外部工作相关的联系人。参考策略：“这是我们部门的负责人，我们部门的……工作需要向他请示汇报，这是……，有关……方面的工作可以和他联系，这是……，我们常打交道的部门主要有……，我带你去认识一下……”

6. 制订学习计划

在初步熟悉之后，为新员工制订学习计划。在了解新员工的学习和工作背景之后，根据岗位技能要求因材施教，合理安排新员工的学习进度。学习计划要有时限要求和评价措施。

7. 实施学习计划

和新员工一起执行部门的学习计划，过程中注意持续的指导和纠偏，保证新员工不断学习和内化技能，并定期检核新员工的学习情况。

5.2.3 新员工培训常见问题

要点介绍

由于不同公司的规模、文化、管理模式不同，在实施新员工培训方面的能力、方式、流程也千差万别。很多公司虽然有新员工培训，但是做得比较差，培训常常达不到想要的目标和效果。一些管理或操作不当的公司，在新员工培训中常常出现各种问题。

新员工培训常见的 4 个问题

信息量少指的是新员工培训该有的内容没有，新员工接收到的信息比较少。新员工可能入职很长一段时间之后还不了解公司的发展历程，不知道公司的规章制度，不了解公司的公司文化，不知道该怎么工作。

针对这种问题，公司应该完善新员工培训的课程和管理体系，保证新员工在整个新员工培训过程中能够接收到足量的知识和信息。

信息超载是公司一下子提供给新员工的信息太多。公司总希望在短时间内向新员工灌输大量信息。然而人在一定时间内能够吸收的信息量是有限的。针对这种问题，公司在培训的初期阶段应该只提供比较重要的信息。公司可以提供书籍或培训材料以便新员工课后复习，尤其是对于复杂或重要的培训内容。新员工培训可以分期、分阶段进行，使各项培训有时间上的缓冲。

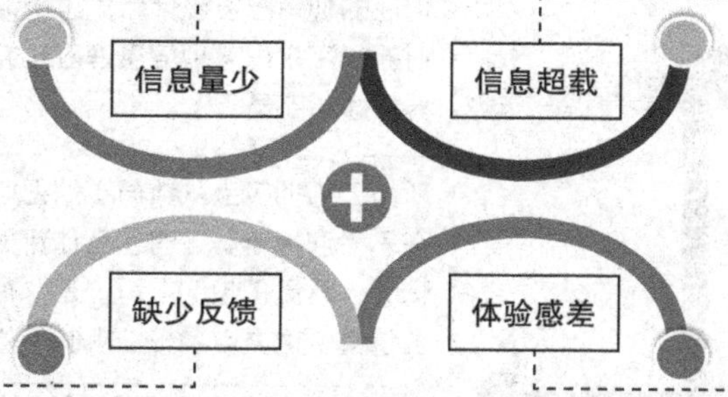

公司很容易只重视培训的数量、时间、人数，以为培训结束就等于完成任务，对于培训最重要的效果却常常视而不见。针对此问题，公司要养成每次培训结束后，形成总结报告的习惯，报告中体现培训的跟踪、反馈和效果。公司要形成培训结束后一段时间，到工作岗位上了解新员工真实想法的工作流程。定期关注和跟踪新员工的成长和职业发展。

新员工培训的效果和培训给新员工带来的体验感正相关，由于新员工是第一次到公司参加培训，对于公司的培训风格并不了解，有想象、有期待，甚至有比较。

针对此问题，新员工培训的课程内容要客观，思想要积极向上，但内容不必刻意夸大。除了课堂授课外，加入一些游戏、体验、交流、探讨等互动环节，形成双向交流的过程。新员工培训的课程本身除了传递知识外，还要增加培训讲师与员工间的情感连接。

5.2.4 新员工培训注意事项

要点介绍

公司在新员工培训操作中，因为一些细节操作不当，很容易使培训达不到预期的效果。为此，公司在一些关键环节中应注意操作细节。

新员工培训三大注意事项

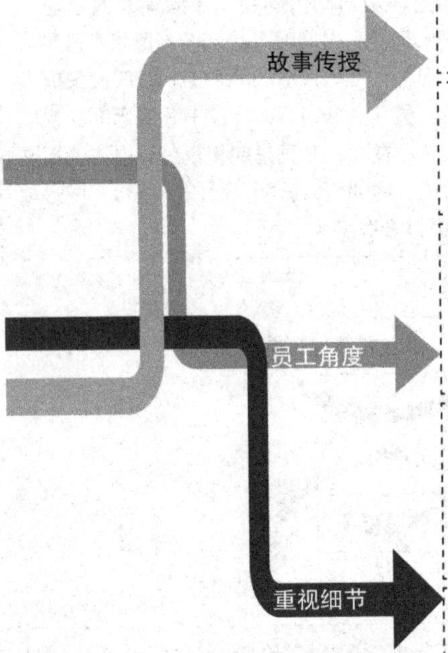

故事传授

很多公司的新员工培训，想让新员工了解公司的文化，结果在公司文化培训课程当中就只有使命、愿景、价值观等标语。培训讲师在授课时，也只是告诉新员工公司使命、愿景、价值观等标语本身。

公司文化被新员工接受和了解，绝对不是背下几句简单的标语就能实现的，还需要新员工能够真正体会其中的含义，这就需要引入具体的事件（案例或故事）。

员工角度

老员工很容易忽略新员工刚到公司入职时的感受，很容易从自己的视角出发设计新员工培训的流程和内容，很容易认为对新员工来说某项信息理应知道或应当是常识，所以就不需要传递给新员工了。

新员工培训应当从新员工的视角思考问题。例如当老员工还在思考迎接新员工时怎么让新员工感受到新奇氛围和公司热情时，新员工想的很可能是“餐厅在什么位置”“厕所在什么位置”这类对老员工来说十分稀松平常的事。

重视细节

新员工培训依然是劳资双方相互了解和考察的机会，新员工很有可能因为新员工培训过程中的细节安排不到位而放弃公司。

新员工为了小事而离开看似不可理解，其实却真实地发生在各个公司中。人们喜欢把某个事件上升到对事件定性的评价上。这件事不仅源于员工对公司的评价，公司管理层对员工评价时也经常把一些小事上升到定性的评价上。

小贴士

在公司当中，新员工各有各的性格，每个人都不能以自己的层次和素质来研判他人，公司也不可能寻求不同层次新员工都对公司充分理解。公司唯一能做的，就是像要求员工一分钟都不许迟到那样，要求自己把能为员工想到的、做到的细节都做好。

5.3 培训需求分析

培训需求分析是公司在设计与规划每个培训活动前，对各部门及其员工要达到的目标、需要的知识和技能等方面与现状之间进行的系统分析与差别分析，用来确定是否需要进行培训或需要什么样培训内容的管理活动。

5.3.1 培训需求挖掘方法

要点介绍

公司只有挖掘出真正的培训需求，才能对症下药，达到最佳的培训效果。公司要准确找到培训需求，可以参考公式：需求＝期望－现状。

这个公式是培训需求分析的核心公式。从这个公式中，公司应当能够清楚培训需求分析到底要分析什么。培训需求分析要找出公司、部门、员工或者说公司的最高管理层、各部门管理层以及员工个人的期望与现状之间的差距。

从女性减肥看培训需求案例

有一位女性觉得自己体重较重，想减肥。于是她找到了一家可以帮助客户减肥的减肥中心。这时，这位女性的需求确认了吗？没有！目前只知道这位女性有减肥的需求，但这并不一个准确而有效的需求。

假如这位女性现在的体重是 140 斤，她想在 3 个月后，把体重减到 100 斤。这时候，需求就找准了吗？没有！这里的 140 斤和 100 斤，都是这位女性自己说的，减肥中心还需要一个工具对这一数据进行准确的测量。

这里以减肥中心的电子秤测量的结果为准。这时，培训需求确认了吗？没有！目前只是这位女性单方面说出了自己的需求，减肥中心还没有发表对这个需求的意见。

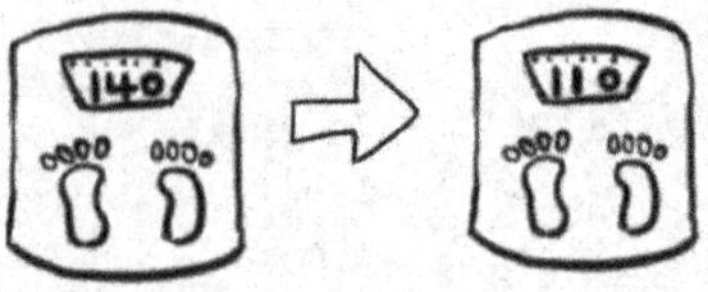

减肥中心在保证健康的情况下建议这位女性半年内从 140 斤减到 110 斤。这位女性觉得可以。于是双方达成了共识，这位女性的需求是以减肥中心的电子秤测量结果为基准，在半年时间内，把体重由 140 斤减到 110 斤（减肥 30 斤）。这时，需求才算是最终确认。

小贴士

女性减肥这个案例中，从最初的提出需求、测量需求，到分析需求，再到确认需求，就是培训需求分析的聚焦过程。在公司中实行培训需求分析，也是同样的道理，不是只要需求被提出来，就一定要满足，公司一定要通过培训需求分析的过程来确认培训需求。

5.3.2 培训需求三大层面

要点介绍

培训需求分析，首先要了解最高管理层、各部门管理层以及员工个人需求的想法。然后通过管理工具，把这些需求量化，让这些需求具备可实施性和可操作性，并且在未来同样能够被测评。接着对培训的需求进行具体的分析、沟通，最终形成确认的需求。

培训需求的三大层面

高层的需求也叫战略层面的需求或公司层面的需求。它指的是把握公司整体发展方向的高层领导对实现战略发展目标需要的公司关键部门、关键岗位、关键能力的培训需求。当这个层面的培训需求得到满足时，公司的战略发展能够得到保障。

员工的需求也叫个人层面的需求或员工职业发展层面的需求。它指的是个人对培训需求的意愿。当个人层面的培训需求得到满足时，岗位绩效能够有一定的提高，员工个人的职业发展、能力提升等能够得到一定的保障。

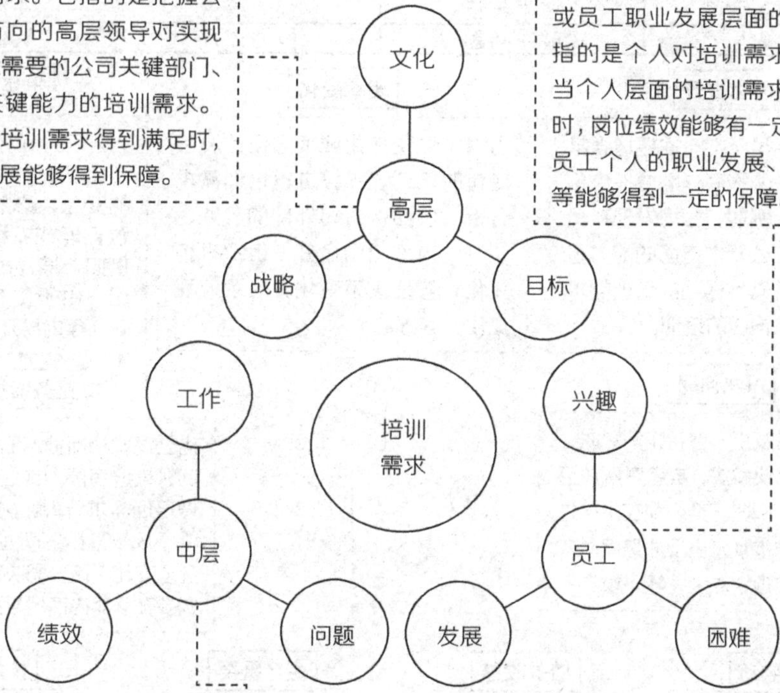

中层的需求也叫任务层面的需求或绩效层面的需求、部门层面的需求或中层管理者的需求。它指的是与岗位绩效提升直接相关的培训需求。这个层面的重点是要判断员工目前是否胜任岗位。当这个层面的培训需求得到满足时，各岗位的绩效水平能够得到保障。

5.3.3 临时培训需求分析

要点介绍

某年度的培训需求调研和分析一般应在上一年的12月底之前完成，这里的培训需求调研报告和对应的培训计划是预估的。然而在公司经营过程中，情况是不断发展变化的，必然会产生临时的培训需求。这时如果公司不能及时发现、分析和聚焦培训需求，就不能对公司的经营管理形成有效支持。

常见临时培训需求的9种情况

层面	情况		
高层（战略层面）	组织变化	市场扩张	业务增加
中层（任务层面）	技术革新	绩效改善	生产需要
员工（个人层面）	解决问题	能力提升	岗位变动

能力提升

当公司某类员工临时需要增强某种能力时，公司同样需要提供相应的培训。例如，公司发现新员工在使用办公软件方面的能力普遍较差，可以做详细的培训需求调研并实施相应的培训。

组织变化

当组织发生变化或顶层设计发生变化时，公司需要进行培训需求分析。例如，公司外部的收购、兼并，内部部门合并，组织机构变化，管理关系变化，运营流程变化，等等。

市场扩张

当公司的市场不断扩张时，市场规模的扩大、组织规模的变化，必然带来一些经营管理或流程上的变化。例如，某公司原本有10家店，由于资本进驻，需要在1年内再开100家店。

解决问题

当公司临时发生一些特定问题时，往往需要尽快解决，或者在解决后尽快推广。例如，某公司在生产过程中发现原本从未出现质量问题的某产品近期频繁发生质量问题。

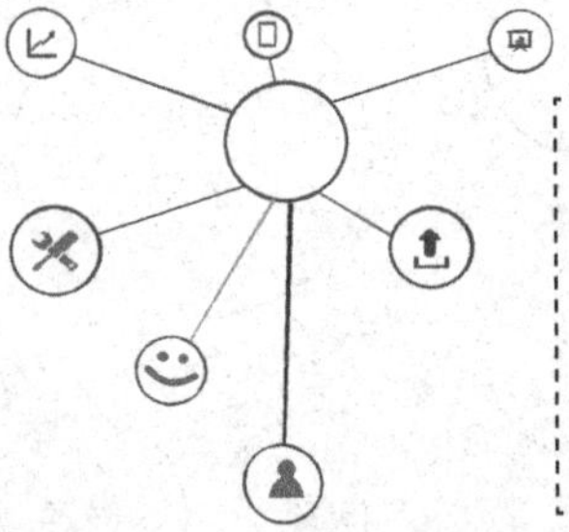

业务增加

当公司增加新业务时，由于在新增的领域没有能力或经验，公司需要做培训需求分析。例如，某公司原本是属于某传统产业，但由于产业环境变化，该公司决定做产业升级，需要在2年内涉足某高新技术产业。

岗位变动

员工临时的岗位变化通常伴随着能力需求的变化，原本工作岗位上熟练的能力在新的岗位上不一定适用。这时候，员工通常需要获得新岗位能力的相关培训。

绩效改善

公司临时产生的绩效问题、临时需要的绩效改进是动态性最强的培训需求。例如，当公司在做完第1季度的绩效评估之后，对于绩效较差的部门，公司应该了解绩效差的原因。

生产需要

当公司的生产或经营临时出现问题需要解决时，往往也会伴随着培训需求分析。例如，某公司的质量管理人员发现某条产品线员工的质量管理意识非常差，并在某次会议上提出了这个情况。

技术革新

新技术要求公司有新能力的支持。例如，某餐饮公司原本生产加工某类食品的工序靠人工炒制，但市场上已经出现了该段工序纯自动化生产机械设备，原岗位的主要能力将转变为对机械设备的操作能力。

5.3.4 培训需求分析注意

要点介绍

就算完全理解了培训需求分析的精髓，公司在培训需求分析的实践操作环节，还是比较容易出问题。为了精确地进行培训需求分析，公司在实施培训需求分析时要注意一些事项。

培训需求分析的三大注意事项

找问题

01

培训需求分析要找出公司、部门或员工待解决的核心问题究竟是什么，要找到他们期待达成的目标是什么，他们期望的效果是什么。找问题时，要找到病根，对症下药。

定内容

02

定内容是公司通过对问题的查找，确定和分析出哪些事项是可以通过培训解决的，哪些事项是无法通过培训解决的。公司可以从态度、知识和技能 3 个层面来定内容。

定对象

03

公司确定出解决这些问题需要哪些人、接受什么样的培训和学习之后，接下来要搞清楚这类参训人员有着什么样的共同特征，包括个性、共性、能力、风格、态度等基本信息，以及一些其他的培训辅助信息，如培训的时间、培训的地点、培训的方式等，这些都需要在培训需求分析时一并考虑清楚。

小贴士

培训并不是什么问题都能解决。例如，不是所有的态度问题都能通过培训解决；不是所有的技能问题都需要通过培训解决；同样的问题，对不同员工来说，有的通过培训能够解决，有的通过培训却不能解决。

5.4 培训计划设计

培训需求分析要转化为计划，进而转化为行动才有意义。公司在发现了各层级的培训需求之后，需要对培训需求进行进一步的分析和确认，再根据确认后的培训需求，制订和实施培训计划。

5.4.1 培训需求汇总

要点介绍

公司按照战略、任务和个人三大层面需求对培训需求进行完整的调研之后，可以初步整理出培训需求的汇总。培训需求汇总应分成公司当前发展需要和未来发展需要两部分，这两部分既分别按照战略、任务、个人三大层面的需求进行分类，又分别分为表现出的问题、拟需要的培训内容和拟针对的对象3个环节。

培训需求汇总表模板

层面		序号	问题	培训内容	针对对象
当前发展需要	战略层面需求	1			
		2			
		3			
	任务层面需求	1			
		2			
		3			
	个人层面需求	1			
		2			
		3			
未来发展需要	战略层面需求	1			
		2			
		3			
	任务层面需求	1			
		2			
		3			
	个人层面需求	1			
		2			
		3			

小贴士

在培训需求汇总表中，最关键的是“问题”，无论是培训需求汇总表中的培训内容和针对对象，还是后续的培训需求确认环节，都需要理清和明确问题。所以，这张表中的问题一定要客观、具体。

注意，在做培训需求汇总表之前，公司应列清楚通过调研发现的全部问题，并剥离出能够通过培训解决的问题和不能通过培训解决的问题。能够通过培训解决的问题在培训需求汇总表中体现。不能通过培训解决的问题可以不在培训需求汇总表中体现，但需要在后续的培训需求分析报告中体现。

5.4.2 培训需求量化

要点介绍

前面女性减肥案例中的电子秤是一个有效的度量工具。公司在做培训需求分析时，也需要找到这样一种工具，量化培训需求的同时，为后续的评估做准备。量化培训需求的方法除了使用财务数据、生产数据等与运营相关的数据之外，针对员工能力的提升，也可以用胜任模型工具。

某公司客户经理岗位能力现况和要求差异案例

胜任能力	最高能力等级	岗位要求等级	当前能力等级	能力等级差异
产品知识	5	4	3	1
客户关系	5	4	3	1
市场策略	5	3	2	1
销售技巧	5	4	4	0
预算与控制	5	3	3	0
促销技巧	5	3	2	1
管理技巧	5	4	2	2
跨部门合作	5	3	1	2

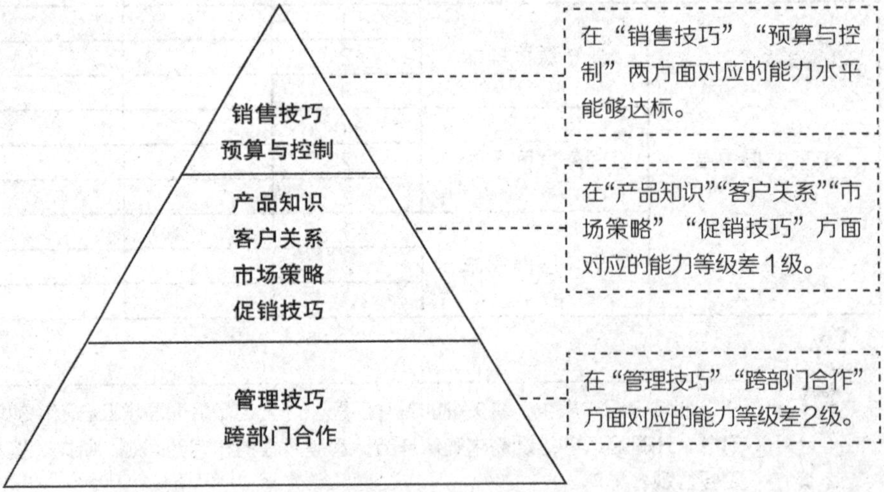

小贴士

胜任模型工具，不仅可以用来分析某单一岗位上个体员工的胜任能力水平，也可以用来分析某类岗位所有员工的平均水平。使用该工具后，公司所有岗位的能力都能够以量化形式表示出来。但使用该工具的前提是，公司胜任力的管理、测评和评估机制要达到一定的水平。

5.4.3 培训需求确认

要点介绍

培训需求分析后的重要步骤是培训需求确认。没有经过确认的培训需求，不是真正的培训需求。培训需求的种类和数量可能会比较多，但公司的资源有限。对公司来说，先满足哪类培训需求？再满足哪类培训需求？应当动用较多的资源重点满足哪类培训需求？对于哪类培训需求只需要动用较少的资源甚至可以忽略？培训需求确认，正是分类确定所有培训需求的重点和优先级的过程。

培训需求的优先级选择示意

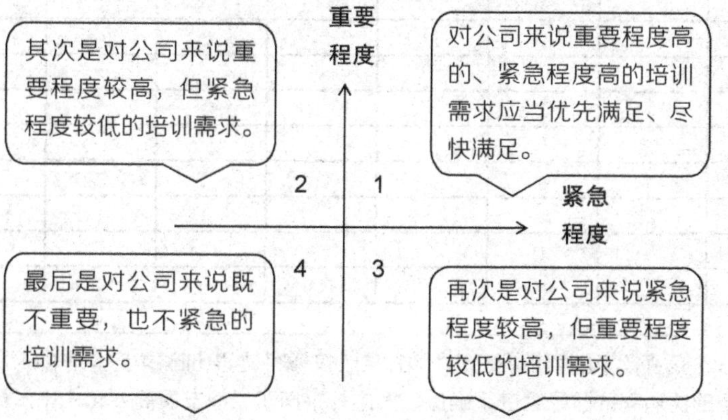

培训需求优先级判断的 3 个注意事项

充分沟通

初步完成培训需求分析报告后，不要马上确认，最好先与各部门管理者或曾经进行培训需求调研的相关人员确认报告中的信息是否准确，理解是否到位。这个过程不仅可以起到查漏补缺的作用，同时能够加深公司和各部门管理者之间的沟通和相互理解。

提出建议

培训需求分析报告中可以体现对培训无法解决的问题的建议解决方案。如果对此项没有把握，则不需要硬提建议，只需要列出培训需求调查过程中发现的问题。

形成小组

在培训需求确认的环节，一般需要公司一把手参与，相关的副总、总监、相关负责人以及培训部门全体成员等组成培训需求分析小组，共同分析及讨论相关培训需求的信息，最终确定适合公司战略需要、符合公司实际情况的培训内容和针对对象。

5.4.4 培训计划制订

要点介绍

培训计划制订必须依据确认过的培训需求。经过培训需求确认之后，公司应当根据确认后的培训需求，从战略、任务和个人三大层面需求进行考虑，形成公司层面总体的培训计划，根据公司总体的培训计划，制作公司年度培训计划表。

培训计划总表模板

层次	序号	培训内容	针对对象	培训目标	培训形式	培训资源	培训场所	培训时间	培训费用
战略层面需求	1								
	2								
	3								
任务层面需求	1								
	2								
	3								
个人层面需求	1								
	2								
	3								

培训计划总表中3个层面需求的“培训内容”和“针对对象”与培训需求汇总表中形成对应。不同的是培训计划总表中的这两部分已经经过了确认、考虑并平衡了当前发展需要和未来发展需要的重要性和优先级。

公司年度培训计划表模板

序号	培训类别	培训名称	培训形式	举办部门	参训人员类别	培训人数	培训时间	培训目标	培训内容	培训讲师	需要资源	评估方式	培训教材	培训地点	培训费用	备注

5.5 培训课程设计

培训课程是承接培训讲师的观念、知识、技能等信息的载体。培训课程的质量直接影响培训效果。好的培训课程能够让参训人员快速接收到信息，有效地内化信息，准确地应用信息。

5.5.1 培训课程开发

要点介绍

培训课程的开发不仅要注意培训课程本身的设计环节，还应在课程设计之前注重目标的确定和任务的分析，在课程设计之后注意该课程在培训教学环节中真实地应用，以及应用之后得到的结果反馈与评价。

培训课程开发流程

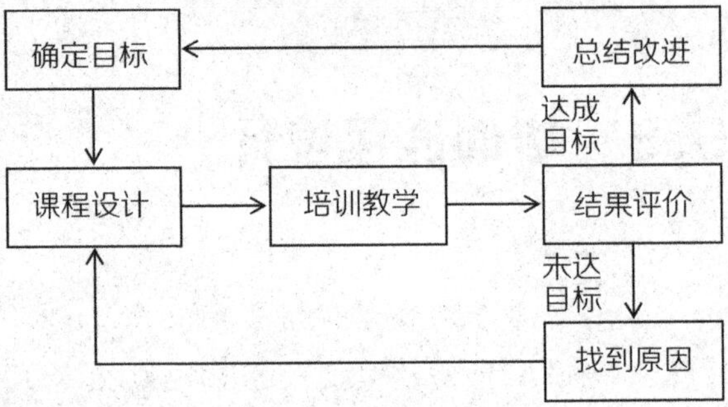

1. 确定目标

在开发培训课程之前，课程开发人员要明确课程主要针对的是哪些具体痛点，解决哪些具体问题，想达到哪些具体目标。

2. 课程设计

根据课程开发人员对目标和对课程内容的确定，以及培训课程设计的结构，设计培训课程。建筑物的建设过程是先搭骨架，再填充混凝土，最后进行装修。

3. 培训教学

完成培训课程开发之后，就可以开始进行培训了。有条件的公司在正式的培训之前可以先进行小范围内的试讲。

4. 结果评价

公司在正式的培训结束之后，通过对培训结果的评价，能够得出该培训课程是否达成了预期的目标。

小贴士

培训课程经过多次设计、培训和完善后，可以考虑定版。之后随着环境的变化，再进行修订。一般来说，定版后的培训课程一般保持一年至少修订一次的频率。有条件的公司可以在每次培训之前根据行业变化、当下热点和参训人员类别来调整培训课程，以提升培训效果。

5.5.2 课程内容框架

要点介绍

为便于参训人员快速掌握培训课程的内容要点，培训课程的内容应当遵循基本的逻辑框架。整个课程内容的框架遵循“论点－论据－论证”的逻辑和系统顺序。

课程内容框架示意

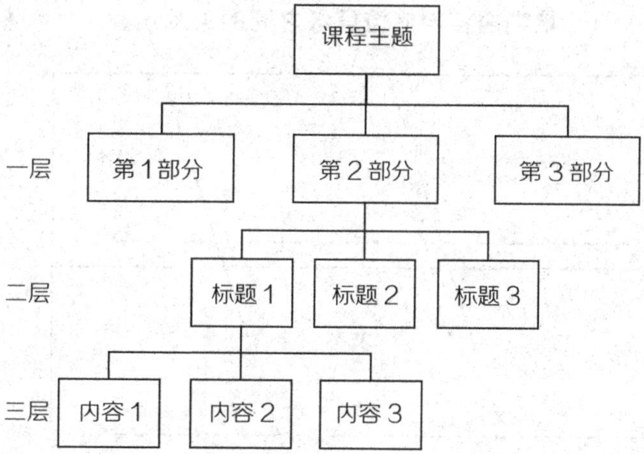

课程内容框架设计流程

1．选定的课程主题应言简意赅，能够通过课程主题看出该培训课程待解决的主要问题。每个培训课程解决的问题最好是具体的某个或某类问题。

2．确定培训课程中共有几部分内容用来说明课程主题。各部分内容之间应当相对独立，应当对说明课程主题具有一定的支撑作用。

3．列出各部分内容之下分别有多少标题段落。标题段落是对各部分内容的细分，用来支撑各部分的内容。

4．列出每个标题段落之下有哪些具体内容。具体内容是对标题段落的再次细分，用来支撑标题段落。

5.5.3 培训内容结构

要点介绍

根据培训目标和人才的三大测评维度，培训内容一般分为 3 类——知识类培训、技能类培训和素质类培训。对于不同的培训主题，选择哪个层次的培训内容，可视具体情况决定。一般而言，对高层级的管理者，可以更多偏向于素质培训；而对一般员工，可以更多偏向于知识和技能培训。

培训内容与岗位层级之间的关系示意

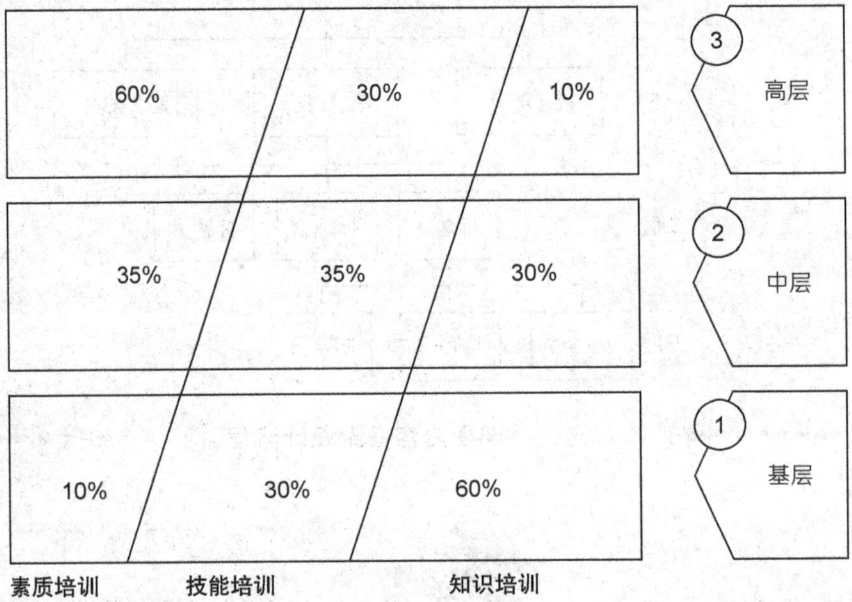

知识类培训是培训内容中的最低层次（第 1 层次），是最容易让员工获取的培训内容。员工看一本书或听一次课，就可能获得相应的知识。

技能类培训是培训内容的第 2 层次。当招进新员工、采用新设备、引进新技术等时候，公司将要求员工具备相应的技能而不仅是知识，因为知识转化为具体的操作技能需要一段时间的积累和练习。

素质类培训是培训内容的第 3 层次，是较高层次的培训内容。素质是人发展的基础，素质高的人即使在短期内缺乏知识和技能，也会有内升动力，主动自发地为实现目标开展学习和练习；素质不足的人即使公司为他提供了培训的机会，他也可能不接受。

5.5.4 培训方案制定

要点介绍

公司确定了培训目标、选择了培训内容之后，就要开始制定详细的培训方案。培训方案的制定要综合考虑当前的培训资源与实际情况。

培训方案制定的 5 个步骤

1. 确定培训资源

培训资源有软件资源和硬件资源之分，也有内部资源和外部资源之分。外部资源和内部资源各有优缺点，公司应根据培训需求分析和培训内容来确定。

2. 确定培训对象

培训对象可以分为理论范围和实际范围。理论范围是根据需求和计划，由公司制定出的人员范围。实际范围是公司向各业务部门征求意见后，根据人员的实际情况确定的范围。

3. 确定培训时间

培训的时间、时长、周期、批次、阶段需要根据培训的实际情况、员工的实际工作安排，与相关部门沟通后确定。

4. 选择培训形式

不同的培训形式有各自适合的领域和各自的优缺点。为了提高培训质量，达到培训目的，公司采用的培训形式应当灵活多样，可以将各种培训形式配合起来灵活运用，也可以开发出适合自己公司的独特培训形式。

5. 选择培训场所

如果培训内容以技能培训为主，考虑到培训内容的具体性和操作性，最适宜的培训场所是工作现场；如果培训内容以素质培训为主，考虑到培训的体验感，公司可以将培训场地选择在户外，以拓展训练的形式进行。

5.5.5 培训方案测评

要点介绍

培训方案的质量直接影响培训效果。公司从培训需求分析开始到制定出一套完整、系统的培训方案，并不意味着培训方案设计工作大功告成，还需要公司不断测评和调整。只有不断改进，才能使培训方案逐步完善。

培训方案测评的 3 个维度

1. 从方案本身的角度

公司应当分析培训方案各组成要素之间的分配是否合理，各要素之间是否能够形成匹配、呼应或互补关系；提前确认培训对象是否对培训内容感兴趣；确认培训内容是否能够满足培训对象的需要；确认培训内容中包含的信息是否容易被培训对象吸收。

2. 从培训对象的角度

公司可以充分了解培训对象对培训整体方案的意见和感受，站在培训对象的角度完善方案；也可以看培训对象培训前后的改变是否与培训目标期望一致，如果不一致，找出原因，对症下药，及时调整。

3. 从培训结果的角度

公司要分析培训方案整体的成本收益比。如果培训的成本高于培训收益，则说明培训方案有调整的空间，公司要找出原因，设计出更优的方案。公司也可以对培训方案调整之后的培训成本收益的变化情况做进一步分析，找出最优的成本收益比的方案状态。

5.6 培训评估方法

培训评估指的是运用科学的方法、理论和程序确定培训的意义和价值的系统过程。培训评估的操作方式是通过对培训目标和培训结果的差距分析，评价预期的培训目标是否实现。很多公司一说起培训评估，自然想到的是培训结束后的评估。但其实培训评估不仅存在于培训结束后，从培训开始前到培训结束后的一段时间，培训评估始终贯穿其中。

5.6.1 培训开始前的评估

要点介绍

俗话说“防患于未然”“防火胜过救火”。培训评估要在培训还没有开始时就开始做。如果培训开始前不做评估，等到培训结束后，公司往往会发现很多原本在培训开始前可能避免的错误变得无法挽回了。这甚至可能造成公司花费大量的人力、物力、时间做的培训达不到预期的效果。所以培训开始前的评估往往比培训结束后的评估更加重要。

培训开始前的 5 类评估

准备培训须知

公司要评估培训是否已经确定了目标；目标是否有效；目标是否现实；参训人员期望从培训中获得什么；他们的期望是否现实；他们为什么会有这方面的期望；对待参训人员的期望公司应该怎么办；培训的内容和培训目标之间的匹配度如何。

知识类培训开始前的评估

对知识类培训，要评估培训是为了让参训人员知道什么；其中必须知道什么；为了让参训人员更好地知道这些内容，培训的方案是否有调整的空间。例如，有的公司为员工培训产品知识，培训时间是1小时，培训内容是培训讲师把公司的50多种产品全部介绍一遍。这时公司应当考虑，即使培训过程中参训人员听得再认真，其1小时内也很难记住50多种产品的特性。公司要提前改进这种情况，可以通过增加教案、复习、练习等环节，或者分阶段培训，提升培训效果。

技能类培训开始前的评估

对技能类培训，要评估培训是为了让参训人员具备哪些技能；是否让参训人员了解；有没有对参训人员提出要求。例如，某电梯维修公司给电梯维修人员做培训，原本的预期是让维修人员培训结束后具备一种新型电梯维修的技能。结果因为公司临时有很多事项要传达，设置的培训内容较多，先讲执行力，再讲公司制度，最后才讲操作流程，这种内容设置让参训人员抓不住重点。公司要提前改进这种情况，可以聚焦培训内容，或者在培训开始前或培训进行中，强调这次培训的主题以及对参训人员的要求。

素质类培训开始前的评估

对素质类培训，要评估培训是为了让参训人员在哪方面的素质上做出改变；通过什么方式来衡量和判断参训人员素质上的改变；除了培训之外，有没有一些其他条件影响员工素质的改变。例如，有位经理总抱怨自己部门员工执行力差，他期望公司对员工培训后，增强员工的执行力。公司了解到具体情况后，发现问题不出在员工身上，而是出在这位经理身上，这位经理不具备基本的管理能力。公司要改善这种情况，其实不应该对员工实施执行力的培训，而应该对这位经理实施管理能力的培训。

硬件和软件

公司要评估实施培训相关的硬件和软件等是否到位；是否存在培训的硬件和软件无法支撑培训正常进行的可能性；是否需要提前做好备选方案；培训费用是否有减少的可能性；培训费用和效果之间是否存在较强的关联性。

5.6.2 培训运行中的评估

要点介绍

培训运行中的培训评估是一种培训的过程管控，公司对过程的管控同样是为了达到培训的预期效果。

培训运行中的 4 类评估

为了有效了解培训讲师对培训组织方面的满意度，公司在培训进行的过程中，要随时和培训讲师沟通。了解他们的需求、意见或建议，以便于公司随时做出调整。

公司对培训相关硬件和软件的保障要贯穿培训开始前和培训运行的全过程。

公司要在培训运行中随时关注和评估培训课程实际运行情况是否与计划相匹配；培训课程的进展是否完全与计划一致；培训的内容是否与预期一样生动；培训的形式是否与计划相符等。

为了深入了解参训人员的满意度，公司应当在培训的过程中深度参与培训活动，观察参训人员的表现、表情、神态、参与程度等，并在培训过程中随时和参训人员交流，通过对话了解他们内心真实的感受，从此来判断他们是否真的满意。

5.6.3 培训结束后的评估

要点介绍

培训结束后，公司可以运用柯氏四级培训评估模型（Kirkpatrick Model）。柯氏四级培训评估模型是由威斯康星大学教授唐纳德.L.柯克帕特里克（Donald.L.Kirkpatrick）于1959年提出的。这是目前世界上应用最广泛的培训评估工具。柯氏四级培训评估模型按照培训目的和类型的不同，将培训结束后的评估分为4个层级，分别是反应层、学习层、行为层和结果层的评估。

培训结束后的 4 类评估

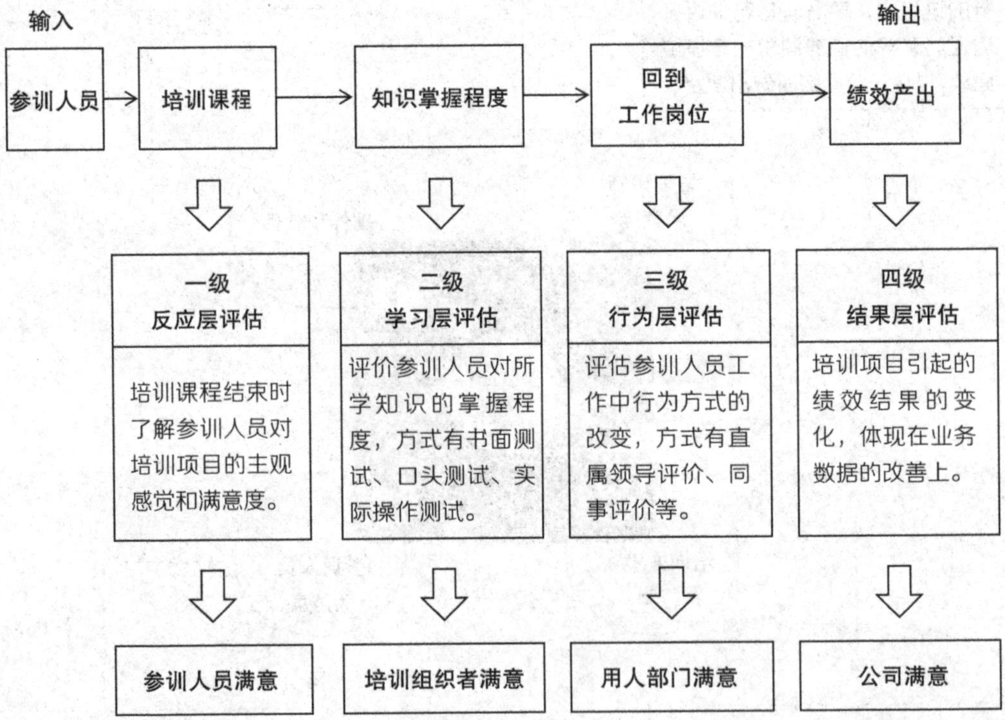

小贴士

柯氏四级培训评估模型对应着不同的培训结束后的不同阶段。公司通过对培训结束后各层级的评估，能够对未来培训的组织和运行提供可参考的、有价值的信息。

5.6.4 反应层面评估实施

要点介绍

反应层面评估又称一级评估，指的是收集参训人员对培训项目的意见，包含对培训的场地环境、设施设备、培训讲师、资料、内容和方法等的意见。最常用的进行反应层面评估的方法包括问卷调查法、访谈法、小组讨论法、观察法等。参训人员的反应层面评估对培训的改进至关重要，是评估培训效果和实用性最直接的方式之一。

反应层面评估模板

问题	非常好	很好	好	一般	差
1. 您对课程内容的理解程度	5	4	3	2	1
2. 您认为本次培训内容对您工作的帮助程度	5	4	3	2	1
3. 您对本次培训时间安排的满意程度	5	4	3	2	1
4. 您认为本课程内容前后衔接的合理程度	5	4	3	2	1
5. 您认为课件的清晰明了程度	5	4	3	2	1
6. 您对本次培训主题选择的满意程度	5	4	3	2	1
7. 您认为本次培训内容与您期望的符合程度	5	4	3	2	1
8. 您认为培训讲师的语言表达清晰程度	5	4	3	2	1
9. 您对本次培训中案例的满意程度	5	4	3	2	1
10. 您认为培训讲师的专业程度	5	4	3	2	1
11. 您认为培训讲师充分调动参训人员参与的程度	5	4	3	2	1
12. 您认为培训讲师的仪容仪表和精神面貌	5	4	3	2	1
您对本次培训的哪部分更感兴趣？您对此次培训有何建议？					

反应层面评估 3 点注意事项

1. 设置的问题要有目的

有的公司从网络上搜集了一些培训评估调查问卷模板，简单修改之后就开始直接应用。这样做虽然也会得到相关的数据，但很可能起不到培训评估的效果。对于调查问卷，公司设计出的每个问题都是为了评估培训结束后的改进行为，而不是为了做出漂亮的评估报告。

2. 分值段设置不宜过多

一方面，较多的分值段不利于参训人员打分；另一方面，分值段设置得越多，分值的离散度越小。一般来说，公司可以把每个问题的分值段设置在 5 项以内。有的公司将评分项仅设置为 2 项——“满意”和“不满意”，这也是可以的。

3. 打分操作越简单越好

公司设置的所有评分项最好便于参训人员快速做出选择，不要让参训人员参与调查时感受到较大的工作量。评分的方法一般是勾选选项。

5.6.5 学习层面评估实施

要点介绍

学习层面评估又称二级评估，指的是测试参训人员对培训项目传授的知识、理念和技能的掌握或领悟情况。每项工作有对应的技能和知识，学习层面评估可以通过笔试、技能实际操作、案例分析、情景模拟、课堂回顾等方法，考察参训人员培训前后知识、理念、技能的改善程度。

学习层面评估 2 点注意事项

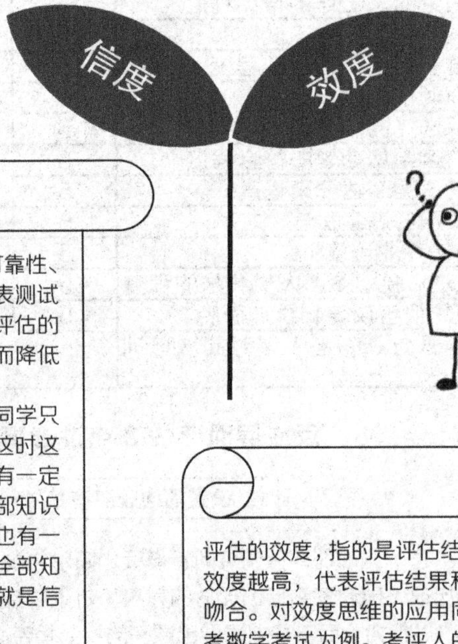

评估的信度，指的是评估结果的可靠性、稳定性和一致性。信度越高，代表测试结果的一致性水平越高；有时，评估的误差会导致评估的不一致性，从而降低评估的信度。

以高考数学考试为例。假如某位同学只掌握了数学教材 50% 的知识，这时这位同学去参加高考数学考试，他有一定的概率得满分，也就是当考的全部知识恰好都是他所掌握的知识时；他也有一定的概率得零分，也就是当考的全部知识恰好都是他没掌握的知识。这就是信度思维。

考评人为了考察出学生的真实水平，他一定不希望一个事实上只掌握 50% 知识的学生在考试中拿满分，所以他会把必要的、分散的知识点放到试卷上，保证试卷上知识点的代表性、重要性和尽可能的全面性。

公司在设置培训结束后学习层面评估时也是同样的道理，所以在评估内容的选择上应把培训过程中最具有代表性、最重要的内容尽可能全面地加入评估内容中。

评估的效度，指的是评估结果的有效性。效度越高，代表评估结果和实际情况越吻合。对效度思维的应用同样可以以高考数学考试为例。考评人的目的是测评高中生对数学知识的掌握程度，那么他就应当在考试题中测评数学，而不应该在试卷中加入英语，或者把中文的数学试卷变成英文的数学试卷。公司在进行学习层面评估时也要注意类似问题，公司要评估的是本次培训传递的知识或技能被参训人员接收的程度，那么就应当围绕本次培训设置评估内容，而不应该加入一些本次培训并没有涉及的内容。

5.6.6 行为层面评估实施

要点介绍

行为层面评估又称三级评估，指的是衡量参训人员培训前后的工作变化情况，是了解参训人员有没有把掌握的知识和技能落实到行动或运用到工作中的过程。这种评估方式一般是由平级、上级观察参训人员在培训前后行为上的差别，可采用绩效评估、访谈法、小组讨论法、观察法等评价方法。

行为层面评估模板

姓名	培训开始前行为	培训结束后行为	评估时间	评估人	公司

某公司中层干部行为层面评估案例

序号	姓名	培训收获	预期结果	执行措施	检查人	评估时间	评估结果
1	王XX	1.XXX 2.XXX 3.XXX	X月底，A产品销售增加30%，B产品销售增加25%，C产品毛利率不低于10%	1.XXX 2.XXX 3.XXX	李XX	XXX	全部执行到位
2	张XX	1.XXX 2.XXX 3.XXX	X月底，自动补货率达到80%，生鲜毛利率达到18.86%	1.XXX 2.XXX 3.XXX	常XX	XXX	全部执行到位
3	于XX	1.XXX 2.XXX 3.XXX	X月底，生鲜产品盘点损耗率降低0.5%，销售预算增长25%	1.XXX 2.XXX 3.XXX	刘XX	XXX	生鲜损耗目标达成，销售增长待9月评估

5.6.7 结果层面评估实施

要点介绍

结果层面评估又称四级评估，指的是衡量培训是否最终改善了公司的业绩。如果培训可以达到改变员工态度和行为的目的，那么接下来就应当考察员工的这种改变是否对公司经营业绩的改善起到积极的作用。结果层面评估的方法包括绩效评估、访谈法等。由于绩效数据结果多种多样，因此结果层面的评估结果没有相对固定的形式。注意，业绩的变化与多种因素有关，不能简单地认为全是培训引起的。

某公司培训结果层面评估案例

某公司的某类产品销售有下滑趋势，该公司对销售人员进行培训后，对产品的销售业绩情况进行评估，得到的结果如下表。

分类	开始日期	结束日期	20×2 年业绩		20×1 年业绩	
			销售金额	毛利额	销售金额	毛利额
培训开始前	20×2-6-12	20×2-6-18	5 032 487	1 135 487	5 132 574	1 237 425
	20×2-6-19	20×2-6-25	6 095 294	1 513 792	5 901 714	1 420 305
培训结束后	20×2-6-26	20×2-7-2	5 793 909	1 467 626	5 444 911	1 297 784
	20×2-7-3	20×2-7-9	5 630 053	1 444 738	5 255 109	1 283 352
	20×2-7-10	20×2-7-16	6 035 636	1 640 722	5 428 318	1 314 703
	20×2-7-17	20×2-7-23	11 062 800	1 738 222	9 521 474	1 469 179
	20×2-7-24	20×2-7-30	6 888 144	1 535 316	6 024 382	1 232 302
分类	开始日期	结束日期	销售额同比	销售率同比	毛利额同比	毛利率同比
培训开始前	20×2-6-12	20×2-6-18	-100 087	-2.0%	-101 938	-8.2%
	20×2-6-19	20×2-6-25	193 580	3.3%	93 487	6.6%
培训结束后	20×2-6-26	20×2-7-2	348 998	6.4%	169 842	13.1%
	20×2-7-3	20×2-7-9	374 944	7.1%	161 386	12.6%
	20×2-7-10	20×2-7-16	607 318	11.2%	326 019	24.8%
	20×2-7-17	20×2-7-23	1 541 326	16.2%	269 043	18.3%
	20×2-7-24	20×2-7-30	863 762	14.3%	303 014	24.6%

培训投资回报率＝【（培训项目总收益－培训项目总成本）÷ 培训项目的总成本】×100%。
在培训投资回报率的计算公式中，“培训项目总收益－培训项目总成本”也叫培训项目的净收益；培训项目的总成本应当把培训费用的全部类别都算在内。

5.6.8 培训评估工具选择

要点介绍

针对培训结束后4类不同层面的评估，公司可以使用不同的培训评估工具。不同的培训评估工具有不同的特点和适用情况。

不同层面培训评估可以使用的培训评估工具

评估层面	可以使用的培训评估工具
反应层面	问卷调查法、访谈法、小组讨论法、观察法
学习层面	笔试、技能实际操作、案例分析、情景模拟、课堂回顾
行为层面	绩效评估、访谈法、小组讨论法、观察法
结果层面	绩效评估、访谈法

不同培训评估工具使用时的优点、缺点和注意事项

培训评估工具	优点	缺点	注意事项
问卷调查法	便于全面评估问题；能够给予参训人足够的时间表达自己对整体培训的意见和建议	如果设计不当或使用时机不合适，容易流于形式	1. 问卷设计必须符合培训的目的；2. 设计问卷要充分考虑到参训人员的各种不同的反应；3. 采用定性描述与等级打分制相结合的方法设计问卷；4. 时间控制有度，填写调查问卷的时间应控制在15分钟以内；5. 鼓励参训人员如实填写；6. 应该在培训结束后立即填写
测试类（笔试、技能实际操作、案例分析、情景模拟）	可以直接测试参训人员对培训内容的掌握程度	有可能使部分参训人员情绪紧张，不利于正常水平的发挥；测试的成功并不一定意味着在实践工作中的成功	1. 应针对培训内容与参训人员的特点设计相应的测试内容；2. 可以考虑将笔试、技能实际操作、案例分析、情景模拟等几种方式一起使用；3. 最好在培训结束后立即测试
绩效评估	有助于全面评估参训人员的工作表现	1. 周期长，成本高；2. 涉及多个部门；3. 如果没有严格的制度保障和客观、公正的评估标准，很容易流于形式；4. 数据的真实性、全面性有待确认；5. 经营的改善取决于多种因素，有时难以确定是因为某类培训而直接造成某种效果的产生	通常由财务部、人力资源部、参训人员所在部门负责人共同参与评估
访谈法	克服了其他评估方法无法进行双向式沟通的弊端，可以随时根据情况调整访谈的目的和方向，以全面获取所需要的信息	访谈的效果受制于访谈者的技巧与被访谈人员是否愿意透露真实想法等多种因素	1. 要有明确的访谈目的；2. 掌握一定的访谈技巧；3. 通常应作为一种辅助方法应用，而不是唯一的方法
观察法/小组讨论法	直观，便于操作	只能观察表象，不能揭示深层次原因，主观臆断性强	最好与其他的培训评估工具配合使用
课堂回顾	便于纠正参训人员主观上的错误认识	不利于发现每个参训人员对培训内容的掌握情况	1. 通常在某培训结束或当天课程结束后使用；2. 如果培训持续一天以上或包含有不同的培训内容，则在培训的开展过程中使用，主要是评估参训人员对培训内容的掌握程度

5.7 培训效果转化和追踪

公司实施培训的目的是将培训效果转化到实际工作中，内化为员工的能力或行为，落实到员工的行动上，使员工持续地为公司创造价值。要实现这一点，培训效果的转化以及对培训结束后参训人员的追踪工作至关重要。

5.7.1 培训效果转化

要点介绍

参训人员经过培训后把培训的效果内化为能力的过程，通常要经历4个阶段，分别是转化、应用、传播和固化。4个阶段结束之后，培训效果内化，表现为员工工作能力的提升。

培训效果转化过程示意

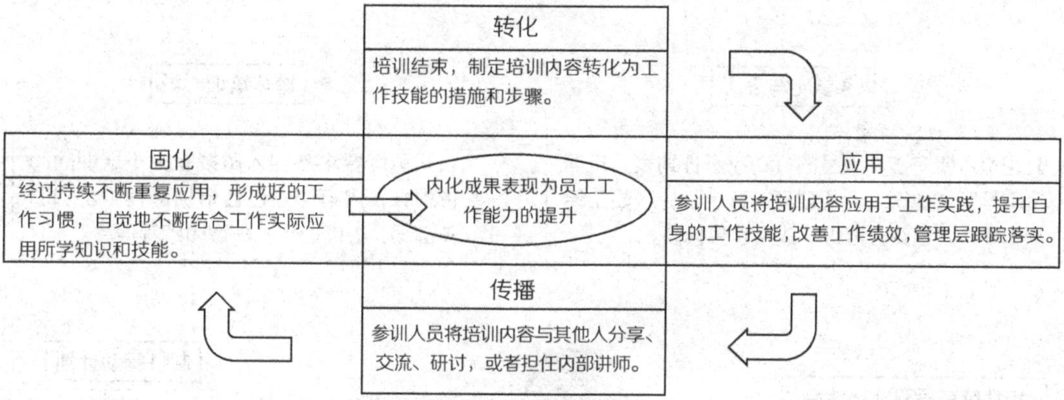

培训效果转化案例

某餐饮公司，外派1位厨师去另外1家大型的餐饮连锁公司学习了10道特色菜的做法。培训结束后，公司为这位厨师制定了一份详细的培训效果转化方案。这个方案是保证培训效果能够最终落地的具体行动计划，大体内容如下。

1. 学习归来的厨师首先把这10道菜自行练习多遍。这是培训效果的转化环节。

2. 在这个过程中，厨师长负责监督、支持和帮助这位厨师不断练习。这是培训效果的应用环节。

3. 公司将在14天后组织1场培训，由这位厨师把他学到的这10道菜的做法，教给其他厨师。然后，要求其他厨师也实施转化和应用，也就是其他厨师也必须持续练习和在实践中应用这10道菜的做法。这是培训效果的传播环节。

4. 培训结束后，这位厨师再将这10道菜的做法应用14天。在应用的过程中，这位厨师可以和其他厨师不断地研讨流程和弥补不足。通过这样的过程，厨师们还可能会对其中的某几道菜做出改进升级，让那几道菜的口味更好或者制作流程更简单。这是培训效果的固化环节。

5. 30天之后，经过所有厨师的研讨和改进后，形成这10道菜的标准制作流程。这家餐饮公司在自己的菜单上，正式加入这10道特色菜。这是内化成果表现。

5.7.2 培训追踪方法

要点介绍

培训结束后，公司通过了解参训人员的工作情况、思想状况，不仅能够让参训人员感受到公司对其的关心和重视，同时能够帮助参训人员解决工作中实际遇到的问题或困难，增强参训人员归属感的同时，以解决问题为导向进一步提升参训人员的技能和绩效。

培训追踪的 6 种方法

成果认定与表彰

公司综合所有参训人员的行动改进计划表，定期追踪其完成情况，形成成果的认定，计入员工培训档案，并组织开展培训成果表彰会议。

撰写培训心得

公司可以要求参训人员撰写关于培训的心得体会，内容必须包含培训课程中讲到的关键词、关键理念、关键内容等信息。

培训结束后召开座谈会

公司可以在培训结束后的一段时间内（一般为1～2周内）开展培训心得及培训成果转化的座谈会，了解参训人员的思想和行为动向。

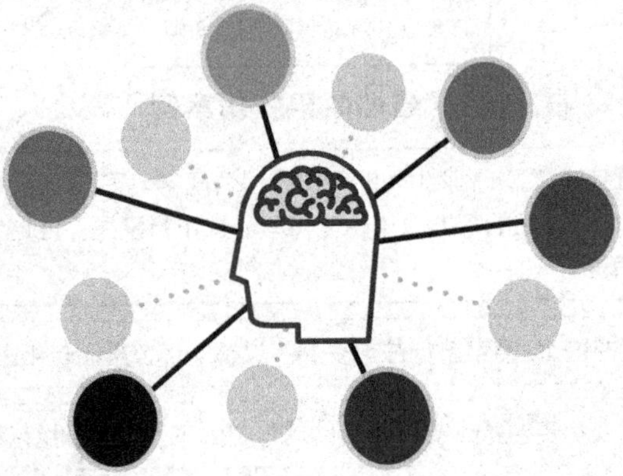

制订行动计划

培训结束后，公司可以要求参训人员做行动计划。行动计划中详细写明参训人员重返工作岗位后运用培训理念或技巧的情况。

实地考察访谈

培训讲师到参训人员所在部门，与参训人员、其帮带师傅、直属领导或者部门负责人面对面沟通，了解参训人员培训前后变化、培训效果转化等方面的事项。

问卷跟踪辅导

公司可以请参训人员的直属领导或部门负责人对其工作态度、工作行为、工作绩效等整体改善状况进行评价。

疑难问题 如何对培训讲师进行角色定位

要点介绍

在传统观念中，培训讲师代表了知识与权威。传统培训所采用的授课形式大多局限在“讲授”，这使得传统培训的氛围和互动性都比较差。面对成年人，培训讲师的主要任务其实不完全是用自己的知识和经验教他们，也不是强迫他们学习，而是为他们营造氛围、创造条件，让他们发现问题，从思想和动机上，为了个人的发展而自主学习。

培训讲师正确的角色定位和错误的角色定位

类别	正确的角色定位	错误的角色定位
焦点	公司绩效	课堂热闹
主角	参训人员	自己
心态	引导学习	表演
能力	专业人士	万事通
方法	参与互动	独角戏
结果	建立参训人员的自信	成为偶像被崇拜

培训讲师能力要求

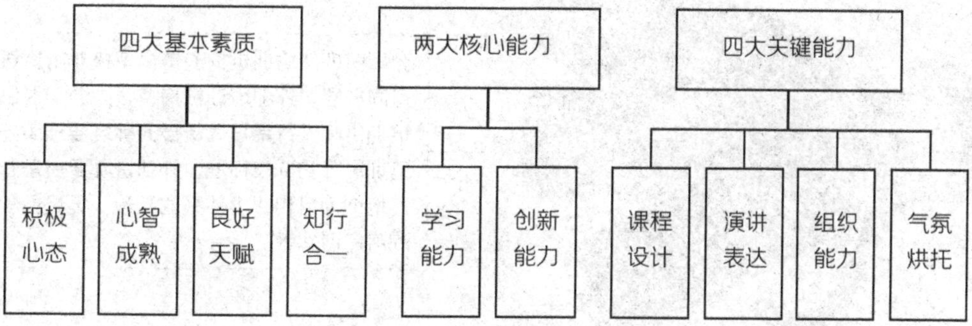

小贴士

培训讲师应当是激发他人热情的激励者、提供方法和建议的参谋者、协助解决疑难问题的教练、参训人员的伙伴、传授知识的传授者，而不是把培训当成一种表面形式，认为自己只负责讲课就可以，其他的都不需要管。培训讲师不能认为培训就是讲一次课就够了，以后都不用讲了，也不能认为培训就是把有用的内容写在PPT上照着读就可以了。

疑难问题　如何选择适合公司的外训机构

要点介绍

市场上可以选择的培训机构不计其数，公司在挑选过程中很容易眼花缭乱。对此，公司要擦亮双眼，做好选择，以免浪费了时间和金钱，最后却得不到想要的结果。

公司选择外部培训机构流程

收集名单 → 资格评审 → 能力评价 → 合作谈判 → 签署协议

公司选择外部培训机构的三大注意事项

公司首先得知道自己要什么，才能知道自己要找什么。不然的话，就是盲目地找。例如，有的管理者总是说自己的员工素质差，公司内部没有能够对他们素质能力提升提供帮助的培训。但是当外部培训机构问管理者他的员工究竟需要哪方面的培训时，管理者自己也说不清楚。

公司对外部培训机构的资格审核非常重要，且同样要对外部培训机构将要为公司提供的培训讲师进行审核。审核的标准要按照外部培训讲师的选拔标准，外部讲师要具备开发过培训项目和课程体系的经验，要具备较好的客户口碑等。

当选好外部培训机构之后，公司在签合同之前要注意写清楚服务的具体内容、具体费用，注意明确外部培训机构能给公司带来的具体成果以及要如何评价这个成果。合同中更要明确公司和外部培训机构之间的权责利关系。外部培训机构应对公司想要的结果负责，公司应当为达成的结果付费而不是为过程付费。

疑难问题　各部门管理者和员工不重视培训怎么办

要点介绍

从理论的层面来看，培训的重要性几乎人尽皆知，可到了实际运行层面，公司组织培训总会遇到各种各样的阻力。有的是各部门负责人不重视人才的培养与培训，从来不把这件事当成一项工作；有的是员工的直属领导不重视人才的培养与培训，公司组织培训时以员工手头有工作为由阻止员工参加；还有的是员工自己不重视，公司组织了培训，员工却怠于参与。

解决各部门管理者和员工不重视培训的 3 个重点

一把手深度广泛参与

在公司中，一把手参与的管理工作往往运行得比较顺利。公司一把手（总经理或最高管理层）不仅要支持，而且要参与培训管理的实施。公司一把手不能仅仅是名义上的参与，还必须实质上参与和承担一部分工作。

一把手参与部分课程的授课、培训的评估，能够给公司整体的人才培养与培训创造良好的文化氛围和行为指引，其他部门的管理者和员工将会顺应这种氛围和指引开始逐渐从思想意识上重视培训。

利益驱动和适度强制

有时培训管理者再努力，也比不过让公司中的各级管理者和员工看到通过培训可以获得的利益，以此来获得他们自动自发地支持。这里的利益，指的不是金钱上的短期收益，而是员工能力提升之后对员工本人、员工直属领导和部门负责人创造的长期价值利益。

除了用利益驱动人的主观能动性之外，还可以采取适度强制参与的策略。公司利用管理制度，让各部门负责人作为本部门人才培养与培训的第一责任人，其必须积极地推进本部门的人才培养与培训工作，并将人才培养与培训列入日常的工作计划和绩效管理。

组织机构和岗位设置

在各部门设立兼职的培训管理员是一种保证各部门培训管理工作落实的方式。兼职的培训管理员在做好本岗位工作的前提下，负责本部门的培训需求调查、部门内部培训计划的制订与上报、本部门内部培训的组织与实施、培训结束后的跟踪与评估，并配合组织公司范围内的培训。

为了保证员工能够履行兼职岗位的职责，公司可以给这个岗位设置一些物质层面的奖励。因为大部分兼职培训管理员的人选是由部门负责人指派的，他们平常受部门负责人的管理。在这种情况下，要想办法保证兼职的培训管理员能够起到对部门的监督和检查作用。

第6章

人才薪酬与福利管理

公司通过整体的薪酬福利体系建设，能够形成有效的人才薪酬与福利管理，实现公司薪酬和福利的合法性以及相对的公平性、合理性和有效性，既满足员工的个人利益，又满足公司的目标和利益，实现员工和公司双赢的局面。

6.1 公司战略与薪酬战略

薪酬战略是公司为了实现自身的战略目标，有效利用薪酬管理体系，合理配置资源，激发员工积极性而制定的薪酬策略、薪酬计划和具体行动的总和；是公司整体薪酬管理体系的工作思路贯彻和行动方案；是对人力资源的配置、激励和开发进行预见性、远见性和全局性的规划。

6.1.1 公司总体战略与薪酬战略

要点介绍

公司战略是制定薪酬战略的基础和依据。不同的公司战略有不同的特点和定位，这决定了薪酬战略也应有不同的侧重。要帮助公司实现战略目标，薪酬战略和薪酬管理应与公司的总体战略相适应和匹配。

公司总体战略和薪酬战略的关系

公司总体战略	含义	薪酬战略
发展型战略	发展型战略是公司利用自身的资源优势，通过公司的扩张、兼并、收购、联合等一系列发展方式，实现一体化或多元化的战略。实施发展型战略的公司特别强调组织成长、新市场开发、创新意识和组织与员工风险共担等	实行高弹性的薪酬战略，员工与公司共担风险、共享收益； 适合透明度高的薪酬体系，强调员工参与，注重收益分享； 可实行较低的固定薪酬和宽带薪酬制度； 实行与业绩相关的短期激励和长期激励策略，激发员工的积极性和创新意识； 注重内部激励性的同时，还要注重外部的公平性和规范化
稳定型战略	稳定型战略是公司采取平稳运行方式的较低风险战略。采取稳定型战略的公司一般已经有了一定的经营基础，所处经营环境比较稳定，业绩和规模增长缓慢，经营风险较小。稳定型战略一般采取与过去相同或相似的战略目标，几乎不改变经营模式或产品类别	薪酬战略以保留人才和维稳为目的； 保持薪酬的内外部稳定性，保证对内的公平性以及对外的追随性； 薪酬和福利水平一般取中位值； 适合综合型的薪酬体系，较高集中度的薪酬管理决策； 薪酬管理强调标准化和连续性
收缩型战略	收缩型战略是公司收缩战线，剥离、转移、重组、清算部分资产、产权或资源的战略。采取收缩型战略的公司往往是遇到了经营或财务困难，或组织过于庞大或复杂，而出现大量的资源冗余、闲置或浪费	薪酬战略更注重成本的控制； 适合窄带薪酬和短期激励； 绩效和奖金以经营业绩和成本节约为导向； 注重核心员工的稳定性，有一定的收益分享和长期激励计划

6.1.2 公司发展阶段与薪酬战略

要点介绍

公司发展的阶段可以分为初创期、成长期、成熟期和衰退期 4 个发展阶段。不同的发展阶段对应着不同的薪酬战略。

公司发展阶段与薪酬战略的关系

组织特征	公司发展阶段			
	初创期	成长期	成熟期	衰退期
人力资源管理重点	创新，吸引关键人才，刺激公司	招聘，培训	开发内部人才，保持员工团队奖励管理技巧	减员，控制人力成本
薪酬战略	重外轻内，提高弹性，注重个人激励	内外并重，结构灵活，个人与集体激励相结合	重公正、促合作，个人与集体激励相结合	奖励成本控制
固定工资	低于市场水平	相当于市场水平	高于或相当于市场水平	相当于或低于市场水平
短期激励方式	绩效激励	绩效激励福利	利润分享福利	–
长期激励方式	全面参与股权	有限参与股权	股票购买	–
奖金	高	高	相当于市场水平	视财务状况
福利	低	低	高于或相当于市场水平	视财务状况

初创期

初创公司的特点一般是规模较小，资金、人才、品牌、市场等方面都相对缺乏，对人才的吸引力较弱。在这个阶段，公司运营成本较高，资金往往呈净流出状态，有的甚至入不敷出，人才匮乏，产品和服务的质量一般不稳定。薪酬战略的侧重：

（1）强调外部竞争性；

（2）淡化内部公平性；

（3）弹性的薪酬结构。

成长期

处在快速成长期的公司，一般市场份额迅速扩大，产品或服务需求猛增。公司扩张的同时也意味着人才的不断扩张，员工人数开始不断增加，员工对科学合理的薪酬体系的要求也越来越迫切。这意味着公司要构建一套系统的薪酬体系，保证员工产生准确的预期并形成一致性的行为。薪酬战略的侧重：

（1）重视内部公平性；

（2）保持外部竞争性；

（3）保持薪酬结构的灵活性。

成熟期

到了这个阶段，公司的规模、市场、产品和利润都达到了鼎盛的状态，公司的增长速度较缓。这时，公司最该考虑的是如何保持住现有的经营水平，并积极寻求新业务的发展和突破。这时公司如果安于现状，那么将只能从成熟走向衰退。只有积极地做出战略调整，公司才有进一步发展的可能。薪酬战略的侧重：

（1）更加重视内部公平性；

（2）不再特别强调外部竞争性；

（3）鼓励合作的薪酬结构。

衰退期

衰退并不意味着走向灭亡，也可能是公司发展阶段中的一个低谷。在这个阶段，公司市场萎缩、利润下降、财务状况恶化。这时公司可以采取收缩型战略，剥离亏损业务，控制成本，寻找新的增长点。薪酬战略的侧重：

（1）强调外部竞争性；

（2）保持内部公平性；

（3）灵活的薪酬结构。

6.1.3 薪酬定位策略

要点介绍

不同的薪酬战略对薪酬水平、薪酬结构有不同的具体要求，这就要求公司在薪酬策略上，必须有相应的应对方式。薪酬定位策略，指的是组织基于自身的战略规划，相对于竞争对手而言，对薪酬水平高低所采取的策略。公司制定薪酬定位策略，除了要考虑公司自身的战略外，还要考虑公司吸纳和维系员工的能力，以及对人力成本的控制。

薪酬定位策略的 4 种类型

薪酬领袖策略是一种主动领先型的薪酬定位策略，指的是公司采取劳动力市场中较高分位值薪酬水平的策略。当公司的规模较大、实力较强、利润较高、资金充足，能够通过提供较高的薪酬吸引和留住市场中的较优秀人才时，适合采取这种策略。薪酬领袖策略常见于知识密集型、技术密集型和资金密集型公司，以及一些行业龙头公司、咨询公司和外资公司。

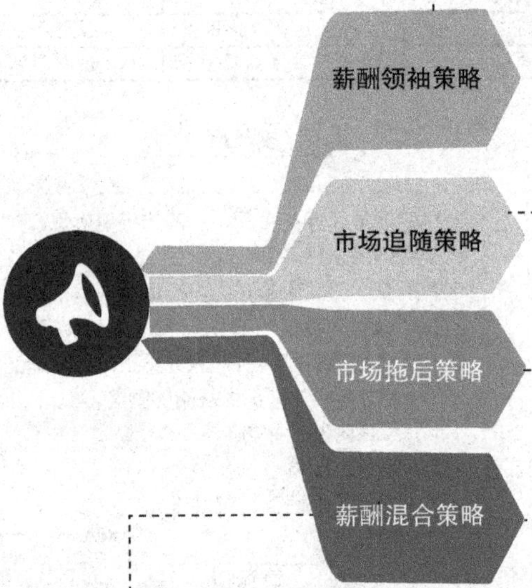

市场追随策略是一种被动跟随型的薪酬定位策略，指的是公司采取劳动力市场薪酬水平中位值的策略。市场追随策略适用于大部分的行业和公司。

市场拖后策略是一种被迫拖后型的薪酬定位策略，指的是公司采取劳动力市场薪酬水平较低分位值的策略。当公司的规模较小，利润较低，市场竞争异常激烈，财务状况较差，经营遇到困难，公司的战略转变为维持现状、减少产量或缩小经营范围时，适合采取这种策略。

（1）同一公司中，不同岗位的员工采取不同的薪酬定位策略。例如，以某技术研发为主营业务的公司。技术岗位人才是公司的核心人才，对这部分人才实施薪酬领袖策略；对管理岗位人才，实行市场追随策略；而对部分后勤保障人员，实行市场拖后策略。同时为后勤保障人员提供良好的生活保障设施，为核心技术人才和管理岗位人才提供更有挑战性的工作。

（2）同一公司同一岗位，实行薪酬组合形式的不同薪酬定位策略。例如，以大宗交易为主营业务的某商贸流通公司，销售经理岗位实行“基本工资＋业绩提成”的方式。该公司为激励销售经理达成业务目标，在基本工资水平的设置上，采取市场追随策略；在业务提成水平的设置上，采取薪酬领袖策略。

6.1.4 薪酬结构策略

要点介绍

根据不同的公司战略、薪酬战略和不同类型的岗位，固定薪酬和浮动薪酬在总工资中所占的比例应有所区别。

薪酬结构策略的 3 种类型

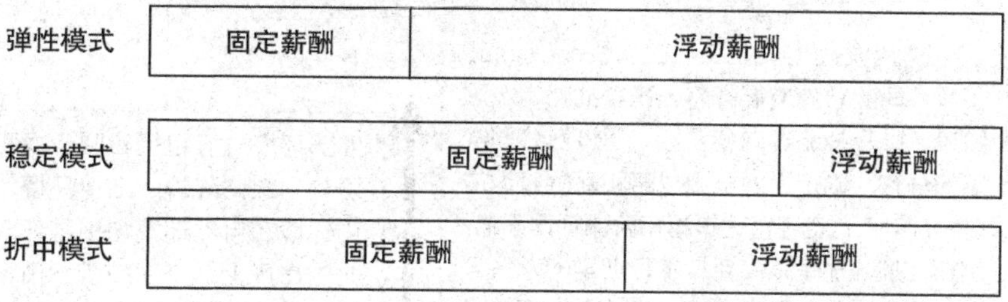

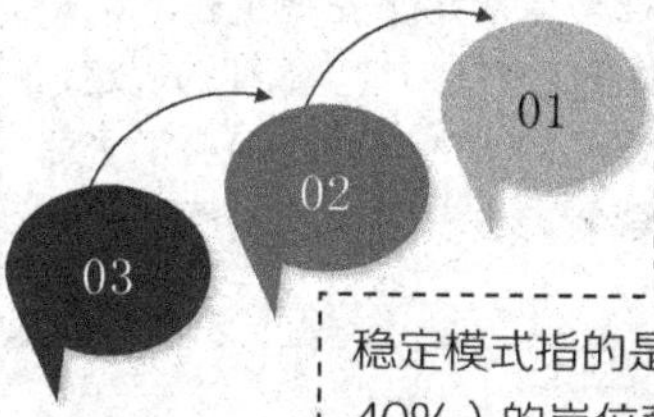

弹性模式指的是固定薪酬比例较低（通常低于 40%）、浮动薪酬的比例较高（通常高于 60%）的岗位薪酬设置类型。这种模式通常应用于与公司业绩关联度较高的岗位，如销售业务人员、总经理、某些岗位的高管等。常见的计件工资制、提成工资制、绩效工资制都属于这种薪酬结构策略。

稳定模式指的是固定薪酬比例较高（通常高于 60%）、浮动薪酬比例较低（通常低于 40%）的岗位薪酬设置类型。这种模式通常应用于与公司业绩关联度较低的岗位，如行政助理岗位、财务岗位、人力资源管理岗位等。

折中模式指的是固定薪酬比例和浮动薪酬比例持平，通常是各占 50% 或者差别不大的岗位薪酬设置类型。这种模式通常应用在经营状况较稳定的公司，以及公司业绩的关联度和岗位人员的能力素质要求并重的岗位，如技术研发岗位、生产工艺岗位等。

3 种薪酬结构策略的优缺点

薪酬结构策略	优缺点
弹性模式	优点：激励性较强，能有效改变员工行为 缺点：员工压力较大，缺乏安全感，可能使得员工离职率较高、忠诚度较低
稳定模式	优点：员工有较强的安全感，忠诚度较高 缺点：激励性较差，往往造成公司的人力成本较高，而员工的积极主动性不高，员工感受到的工作压力较小
折中模式	兼顾弹性模式和稳定模式的优点和缺点，具有一定的缓冲度和适应性

6.1.5 薪酬策略制定

要点介绍

公司在选择和制定薪酬策略时，要充分评估和考虑各方面的因素，让薪酬策略适应公司的发展。

制定薪酬策略需考虑的 4 项因素

1 公司战略

了解公司的总体发展战略、竞争战略、发展阶段，以及战略导向和目标。通过对公司战略的分解，确定人力资源战略和薪酬管理战略，制定人力资源管理策略和薪酬管理策略。例如，某公司是某高新技术行业里的龙头公司，近几年公司发展迅速，正处在快速成长和扩张期，采取的是差异化的竞争战略。为了聚拢人才，激发人才的积极性，该公司的薪酬定位策略可以选择薪酬领袖策略，以弹性模式为主，浮动薪酬与员工绩效和公司业绩直接挂钩。

2 公司文化

考虑公司文化的影响、顺应公司文化的薪酬策略才有可能被有效实施。对抗公司文化或者与公司文化相悖的薪酬策略往往会以失败告终。例如，在一个强调“比帮赶超”氛围的公司文化中，公司希望用业绩说话，那么薪酬结构策略可采取弹性模式，提高浮动薪酬的比例，更关注外部竞争性；在一个强调平均主义的公司文化中，薪酬结构策略可采取稳定模式，降低浮动薪酬的比例，更关注内部公平性。

3 外部环境

外部环境一般包括宏观环境和微观环境。宏观环境分为政治环境、法律环境、经济环境、社会文化环境、自然环境和技术环境，微观环境分为产业生命周期、产业结构、市场结构、市场需求、产业战略群体和成功关键要素。例如，宏观环境中的政治环境、法律环境决定了在制定薪酬策略时，需要考虑当地最低工资的规定、福利的规定、加班的规定等。微观环境中的产业结构决定了在制定薪酬策略时，要考虑竞争对手的公司战略和薪酬策略。

4 内部条件

内部条件包括公司的业绩情况、盈利状况、财务状况，员工对现有薪酬制度的接受度、满意度，以及预估员工对其他薪酬策略的认识和接受程度。例如，如果公司当前业绩较好，现金流充足，短期内没有较大项目投资需要占用大量资金，则可以尝试薪酬领袖策略；如果公司的业绩较差，现金流有问题，则可以采取市场追随或拖后策略；为了维稳员工，也可以在薪酬结构上采取稳定模式。

6.2 薪酬要素设计

薪酬是公司对员工（人力资源）劳动成果的回报，也是公司对员工的投资。薪酬会给员工带来短期和长期的激励，也会给公司带来长期的效益。薪酬能够满足员工的物质需求，代表公司对员工能力、努力、绩效的认同，体现员工的价值，引导员工的行为。

6.2.1 薪酬组成要素

要点介绍

广义的薪酬由“薪”和“酬”两部分组成。薪，指的是薪水，通常包括工资、资金、分红、福利等一切可以用财务数据量化的个人物质层面的回报；酬，指的是报酬，通常包括非货币性福利、组织的认可、更有兴趣的工作、成就感、发展的机会等，是一种着眼于个人精神层面的酬劳。狭义的薪酬，仅指员工得到的物质层面的回报，通常只包括工资、津贴、奖金 3 部分。

薪酬组成要素示意

大类	薪酬要素	所属薪酬类别	薪酬总称
无形的内在价值激励	来自组织的认可	非经济性薪酬	总报酬
	良好的职业发展通道		
	工作与生活平衡		
有形的可以量化的薪酬	其他法定福利	法定福利	总体雇佣成本
	住房公积金		
	社会保险		
	其他非法定福利	非法定福利	整体薪酬
	员工救援计划		
	员工储蓄计划		
	员工养老计划		
	其他各类津贴	总现金津贴	
	交通津贴		
	住房津贴		
	餐费津贴		
	股权激励计划	长期激励	总直接薪酬
	长期现金计划		
	年终奖金	短期激励	总现金
	提成奖金		
	绩效工资		
	奖罚落实	浮动支付	
	加班工资		
	固定奖金	固定支付	基本工资
	司龄工资		
	固定工资		

6.2.2 基本工资设计

要点介绍

基本工资是劳动者货币工资额的基本组成部分，是保障员工工作收入安全感的货币工资形式。与薪酬的其他组成要素相比，基本工资具有相对的固定性。一般来说，基本工资根据岗位、职级、能力、司龄等条件的不同而形成层级的差别。基本工资一般包括每个岗位的固定工资、司龄工资和固定奖金 3 个部分。

基本工资的设计思路

固定工资

在设计不同岗位的固定工资时，要考虑当地的最低工资标准、同行业或竞争对手同类岗位固定工资情况、岗位需要最低技能要求人员的最低薪酬水平、岗位无绩效贡献时公司愿意为该岗位付出的最低成本等要素。

司龄工资

司龄工资设置的目的应是象征性的鼓励，司龄工资的金额不宜设置得较大，一般上限不宜超过固定工资的 10%。从成本的角度考虑，司龄工资通常有递减式和平均式两种设置方式。

递减式指的是随着任职年限的增长，员工司龄工资的增加呈逐年递减的趋势。例如，员工入职第 1 年的司龄工资为 100 元 / 月，第 2 年每月增加 80 元，第 3 年每月增加 50 元，第 4 年每月增加 20 元……

平均式指的是员工司龄工资的增加呈平均数增长。例如，员工入职第 1 年的司龄工资为 100 元 / 月，司龄每增长 1 年，司龄工资每月增加 20 元。

固定奖金

（1）对员工付出足够努力的一种鼓励。
有时候员工态度上是积极的，行动上是努力的，但由于种种原因，仍然没达到组织想要的成果。这时如果只发放固定工资，完全没有奖金，员工的整体收入较少。为了平衡员工的货币收入，鼓励员工积极向上的态度，可以发放部分固定奖金。

（2）对员工做出某种行为的一种奖励。
例如，对于员工出勤状况较差的组织，有时为了提高员工的出勤率，组织可以设置出勤奖。员工只要每月正常出勤，就可以得到这部分固定奖金；员工只要出勤有任何异常，就得不到这部分固定奖金。

（3）对员工满足某些条件的一种激励。
有的公司为了激励员工形成学习氛围，规定员工在考取某种职业资格证书、获得某种职称、在某类平台上发表过一定篇幅或数量的论文、获得一定数量或质量的专利等之后，就可以每月获取一部分固定奖金。

6.2.3 绩效工资设计

要点介绍

绩效工资是和绩效评估结果挂钩的工资形式，随员工绩效的变化而变化。绩效工资是对员工行为的一种激励，员工只有实现预期的绩效目标，才能得到预期的绩效工资。绩效工资一般与固定工资之间存在一定的联系。有的公司是从固定工资中分出来一部分作为绩效工资；有的公司是在固定工资的基础上，额外增加了一部分作为绩效工资。

绩效工资设计案例

某公司员工张三每月的基本工资为 4 000 元，绩效工资为 1 000 元，除此之外再无其他收入。该公司规定员工每月的绩效评定结果与绩效工资发放比例如下表。

绩效评定结果	绩效工资发放比例
A	100%
B	80%
C	50%
D	0

张三在近 5 个月绩效评定结果如下表。

	1 月	2 月	3 月	4 月	5 月
绩效评定结果	B	A	B	C	A
绩效工资（元）	800	1 000	800	500	1 000
月应发工资（元）	4 800	5 000	4 800	4 500	5 000

绩效工资发挥作用的 5 个前提条件

01 员工具备达成绩效的基本能力。

02 员工相信通过努力能够达成绩效。

03 员工相信绩效评判的过程是公平公正的。

04 员工绩效的差异能够在一定程度上受自己努力程度的控制。

05 具备严密精准的绩效评定系统，员工的绩效能够被准确、量化地测量。

6.2.4 提成奖金设计

要点介绍

提成奖金通常指的是与公司某项业绩直接相关的奖金，它是为了鼓励员工达成某项业绩目标而设立的奖金形式。所有提成奖金的计算都可以简单地归纳成：提成奖金 = 提成基数 × 提成比例。提成的基数根据需要可以是销售额、毛利额、成本额、利润额等指标。

常见的提成奖金可以分为两类，一类是固定提成奖金，另一类是浮动提成奖金。固定提成奖金指的是提成奖金额与业绩增长呈二元线性关系的提成形式，业绩每增加 X，销售提成增加 AX。浮动提成奖金指的是提成奖金额与业绩增长呈阶梯型或指数型增长关系的提成形式。当业绩落在某个范围内时，销售提成的比例为 A，提成奖金额为提成基数 $\times A$；当业绩达到另一个水平时，提成比例为 B，提成奖金额为提成基数 $\times B$。

固定提成奖金案例

某房地产销售公司规定房产经纪人每月的提成奖金为房屋成交价的 1%。房产经纪人张三今年连续 5 个月的房屋成交额和提成奖金额如下表。

月份	1 月	2 月	3 月	4 月	5 月
房屋成交额（万元）	150	50	80	300	70
月提成奖金额（万元）	1.5	0.5	0.8	3	0.7

浮动提成奖金案例

某汽车销售公司为了鼓励业务员销售，制定阶梯式的提成奖金规则，如下表。

每月汽车销售数量（台）	每台车的销售提成（元）
$X < 10$	100
$10 \leqslant X < 20$	200
$20 \leqslant X < 30$	300
$30 \leqslant X < 40$	400
$40 \leqslant X < 50$	500
$50 \leqslant X$	600

该公司销售人员张三今年连续 5 个月的汽车成交量和提成奖金额如下表。

月份	1 月	2 月	3 月	4 月	5 月
汽车成交量（台）	35	8	22	28	41
月提成奖金额（元）	14 000	800	6 600	8 400	20 500

6.2.5 股权激励设计

要点介绍

股权激励是一个在治理公司上倍受欢迎的“锦囊”，它可以创造组织和个人的利益共同体、激发员工的内在驱动力、有效地吸引和留住人才。尤其是创业公司，在早期无力吸引和留住高端人才以及支付高薪水，股权激励计划可以有效缓解这一问题。

7 种常见的股权激励方式

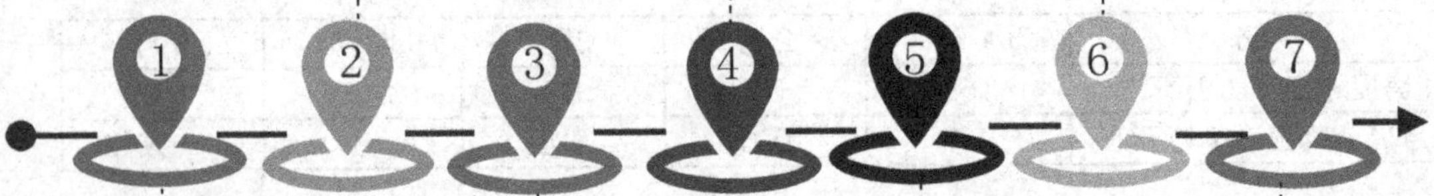

限制性股票

限制性股票是指事先给激励对象一定数量的股票，但对于这部分股票的获得条件和出售条件等会有一定的限制。

虚拟股票

虚拟股票是向激励对象发放虚拟股票，事先约定如果公司业绩较优或实现某项目标时，激励对象可以按此获得一定比例的分红。

年薪虚股制

年薪虚股制是将公司中高端人才年薪中的奖金划分一部分以虚拟股票的形式体现，规定激励对象一定的持有期限，到期后，按照公司业绩一次性或者分批兑现。

股票期权

股票期权是指公司给激励对象一种权利，让其可以在规定的时期内以事先约定的价格购买一定数量的本公司流通股票。当然如果到了那个时期，激励对象发现行权并不合适，也可以选择不行权。

直接持股

直接持股是当激励对象达到某项条件时，公司直接转让股票。在股价提高或降低时，获得账面价值的增长或减少；在股票溢价时卖出股票，获得收益。

账面价值增值权

账面价值增值权是给予激励对象在期初按照每股净资产购买一定数量的公司股份，在期末时，再按照每股净资产的期末值回售给公司的权利。

股票增值权

与账面价值增值权的道理类似，通过股票增值权的方式，激励对象可以从期初认购股票的价格与期末股票市价之间的增值部分中获益。

小贴士

在股权激励中，“股权”是手段，“激励”是目的。如果股权激励起不到激励效果，将会是一种成本浪费。股权激励并不是万能的“特效药”，必须根据公司实际情况应用，才能达到预期的效果。例如在一些经营不太乐观的小公司，实施股权激励的效果往往比较差，因为员工可能已经对公司的经营发展失去信心，股权激励起不到激励效果。

6.2.6 股权激励难点

要点介绍

2005 年中国证券监督管理委员会（简称证监会）实施股权分置改革之后，我国具备了实施真正意义的股权激励的条件。随后，我国实施股权激励计划的公司开始大量涌现。然而我国在实施股权激励时出现了很多问题，这些问题如果不解决，股权激励很难有效实施。

股权激励的三大实施困难

公司治理结构不完善

许多公司内部自我控制现象严重，公司董事会的独立性不强，董事会成员与经营管理层高度重合，董事兼任总经理或管理层的现象十分普遍。这样使得股权激励变成董事会自己激励自己，且缺乏有效的内部监督机制，导致出现大量的短期行为、控股股东不正当关联交易等问题。

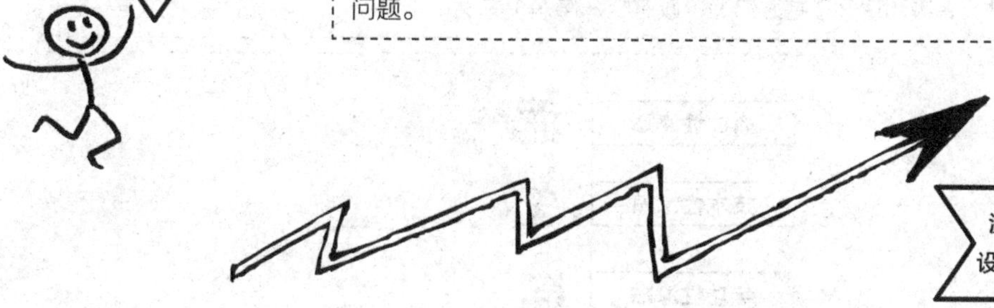

激励方案设计不完善

绩效管理不健全

绩效管理是实施股权激励的前提之一。国外的上市公司一般会用股票价格作为评价经营者业绩的重要指标，而我国的上市公司大多采用传统的财务指标作为业绩评价的指标。

在推行股权激励的公司中，大多数推行的是股票期权模式，这造成了处在公司高层的董事、高管获得的股票期权数量过多，而作为中坚、骨干力量的核心员工得到的较少，导致公司内部的价值分配不均衡。

小贴士

即使公司总会存在这样或那样的问题，但也不代表只要有问题，就要完全把问题解决掉才能实施股权激励。股权激励的方式多种多样，公司可以根据自身的实际情况，避开自己当前最薄弱的环节，选择那些可选的、最适合自己的方式。

6.2.7 岗位津贴类别

要点介绍

岗位津贴是公司为了补偿员工在特殊劳动条件或工作环境下的额外劳动消耗或生活费用的额外支出而建立的一种辅助工资形式。

5 种常见的岗位津贴

岗位性津贴指的是组织为了补偿员工在某些有着特殊劳动条件的岗位上劳动产生的额外消耗而建立的津贴。例如，高温作业津贴、冷库低温津贴、中夜班津贴、高空作业津贴、井下作业津贴、出差外勤津贴、班（组）长津贴、课时津贴、班主任津贴、科研辅助津贴、殡葬特殊行业津贴、水上作业津贴、废品回收人员岗位津贴等。

技术性津贴指的是组织为了激励员工达到某项技术等级或取得某项技术成果而建立的津贴。例如，技术工人津贴、技术职务津贴、技术等级津贴、特级教师津贴、科研课题津贴、研究生导师津贴、特殊教育津贴、高级知识分子特殊津贴（政府特殊津贴）等。

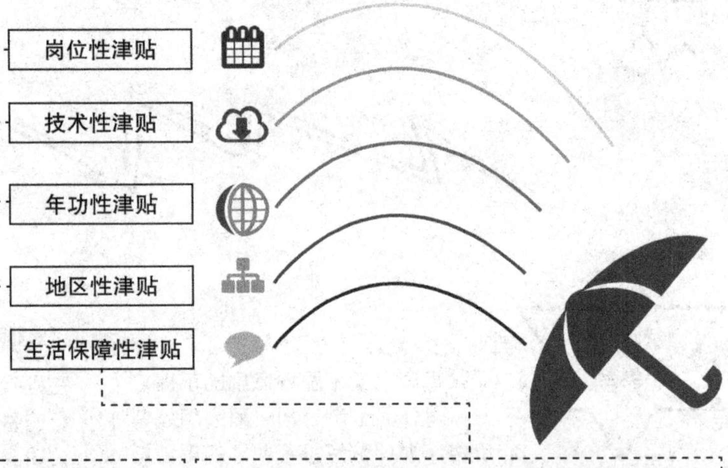

地区性津贴指的是组织为了补偿员工在某些特殊地点工作而产生的额外的生活费用支出或照顾员工长期离乡背井的感受而建立的津贴。例如，外派津贴、边远地区津贴、高寒山区津贴、海岛津贴等。

生活保障性津贴是组织为了保障员工的工资收入和补偿员工部分生活费用而建立的津贴。例如，服装津贴、伙食津贴、住房津贴、房租津贴、交通津贴、过节津贴、书报津贴、卫生津贴等。

年功性津贴指的是组织为了进一步鼓励员工的忠诚度和稳定性而建立的津贴。例如，工龄津贴、教龄津贴（教师岗位）、护龄津贴（护士岗位）等。此类津贴与司龄工资作用重复，所以组织中的司龄工资和年功性津贴通常是择其一使用。

6.2.8 岗位津贴设计

要点介绍

岗位津贴的设计应体现该薪酬要素的初衷，公司要以正确的观念看待岗位津贴，避免滥发滥用和平均主义。

岗位津贴设计的 4 个注意事项

明确津贴发放方式

岗位津贴一般每月随工资一起发放，但是由于某些岗位的特殊性，津贴的发放方式也具有特殊性。公司需要在设计岗位津贴时注意津贴的发放方式。例如，某公司规定所有驻外岗位津贴有两种发放方式，一种可以在驻外国家随月工资发放美元，另一种可以在驻外任期结束回国后的当年随年终奖金一起发放人民币。

明确津贴发放标准

岗位津贴应有明确的发放标准。也就是当某岗位满足某个条件之后，岗位津贴才能发放。例如，某公司规定某个有高空作业要求的岗位，每当有从事高空作业要求的工作日，发放200元的高空作业岗位津贴，没有高空作业要求时则不发放。

明确津贴条件范围

公司在设计岗位津贴时，应体现其补偿性的特点。岗位津贴不应是所有人员平均发放，而应是根据不同岗位、类别，根据不同的条件、环境或范围，设计不同的岗位津贴。岗位津贴应与岗位挂钩，而不应跟从事该岗位的人绑定。例如，某公司规定当作业环境的温度高于30℃时，每出勤1小时发放20元的高温补贴。

严格执行法律法规

国家法律以及地方法规政策对于一些津贴有明确的要求，公司在设计岗位津贴时，应至少满足相关规定的最低要求。

小贴士

公司在设计岗位津贴之前，应明确制定岗位津贴的发起、审批、测算、发放等各流程的运行权限。公司在运行岗位津贴的过程中，应加强监督审查工作。

6.2.9 员工福利设计

要点介绍

员工福利是劳动报酬的间接组成要素，它是在工资和奖金收入之外，向员工本人或家属提供的货币、某类实物、某个机会、某项服务或某种权利等各类形式的福利。公司通过为员工提供各类福利，能够更好地吸纳和留住优秀人才，增强员工的凝聚力、归属感和满足感，从而提升组织绩效。

员工福利的分类

<table>
<tr><td colspan="2">法定福利</td><td colspan="4">非法定福利（公司福利）</td></tr>
<tr><td>国家性福利</td><td>地方性福利</td><td colspan="2">全体员工享受</td><td colspan="2">部分员工享受</td></tr>
<tr><td colspan="2">社会保险、住房公积金、其他法律法规规定福利</td><td>弹性福利</td><td>非弹性福利</td><td>弹性福利</td><td>非弹性福利</td></tr>
</table>

员工福利设计情况

公司	年人均福利费	员工福利设计目的	可选的员工福利项目
处于初创期或衰退期公司	5 000 元以下	保障基本用人，规避人才流失	班车、基础培训、岗位轮换、购书学习补助、师徒奖励、补充商业保险、节日礼品、生日礼品、灵活假期、书报费、员工体检、灵活工作时间和地点等
成长期公司	5 000~10 000 元	吸引人才，留住人才	除可选初创期公司福利项目外，还可选技能培训、拓展训练、补充医疗保险、团队建设费用、防暑降温福利、取暖福利、带薪旅游、婚丧嫁娶病慰问金、员工奖学金等
处于稳定期或盈利良好的公司	10 000 元以上	稳定人才，传播公司文化	除可选初创期和成长期公司的员工福利项目外，还可选在职教育、出国学习、考证奖励、补充养老保险、低息贷款、健身活动、特别奖励、子女托管或教育、家属附带医疗、疗养、家属慰问金、咨询服务（理财、心理、健康、婚姻等）、员工茶点、文化娱乐活动、其他现金补贴等

小贴士

公司在设计员工福利时，需要考虑的因素比较复杂，除了要在国家法律法规允许的范围内之外，还需要考虑市场上的竞争对手情况、公司的战略、财务状况、福利的导向、公司人员结构、公司人员需求等一系列因素。

6.2.10 弹性福利设计

要点介绍

弹性福利又叫菜单式福利，它的设计基本思路是让员工对自己的福利进行有选择、有计划的组合。它的核心思想是倾听和满足员工的诉求，并以此来设计和实施员工福利。

弹性福利的五大种类

补充保险

公司可以为员工提供社会保险之外的附加保险，用于解决员工在生大病后，医疗支出较多时的问题，并且可以帮助员工找到更好的医疗资源。

弹性节假日福利及活动

包括季节性福利，如端午节、中秋节、春节等节假日公司所发放的福利可以由员工选择；还包括公司举办的活动，如体育赛事、健身运动、亲子活动、相亲活动等。

绩效奖励

这是对绩效奖励的灵活兑现，绩效奖励不一定要发奖金，员工可以自主选择。

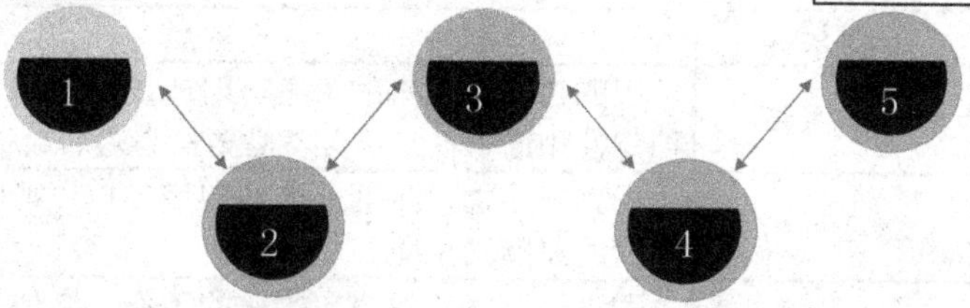

健康管理

对可能存在职业病风险的岗位或健康状况较差的群体，公司可以为员工提供如体检、健身、健康状况分析、疾病预防讲座、健康咨询和指导等方式的福利。

其他各类福利

除上述几大类常见弹性福利外，还有许多种可放入“菜单”的福利。例如，弹性的工作时间、养老服务计划、定制化的年金、除法律规定外的带薪休假、冬季的取暖费、妇女卫生补贴、生日的福利、劳动安全卫生保护福利、外出培训学习深造的机会等。

小贴士

弹性福利可以解决公司为员工提供福利，又无法获得员工认同的窘境。这种方式能够在最大化激励效果、最大化外部效应的同时，最小化财务费用。要提高员工的满意度、忠诚度和敬业度，公司可以根据自身的情况，为员工提供更多“可选择的菜单”。

6.2.11 非经济性薪酬

要点介绍

非经济性薪酬是公司为员工提供的、不能直接用金钱衡量的报酬的总称。非经济性薪酬也是员工的一种“收入”，只不过这种收入不是一种实体收入，而是心理收入。通过这种心理收入，员工能够获得安全感、满足感、成就感、责任感及荣誉感等积极的、有助于达成绩效的情感。然而非经济性薪酬却很容易被管理者忽略。

2 种非经济性薪酬

工作特征

工作特征指的是工作职责本身能够为员工带来的价值，如工作中的趣味性、挑战性、重要性、自主性、可学习性，工作带来的责任感、成就感、发展机会、褒奖机会、技能多样性，以及工作能够带来的反馈等。

工作环境

工作环境指的是与工作相关的软件、硬件环境和条件的优劣情况，如员工对组织文化的适应性、人际关系的融洽度、工作条件的舒适性、工作场所的便利性、工作方式的弹性、公司制度的公正性和规范性等。

常见非经济性薪酬要素分类及内涵

主要对应情感	要素	内涵
安全感	就业保障	员工的工作有基本的人身、财产、安全保障。工作有一定的稳定性和连续性，员工不需要担心随时会被辞掉或调岗
	家庭平衡	公司为员工提供生活上的便利和支持，帮助员工实现工作和家庭的兼顾和平衡
满足感	工作趣味	公司通过为员工提供丰富化的工作、岗位轮换、工作扩大化等来增加工作的吸引力与趣味性
	人际关系	公司内部的上下级之间、同事之间关系和睦、融洽，员工能够在一个良好的工作氛围中愉快地工作
	领导关怀	领导的素质高、能力强、信誉好、领导力强，能够给予员工生活上的关怀、工作上的关心和指导
成就感	学习机会	公司有良好的培训和学习机制，员工能够享受到必要的学习机会，员工能够学到必要的知识
	晋升机会	公司有明确的晋升通道和晋升规则，能够为员工提供较多的工作和晋升机会，让员工得到较好的职业生涯规划和指导
责任感	得到授权	领导敢于放权、善于放权，让员工参与决策，给员工决策的机会，并让员工享有一定的自主权，承担一定的责任
荣誉感	组织认可	公司能够发现和表彰员工的行为和结果，给予员工荣誉，让员工感觉到组织的认可

6.3 考勤管理

考勤是计算薪酬的重要依据。通过考勤记录，公司可以随时了解员工的上下班、加班、请假等出勤情况，便于公司根据生产经营情况调整劳动力的分配。考勤管理是公司进行劳动纪律管理和维护的最基本的工作，是薪酬管理的前端保障。

6.3.1 考勤管理流程

要点介绍

考勤管理流程是公司实施考勤管理的一般规律。遵循考勤管理流程，公司的考勤管理运行将会更加规范。

考勤管理通用流程

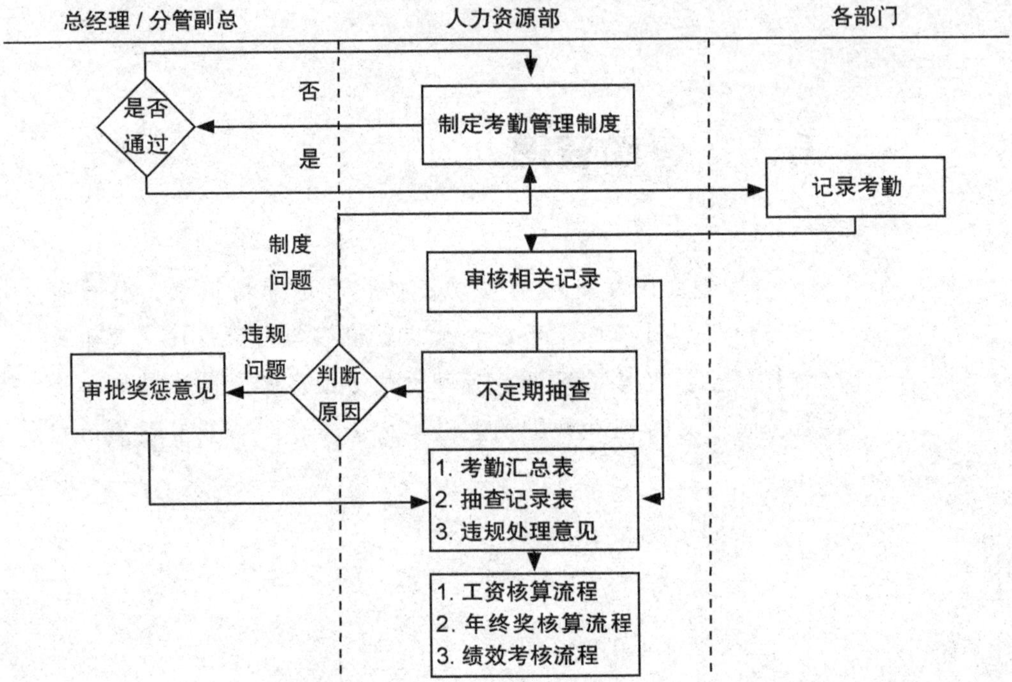

考勤管理流程中的职责分工及输出内容

人力资源部的职责

（1）制定考勤管理制度，报总经理 / 分管副总审批；
（2）汇总各部门上报的考勤记录；
（3）不定期抽查各部门的考勤记录情况及考勤相关情况；
（4）针对考勤核查发现的违规情况，查明原因，形成奖惩意见报总经理 / 分管副总审批，追究相关责任；
（5）根据考勤运行情况和检查情况修改考勤管理制度，报总经理 / 分管副总审批。

各部门的职责

（1）日常记录考勤；
（2）上报考勤记录。

总经理 / 分管副总的职责

（1）审核审批考勤管理制度；
（2）审批对人力资源部核查考勤异常情况相关的奖惩意见。

6.3.2 加班补休流程

要点介绍

员工加班前，必须提前填写加班申请单，注明加班的原因、内容、工作量、加班时长等，由本部门负责人次日审核工作完成情况、工作量和加班时间是否相符，是否属实。

加班申请单模板

姓名		工号	
加班时间			
加班原因			
加班费用需求			
审批意见			
直属领导	部门负责人	人力资源部	分管副总经理

加班申请单应是公司承认的唯一加班凭证，当天的加班申请单当天填写。在法定节假日加班，因特殊情况，加班过程出现人员变动，则后补的申请必须在法定节假日结束后的几个工作日内交至人力资源部，逾期则申请无效。

公司可采用补休的方式补偿加班员工。员工补休前应提前填写补休申请单，并经直属领导批准签字后，由各部门负责人根据部门实际情况安排补休。员工补休后，可由考勤汇总人员在加班申请单上标明“已补休”。

补休申请单模板

姓名		工号	
补休加班时间段			
补休时间			
审批意见			
直属领导	部门负责人	人力资源部	分管副总经理

6.3.3 员工请假流程

要点介绍

公司的休假类型分为正常休假、年假、探亲假、婚假、丧假、事假、病假、产假、流产假、工伤假。除正常休假外，其余休假必须填写请假单。请假单原则上须在休假前填写，如遇特殊情况，员工必须在上班前以电话或短信的形式通知部门负责人，部门负责人明确表示同意后，由部门负责人指派人员代走请假单程序。无请假单又无出勤的，视为旷工。

请假单模板

请假人		工号	
请假类型	□事假　□婚假　□年假　□探亲假　□丧假　□病假　□产假　□流产假		
请假时间			
请假理由			
审批意见			
直属领导	部门负责人	分管副总	总经理

年假、探亲假、病假、婚假、产假、丧假等按照国家相关的法律法规执行。在国家相关法律法规规定范围内的病假、婚假、产假、丧假等休假天数视同出勤。正常的婚假、病假、产假等假满结束后需要继续休假的，视为事假管理。

员工履行病假、婚假等请假手续前，必须及时提交相关的请假证明。例如，员工在请婚假前，必须向人力资源部提供结婚证；员工请病假，必须提供正规医院开具的病历和诊断证明。无相关证据者，按事假处理。

公司审批事假天数的权限指引案例

主管级有权审批 7 天以内的事假；
经理级有权审批 14 天以内的事假；
总监级有权审批 30 天以内的事假；
副总经理级有权审批 60 天以内的事假；
60 天以上的事假，必须由总经理审批。

小贴士

注意，公司对于为避免审批权限的限制连续多次走请假单程序的事件应严肃处理；或者在制定考勤管理制度时直接规定当出现一段时期内的连续请假时，必须根据公司的权限指引履行请假手续。

6.3.4 员工外出流程

要点介绍

员工短期外出办事，应填写外出人员登记表，记录员工外出的日期、外出的事由、外出的具体时间段，由直属领导签字同意后方可执行。员工外出返回后，考勤管理人员需要核准相关情况。

员工因工作需要出差，必须提前填写出差申请单，填写清楚出差事由、出差期限、出差地点、预计费用等，并遵循公司的权限指引逐级审批。

外出人员登记表模板

日期	工号	姓名	外出事由	外出时间	预计返回时间	实际返回时间	直属领导签批	考勤管理人员核准

员工外出办事须妥善安排时间，事毕即回公司。因公务在外不能按登记返回时间回公司打卡者，须向直属领导请示，并通知考勤管理人员或人力资源部；否则以其登记的预计返回时间为准，超过一定的时间分别按早退或旷工处理。

出差申请单模板

出差人			
出差事由			
出差地点			
行程安排			
起止日期			
预计费用			
交通费	住宿费	伙食费	其他费用
审批意见			
直属领导	部门负责人	分管副总	总经理

小贴士

出差申请单是核对考勤的要件，也可以作为出差报销结算的必备附件。若出现紧急状况，未能提前履行出差审批手续的员工，出差前可以电话或短信的方式向相关领导请示，请他人代走手续。出差员工若无法在预定期限返回，则必须向相关领导申请，请他人代走手续。

出差审批程序的规范性，直接关系到员工考勤。所以，员工一定要严肃认真地对待出差的审批流程。没有履行出差必备的相关程序，不能算出差，若某员工未履行出差审批程序私自出差，应按旷工处理。

6.3.5 考勤汇总方法

要点介绍

没有条件实施打卡考勤的单位，需要有专人对员工上下班的作息时间进行真实的记录；同时，要保留原始记录的凭证。实施打卡考勤的单位，应保证每位员工拥有一个唯一的ID。每月底，考勤管理人员将考勤机中的数据导出，合并、统计、校对核准后打印，找员工签字确认。每月经员工核准后的考勤资料等原始记录凭证是计算工资的重要依据。

考勤管理人员注意事项

考勤机是否出现错误，存在员工实际打卡但不记录数据的情况。

对于实行人脸识别打卡的考勤机，是否存在人脸误判的情况。

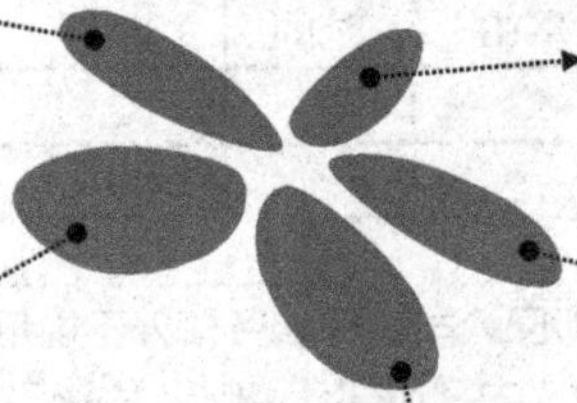

是否存在员工迟到后故意不打卡的情况。

是否存在员工本人正常打卡，但打完卡后显示缺岗的情况。

对于采用卡片或芯片打卡的考勤机，是否存在代打卡的情况。

员工出勤情况统计表模板

工号	姓名	应出勤天数	加班天数	迟到和早退次数	事假天数	婚丧假天数	探亲假天数	病假天数	工伤假天数	产假天数	旷工天数

其中，应出勤天数一般为某段时期的总天数减法定节假日和公休日的天数。有特殊经营需求的单位，应出勤天数为在合法合规的前提下，本单位与劳动者约定某段时期内应当出勤的天数；加班天数为该段时期除应出勤天数外的加班时间换算成天数的总和。
迟到和早退次数为该段时期内，员工单次迟到和早退情况的累积。对迟到和早退有不同处置的单位，可分列这两项。

小贴士

公司每月应将考勤记录以部门为单位整理归档，并妥善保存。有档案室的公司建议将考勤记录放到档案室保存。一般情况下，考勤记录的保存年限应至少达到3年。有条件的公司应保存更长的时间，以降低风险。

6.3.6 考勤汇总时间

要点介绍

考勤汇总的时间和薪酬的核算、发放等工作相关。因此为了公司与考勤相关的其他工作能够正常开展，考勤汇总应当有一定的时间限制，在某个时间之前，考勤管理的相关工作应当结束。

考勤汇总时间节点参考

时间段	工作内容
每月底最后一天	各部门开始统计汇总出勤情况，核查考勤问题
次月 3 日前	各部门将经核准后员工签字的考勤原始记录报人力资源部
次月 5 日前	人力资源部实施考勤的核查或抽查工作
次月 8 日前	人力资源部完成薪酬测算并报财务部审查
次月 10 日前	财务部完成薪酬审查工作发放工资
次月 12 日前	人力资源部将所有的考勤和薪酬文件存档

考勤汇总各时间节点注意事项

考勤表一定要员工本人签字确认，不可以不签字，也不可以他人代签。

各部门发现考勤的异常问题应随时上报，而不要等到月底。

各部门统计出勤情况时，应做到真实、全面。

考勤管理人员对考勤的核对应放到平时的日常工作中，月底做最终的核准。

小贴士

公司为保证考勤管理的严肃性，对考勤的核准应是“核查+抽查”，双管齐下，而不仅仅是核查。

6.4 薪酬调研操作

薪酬调研的分析与定位是公司通过一系列专业的方法，收集外部市场的薪酬水平和内部员工的薪酬满意度，经过汇总、统计、分析后，形成反映外部市场状况和内部员工情况的薪酬调研报告，从而对公司自身薪酬决策提供依据的系统过程。

6.4.1 基准公司选择

要点介绍

对基准公司的选择影响着薪酬调研的准确性。选准基准公司，薪酬调研的结果才能有效指导公司的薪酬决策。

薪酬调研选择基准公司的流程

选择地区

按照地区选择基准公司是对公司所在物理地域与公司各岗位薪酬相关性的考量。公司根据自身的规模和地域内其他公司对公司自身岗位的影响，选择基准公司所在的地区范围时，可以按照国家、省份、城市、区县、村镇等不同的地域维度划分来选择。

选择行业

按照行业选择基准公司的方式，通常是对公司行业的相关性的衡量。一般来说，公司应该选择在人才、产品和市场方面与本公司所处行业存在竞争关系的行业。

1. （1）从经营范围的角度，体现在选择与公司生产同类或相似产品的行业，也可以选择公司的直接竞争对手或与公司存在直接竞争关系的行业。
2. （2）从工艺技术的角度，体现在选择与公司产品的生产技术工艺相同或相近的行业。
3. （3）从产业供应链的角度，体现在选择与公司产品的上游或者下游产品，具备一定相关性的行业。

选择公司

当确定基准公司的地区和行业后，在选择具体基准公司时，还需要考虑基准公司规模、性质的匹配度和相关性，通常可以从如下维度综合考虑。

1. （1）财务数据维度，体现在选择与公司在总投资、总资产、销售额、利润额等方面相近的公司。
2. （2）占用空间维度，体现在选择与公司在总经营面积、总占地面积等方面相近的公司。
3. （3）人数维度，体现在选择与公司在总人数、一线岗位人员人数等方面相近的公司。在考虑人数维度时需注意，一般当生产或运营的工艺、技术、流程具备相似性时，探讨人数维度的相似性才有意义。
4. （4）组织机构维度，体现在选择与公司在汇报线、管理方式、组织机构、部门设置等方面相近的公司。当然，要考虑组织机构维度的相近性，还需要在薪酬调查的过程中，充分了解相关地区内、相关行业内不同公司的基本信息。

6.4.2 需求信息确认

要点介绍

薪酬调研的需求信息不是越多越好，也不是越简化越好，要根据薪酬调研的目的、公司需求和成本综合考虑。不同公司的相似岗位也许薪酬水平相近，但是可能公司所在的城市消费水平不同、该岗位开展工作的复杂程度不同、薪酬组成的结构比例不同、提供的长期激励不同、薪酬政策不同、提供的物质或非物质福利不同等。这些因素都会影响薪酬调研结果的分析。

薪酬调研的需求信息确认的七大维度

薪酬结构

如果想通过薪酬调研调整和优化薪酬结构，则需要进一步调查的薪酬信息包括不同岗位每月的薪酬组成，具体又包括无责任底薪、岗位津贴、浮动薪酬、绩效工资、提成奖金、季度 / 年度奖金等项目的具体数额以及各部分所占的比例。

长期激励

对于中高层岗位和一些关键岗位，除了要调研短期的薪酬水平和薪酬结构外，还应调研长期的薪酬激励措施。例如，股票期权、虚拟股票、股票分红等长期激励计划。

薪酬政策

如果薪酬调研的成本允许，则除了了解岗位薪酬的现状之外，还应从整体的薪酬政策角度了解基准公司的薪酬实际状况。

福利体系

福利体系同样是人力费用的重要组成部分，福利的组成和结构影响着薪酬调研结果的分析。福利体系除了基本的节假日福利外，还有培训机会、福利分房、无息贷款、补充保险、弹性工作制、子女教育以及一些非货币性的福利计划。

公司信息

公司信息可以参考基准公司的选择过程，需要了解的信息包括基准公司所属地域和行业、股权情况、财务状况、员工情况、经营面积、组织机构、部门设置、管理模式、运营流程、汇报层级等。

岗位信息

岗位信息需要了解的信息包括岗位名称、具体工作内容、工作职责、任职要求、上下级关系、岗位等级、管理幅度、开展工作的难易程度、工作环境等。

薪酬水平

了解薪酬水平的信息是薪酬调研中最简单的数据收集形式，主要包括每月、每季度或每年的应发或实发薪酬。根据数据计算出不同的分位值作为薪酬分析的依据。

6.4.3 薪酬调研渠道

要点介绍

薪酬调研的渠道按照成本划分可以分为两种，一种是无偿的薪酬信息获得渠道，一种是有偿的薪酬信息获得渠道。无偿的薪酬信息获取渠道一般来自政府、协会、机构定期公布的劳动力市场价格参考。有偿的薪酬信息获取渠道一般是公司从专业的咨询服务机构处购买，或者公司利用自身的资源做薪酬调研。

常见薪酬调研的三大渠道

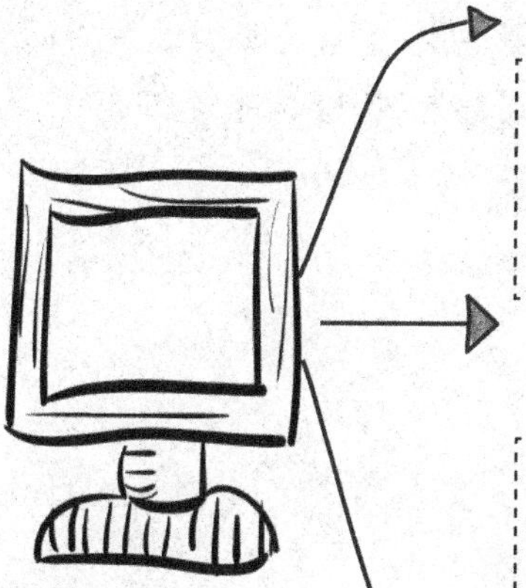

政府协会渠道

一般来说，国家的有关部门、地方各级劳动保障部门以及相关的统计部门会每年定期对全国或本地区各行业、各公司的劳动力市场的价格情况进行调研，并将结果免费公布在官方网站、论坛、报纸、杂志等各官方媒体上。

一些学术机构、论坛、杂志等也会公布一些薪酬调研结果。这些数据同样可以作为公司免费获取薪酬信息的有效渠道，具有一定的参考价值。

专业机构渠道

专业机构一般包括专业薪酬调研公司、咨询公司以及人才服务机构。专业薪酬调研公司一般运作得比较规范，数据来源方式和数据分析模型比较成熟。有的咨询公司和人才服务机构同样可以提供薪酬调研有偿服务。

公司在选择专业的薪酬调研机构时，需要注意了解该机构曾服务的公司数量和规模，并要求该机构提供典型案例和样本；了解该机构薪酬调研实施人员的知识水平、从业经历和薪酬调研项目经验。

公司自身渠道

公司通过自身渠道实施薪酬调研的优点是公司能够根据自身的实际需要更有目的性、针对性和灵活性地收集、调整和改进薪酬调研方式。但是公司采取这种薪酬调研方式需要大量的人力、物力和时间成本。

通过招募人才的环节获取薪酬信息就是一种利用公司自身渠道做薪酬调研的方式。除此之外，公司还可以通过论坛、座谈会、讲座等，提前与活动策划组织方联络，进行调研。

6.5 薪酬方案设计

公司在整个薪酬方案设计的过程中，应以薪酬战略为依据，以现代薪酬理念为指导，以机构和岗位优化为基础，着眼于薪酬制度的创新，立足于解决实际问题，系统设计，配套实施，形成分配激励机制，实现调动经营者和其他员工积极性、创造性的目标。

6.5.1 薪酬方案设计策略

要点介绍

薪酬方案的设计是一个系统的工程，整个方案制定的过程应从公司战略出发，从人力资源管理体系出发，从公司配套改革出发，从薪酬管理的整套系统出发，过程中要以工作分析为前提，以薪酬分配为主体，以绩效管理为依据，与公司的其他改革相配套。

薪酬方案设计考虑的五大要素

薪酬差距

由于公司文化、经营理念、业务特点等不同，公司中各个层级之间薪酬差距也不同，这同样是薪酬设计策略需要考虑的。

薪酬结构

薪酬结构可以采取的模式包括代表高激励性、低稳定性的弹性模式，代表高稳定性、低激励性的稳定模式，以及激励性和稳定性都居中的折中模式。

薪酬水平

薪酬水平可以采取的策略包括代表高薪酬水平的薪酬领袖策略，代表中等薪酬水平的市场追随策略，代表低薪酬水平的市场拖后策略，以及前几种策略混合使用的薪酬混合策略。

配套措施

薪酬方案和制度的有效实施，往往需要相关的配套措施的支持。公司在设计薪酬方案和薪酬制度时，要考虑到方案、制度推行时的复杂程度和难易程度。

薪酬模式

薪酬模式是公司决定采取的薪酬形式的组合，常见的有3种类型，统一的薪酬模式、多元的薪酬模式和复杂的薪酬模式。

小贴士

薪酬方案设计策略是一个复合体，是多个薪酬方案考虑因素中的一种或多种的多样性组合。考虑因素越全面，薪酬策略选择越准确，薪酬方案设计的实用性越强。具体的考虑因素和策略选择，需要视具体情况确定。

6.5.2 薪酬方案设计流程

要点介绍

薪酬方案设计是一个连贯的过程，要在了解公司的基本情况，掌握外部市场（主要竞争对手或基准公司）薪酬的基本情况，抓准当前公司的薪酬分配制度中存在的问题，把握员工的思想状况，分析利弊条件之后有序实施。

薪酬方案设计的 6 个阶段

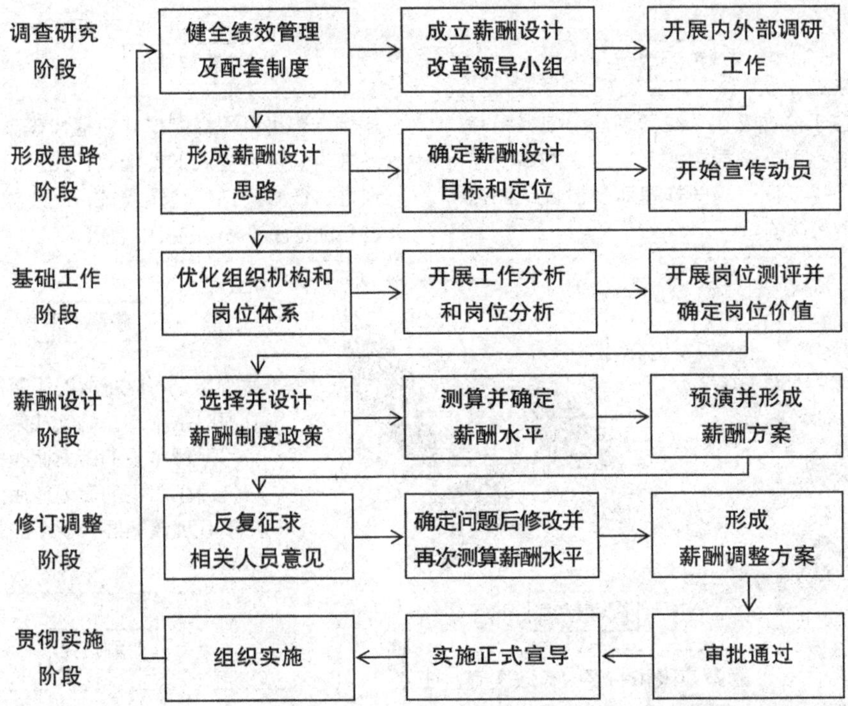

薪酬方案设计的 2 个注意事项

保留弹性

薪酬策略实施的过程中，为了留有一定的弹性，公司可以设置一个时间段为“过渡期”，在过渡期内试运行薪酬策略，广泛收集相关人员的意见，暴露出的问题经过讨论后，需要修改的可以及时调整。

不断发展

薪酬设计的流程应是一个可以在内部不断调整、能够自洽的动态闭环管理过程。如果最终的方案出现较大问题，可以反观和复盘整个过程，在下一轮的薪酬设计流程开始提前预警。

6.5.3 薪酬管理制度编制方法

要点介绍

薪酬管理制度是薪酬管理体系的制度化体现，是公司制定并实施薪酬设计方案后，为了最大化发挥薪酬管理的效果，而采取的各种方法、模式和工具的文书化、规范化、标准化文件的总称。

常见薪酬管理制度包含的内容

确定薪酬水平标准，通常需要先规定公司划分的岗位类别和岗位层级。根据不同的岗位类别和岗位层级确定相应的薪酬水平标准。

薪酬调整原则应规定薪酬调整的程序、标准和方法。包括薪酬多久调整一次；通过什么方式调整；什么情况下，员工薪酬将向上调整；什么情况下，员工薪酬将向下调整；什么情况下，员工将不参与调薪，等等。

薪酬保密原则应规定员工对于薪酬相关问题的保密程度以及接触薪酬的相关人员对于薪酬管理的保密程度。应规定哪些薪酬事项员工可以讨论，哪些薪酬事项员工不应该讨论。如果员工讨论了不该讨论的事项，应该承受什么处罚。

津贴福利标准应规定不同层级、不同类别、不同岗位的员工能够获得的津贴福利。津贴福利标准应规定公司范围内的全体员工可以获得的福利标准，以及不同岗位、类别和层级的员工能够获得的不同福利标准。

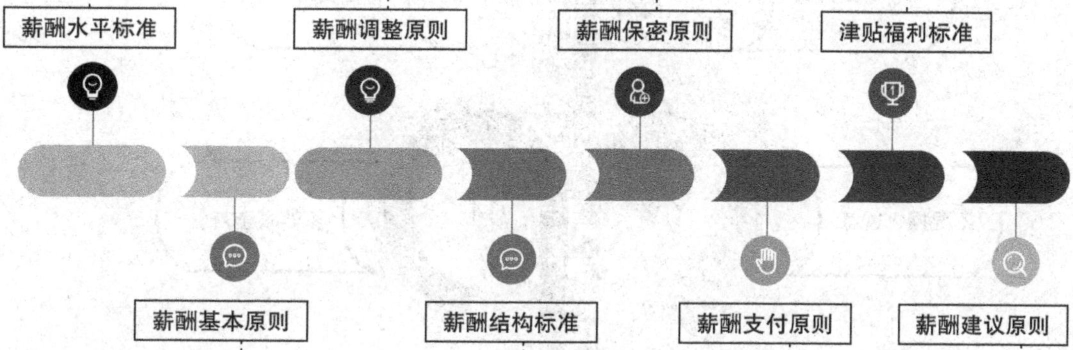

薪酬基本原则应规定薪酬管理制度的大方向和原则。包括公司提倡什么，不提倡什么；公司希望看到或将奖励哪种类型的态度、行为或绩效结果，不希望看到或将惩罚哪种类型的态度、行为或绩效结果。

薪酬结构标准应规定公司各岗位和各层级不同的薪酬结构构成。包括基本工资构成、岗位津贴构成、岗位福利构成、绩效奖金构成以及其他薪酬要素构成及各项之间所占的比例关系。

薪酬支付原则应规定薪酬支付的具体时间、方式、频率和额度等。薪酬支付后，公司应以何种方式告知员工其个人薪酬的发放结果及组成。

薪酬建议原则应规定员工如果对公司现行的薪酬管理制度有任何方面的意见或建议，应该通过什么渠道来传达。

6.5.4 薪酬方案设计注意

要点介绍

公司在设计薪酬方案和制定薪酬管理制度时，需要注意薪酬策略的选择、薪酬体系的设计、薪酬方案的实施等要素，以保证薪酬管理制度的有效性。

薪酬方案设计的注意事项

薪酬方案和薪酬管理制度必须紧密联系公司战略，这就要求公司在制定薪酬方案和制度时一定要明确自身的发展战略。明确了战略，薪酬方案和制度才能有针对性地规避或解决战略需要的、具体的问题。

薪酬方案和制度应体现薪酬的外部竞争性和内部公平性。公司应综合评估员工的不同需求，在充分考虑不同岗位和层级员工需求的基础上，制定有针对性的、能够尽可能满足员工不同类型需求的薪酬方案和制度。

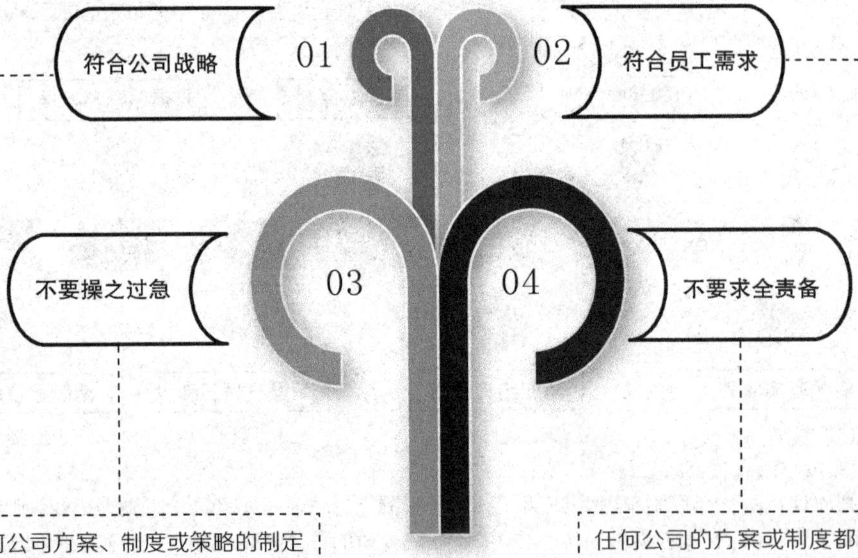

任何公司方案、制度或策略的制定过程都是一个不断探讨、调整和完善的过程。公司在制定薪酬方案和制度时，不要抱着一蹴而就的心态。若公司在方案和制度制定和实施的过程中遇到困难，不要强行推进，可以停下来审视问题，找到源头。

任何公司的方案或制度都不可能做到让公司中 100% 的人满意。薪酬方案或制度能够做到让公司中 80% 以上的人感到满意就已经比较成功了。这时，虽然公司还需要继续调整和完善方案或制度，但不必过分苛责，不必过分追求完美。

6.6 薪酬调整

随着公司战略的发展变化，一套薪酬管理体系不可能永远适应和满足公司的需要。这时候，公司就需要对自身的薪酬管理做出有针对性的调整，形成适应公司发展的薪酬管理策略。薪酬调整是公司保持管理的动态平衡、达到薪酬管理目标的重要手段，也是薪酬管理的日常工作之一。

6.6.1 薪酬调整方法

要点介绍

常见的公司集体行动的薪酬调整可以包括薪酬结构调整和薪酬水平调整两类。薪酬结构的调整通常伴随着公司薪酬体系的重新设计和薪酬管理的变化。薪酬水平调整的频率一般按照公司的具体情况确定，一般一年一次。薪酬调整之前，公司要做好薪酬外部水平和内部情况的充分调研。

常见 5 种薪酬调整方法

薪酬调整方法	含义	适用	优点	缺点
按绩效调整	按绩效调整薪酬的方法是根据员工的绩效水平来调整员工的薪酬水平。相同岗位、相同层级的员工，绩效水平越高，薪酬调整的额度或幅度就越大	看重绩效、强调竞争的公司或岗位，如销售业务类岗位、某些管理岗位	员工的绩效水平通常会得到有效激励	薪酬差距可能越来越大，绩效高者在薪酬增长到一定程度时反而可能变得懒惰
按能力调整	按能力调整薪酬的方法是根据员工的能力测评结果调整员工的薪酬水平。相同岗位、相同层级的员工，能力测评水平越高，薪酬调整的幅度或额度就越大	看重能力、强调能力水平和发展的公司或岗位，如某些技术类岗位、教育培训类岗位	员工的能力水平通常会得到有效激励	公司一味为员工的能力付费可能并不能直接体现在公司整体的绩效结果上
按态度调整	按态度调整薪酬的方法是通过360°评估或者上级对下级工作积极性和主动性的评价，来判断工作态度的优劣程度。相同岗位、相同层级的员工，态度测评的评分越高，薪酬调整的幅度或额度就越大	看重态度、强调工作积极性和主动性的公司或岗位，如对于新入职的员工	员工的工作态度通常会得到有效激励	过于主观，准确性较差，可能滋生“面子工程”
等比例调整	等比例调整是公司的全体员工在原工资基础上增长或降低同一百分比。如全体员工月薪增长10%。这种薪酬调整方法将使原本就工资高的员工的调整额度大于原本就工资低的员工	强调内部薪酬差距的公司或者薪酬管理水平相对较弱的公司	操作简单，对员工产生的激励效果相同	原本有差距的基本薪酬因比例的调整，差距越拉越大
等额度调整	等额度调整是不论员工原有工资水平高或低，一律按照相同的额度给予调整。如全体员工月薪增长500元。如果不想增加基本工资，也可以把增加的工资以岗位津贴或各类补贴的形式发放	解决物价上涨带来的工资购买力下降问题	操作简单，能够保留原有的薪酬差距	对公司员工产生的激励效果不同，高薪者的激励效果较弱，低薪者的激励效果较强

6.6.2 年度调薪步骤

要点介绍

很多公司有以年度为时间单位集中调薪的习惯，年度调薪应当遵循一定的步骤。

年度调薪的 8 个步骤

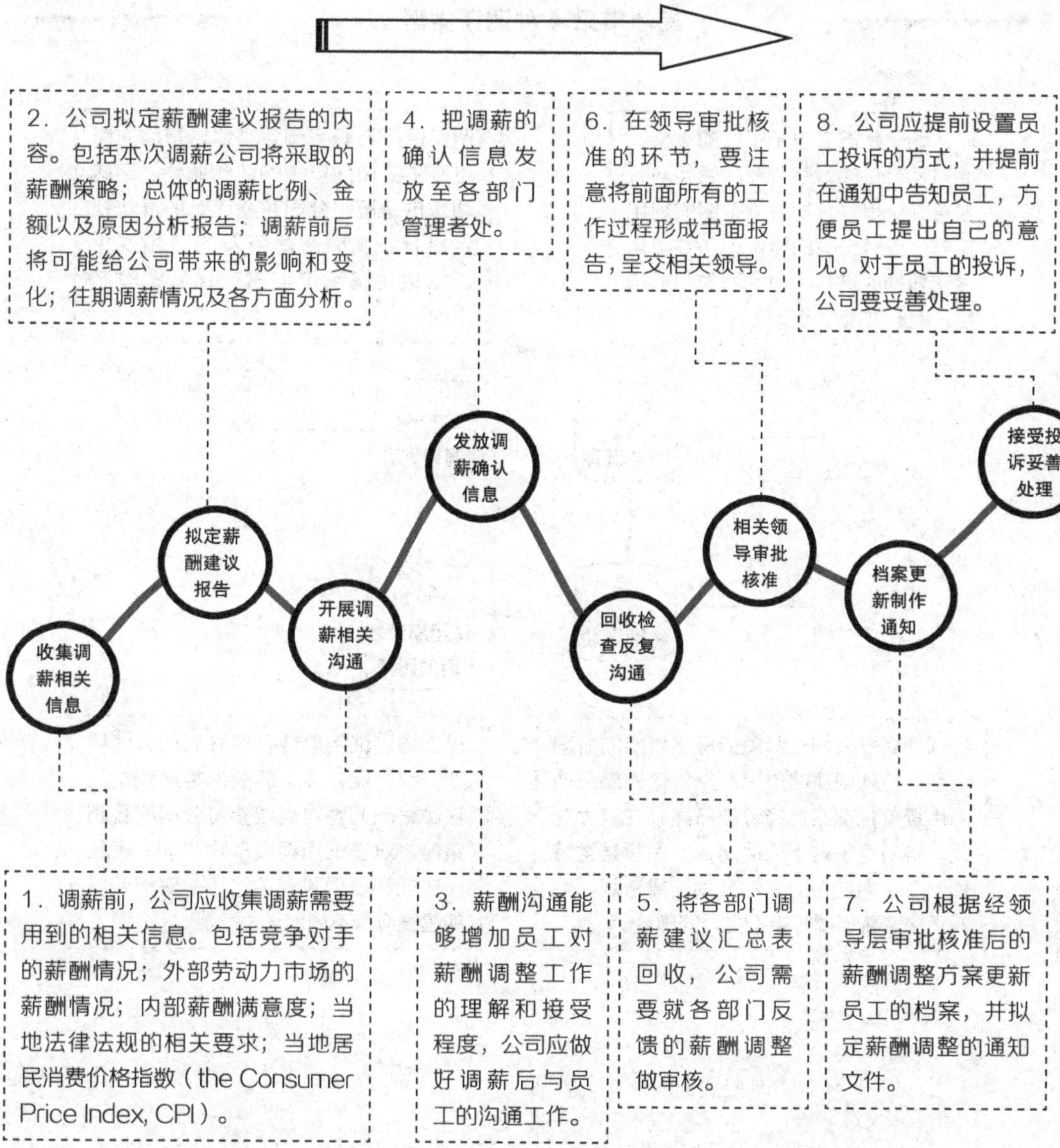

6.6.3 其他调薪类型

要点介绍

除了年度调薪之外，其他常见的调薪类型有 4 种，分别是职务调薪、调岗调薪、特别调薪和试用期满之后的调薪。

其他常见 4 种调薪类型

职务调薪是员工由于职务的调整，而对应产生的薪酬调整。职务调薪通常都是根据公司薪酬策略的规定执行。职务调薪的操作不需要与年度调薪同时进行，而是随着职务调整，随时做出薪酬调整。

调岗调薪与职务调薪类似，是因为岗位发生变化而发生的薪酬调整。调岗调薪也是按照公司薪酬策略的具体规定执行。调岗调薪引发的薪酬变化通常也是在岗位发生变化后即时产生的。

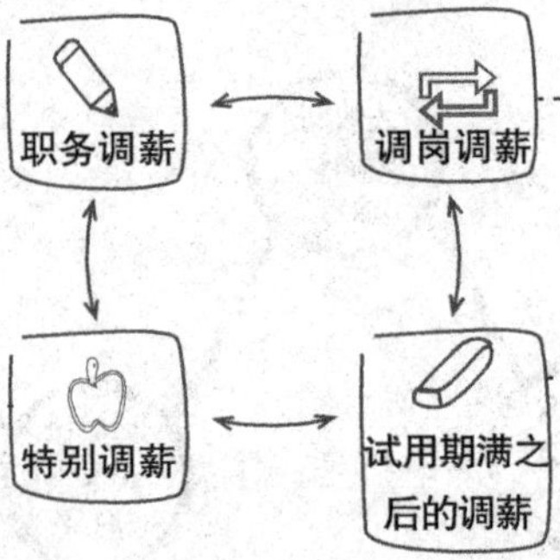

特别调薪是公司在紧急情况下做出的薪酬调整。特别调薪的原因通常包括外部劳动力市场变化使某类岗位的薪酬发生较大变化；针对竞争对手的战略；为保留某类特别员工；为符合当地的某项法律法规；为修正之前薪酬调整中不合理的部分。

员工通过试用期或者晋升后通过考核期，都可能会伴有薪酬的相应调整。这类薪酬调整也需要参考公司的薪酬策略。对于试用期表现优秀的、表现一般的和表现较差的员工，薪酬调整的幅度应是不同的。

疑难问题 如何区分福利和津贴

要点介绍

常有公司把员工福利和岗位津贴混为一谈。实际上，这两者之间的含义和形式有着本质上的不同。

福利和津贴的 3 种不同

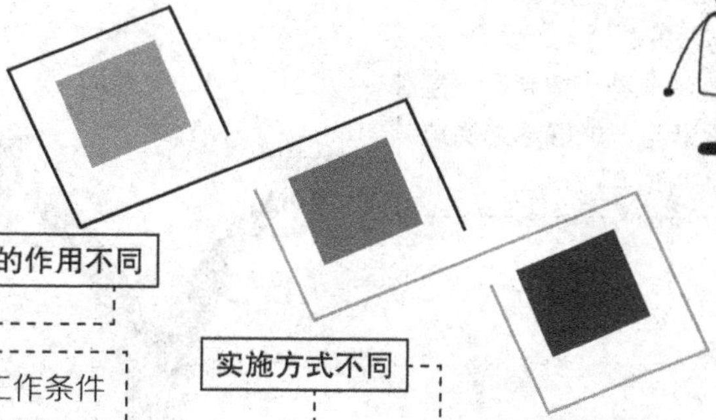

目的作用不同

福利是组织对员工的一种照顾和激励，福利提供了除基本工资、岗位津贴、绩效工资、提成奖金之外的待遇，是一种对员工的间接回报。

津贴是组织补偿员工在某种工作环境、工作条件下的身体、物质或生活费用的消耗而额外增加的一种现金工资的补充形式。

实施方式不同

津贴通常是以现金形式发放，发放的规则具有一定的固定性，而且最终必然体现在财务成本中。例如，薪酬专员每月将津贴加总在工资中，随工资一起发放。

福利除了现金形式之外，更多是以非现金的形式出现的，具有一定的灵活性。福利并不一定体现在财务成本中。例如，公司为员工提供的弹性工作时间、弹性工作地点，并不直接体现在公司的财务成本上，相反还很可能会提高公司的工作效率。

法律意义不同

津贴和福利在计算最低工资时的法律意义有所不同。根据一些国家法律或地方法规的规定，有一些津贴和福利不得计入最低工资标准中，除规定之外的津贴可以计入最低工资标准，福利的金钱部分可以计入最低工资标准，福利的非金钱部分不得计入最低工资标准。

疑难问题 如何区分绩效工资和奖金

要点介绍

许多公司搞不清楚绩效工资、提成奖金和年终奖金之间的差别。有公司认为，绩效就是奖金，奖金也是绩效，二者之间似乎没什么差别。这种观点是不正确的，绩效工资与提成奖金或年终奖金之间有着本质的区别。

绩效工资和奖金的区别

绩效工资存在的目的是在日常运营中约束和规范员工的行为，让员工达成公司希望看到的结果。
它就像是一种“押金”，是员工承诺自己能够达成岗位绩效的“质押”。

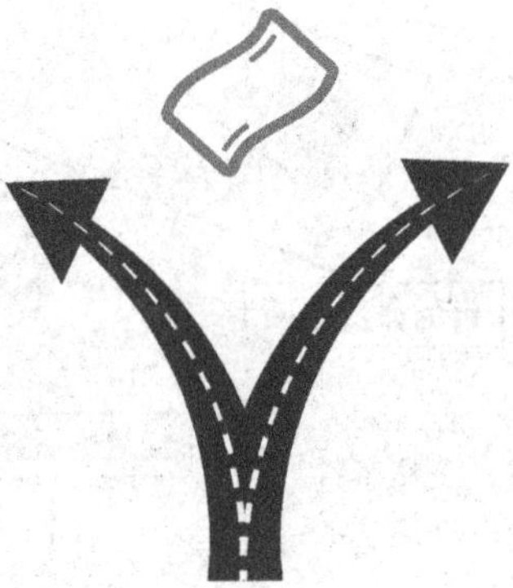

奖金存在的目的是对员工的奖励，是公司基于业绩，为了鼓励员工，同时为了激励员工为公司创造更好的业绩，给予员工的金钱奖励。

区别	绩效工资	奖金
常规性	绩效工资通常是薪酬的常规项目	奖金通常是非常规项目
挂钩项目	主要与个人的绩效结果挂钩，绩效工资的高低主要受个人绩效表现的影响	主要与公司业绩结果挂钩，奖金的高低主要受公司业绩表现的影响
存在性	在设置了绩效工资的公司内，绩效工资的发放通常不是“有没有”的问题，而是“多与少”的问题	奖金不仅仅是“多与少”的问题，还存在“有没有”的问题。当公司或者个人业绩达不到发放奖金的条件时，奖金也有可能不发
权重比例	有些公司的绩效工资是从固定工资中分出去的一部分，所以与分出后的固定工资之间存在一定的比例关系。例如，有的公司将绩效工资的比例设置为固定工资的20%	奖金因为是额外增加的奖励性薪酬，其金额不需要与其他的薪酬项目做比较，通常也不会有比例的限制。例如，许多公司的奖金都采取开放式，上不封顶

疑难问题 如何设计计件工资单价

要点介绍

根据《中华人民共和国劳动法》（2018 年修正）的规定，对实行计件工作的劳动者，用人单位应当根据标准工时制度合理确定其劳动定额和计件报酬标准。用人单位在制定劳动报酬相关的事项时，应当经职工代表大会或者全体职工讨论，提出方案和意见，与工会或者职工代表平等协商确定。

个人计件单价计算

个人计件单价的计算公式如下。

（1）计件单价 = 同类产品单位时间工资标准 ÷ 单位时间的产量定额。

（2）计件单价 = 同类产品单位时间工资标准 × 单位产品的工时定额。

【案例】

某车间生产某类产品，原本实行标准工时制。工人的日工资为 240 元，平均每日工作 8 小时。经过劳动定额测算，正常工人平均每小时能生产 10 件合格产品。计算个人计件单价的方式有如下两种。

（1）计件单价 =（240÷8）÷10=3（元 / 件）。

（2）计件单价 =（240÷8）×（1÷10）=3（元 / 件）。

团队计件单价计算

团队计件单价的计算公式如下。

（1）团队计件单价 = 定员内全体人员单位时间的工资标准之和 ÷ 单位时间的产量定额。

（2）团队计件单价 = 定员内全体人员单位时间的工资标准之和 × 单位产品的工时定额。

【案例】

某班组生产的某类产品需要由 4 名工人分工艺共同完成，原本实行标准工时制。4 名工人的日工资如下表。

姓名	日公司标准（元 / 天）
张三	320
李四	280
王五	260
赵六	240

经过劳动定额测算，该班组平均每天能够生产 50 件合格产品。

团队计件单价的方式有如下两种。

（1）团队计件单价 =（320+280+260+240）÷50=22（元 / 件）。

（2）团队计件单价 =（320+280+260+240）×（1÷50）=22（元 / 件）。

疑难问题 调薪时如何与员工沟通

要点介绍

公司和员工进行薪酬沟通时，应一视同仁，语气、措辞都要斟酌。对无负面情绪的员工，应本着激励的原则；对有负面情绪的员工，应本着安抚的原则。薪酬沟通的原则，应兼顾透明和保密。薪酬管理上应该透明的部分，公司应想尽一切办法告知员工；应该保密的部分，即使员工通过各种方式打听和询问，公司也应保持应有的态度。

薪酬管理中应透明的 3 点

薪酬管理理念

公司应让员工清楚公司的薪酬理念是怎样的，公司对不同绩效、不同能力的员工会采取怎样的薪酬策略。

薪酬管理制度

公司应让员工明确公司对薪酬组成要素的规定，明确员工自身的薪酬都由哪些要素组成，每个要素的金额和比例分别是多少。

影响薪酬因素

公司应告知员工影响个人薪酬的因素都有哪些，公司统一的薪酬变化是怎样的，员工在什么样的情况下或者达到什么水平时将会有薪酬的增长。

需要探讨是否该保密或透明的事项

公司整体的调薪幅度。

不同部门的调薪幅度。

整体的薪酬调整预算。

公司薪酬水平在劳动力市场的位置。

小贴士

无论是公司还是各级管理者，都不要向任何员工谈起其他员工的调薪幅度。这种“透明”往往不但不会产生激励，反而会激发矛盾。公司要协助各部门管理者建立和员工沟通薪酬的技巧和能力，要告知各部门管理者就薪酬相关问题，哪些话该说，哪些话不该说。

第 7 章

人才绩效与评价管理

人才绩效与评价管理能够促成公司、管理者与员工的三赢。在人才绩效与评价管理的过程中，管理者和员工就目标是什么及如何实现目标而达成共识，并且通过讨论和辅导的方式，员工能成功地实现目标。在管理者和员工的这种相互作用下，人才绩效与评价管理与公司战略目标交互作用，最终实现公司的战略目标。

7.1 绩效管理与公司经营

绩效管理在人力资源管理中处于核心地位。绩效管理通过对公司战略的传承和目标的分解，对人力资源规划的支持，与招聘管理、培训管理、薪酬管理、员工关系的交互作用，实现公司的经营战略和发展目标。

7.1.1 公司经营与价值创造

要点介绍

绩效管理能够帮助公司梳理创造价值的过程，帮助公司清晰地认识到价值创造的整个链条过程，找到其中的关键价值点，并充分发挥其价值。

公司经营创造价值的过程

在价值创造的环节，岗位管理中的岗位分析、能力管理中的人才胜任模型以及员工的能力培养和开发起到了关键作用。在这个环节中，公司应当为公司的价值创造提供员工的“能力要素”，公司要想方设法培养员工的能力。

在价值评价的环节，绩效管理的全模块起到了关键作用。在这个环节中，管理者和公司应对员工工作的过程和结果进行评估，在过程中给予员工充分的辅助，帮助员工实现绩效目标，并最终评价员工的绩效情况。

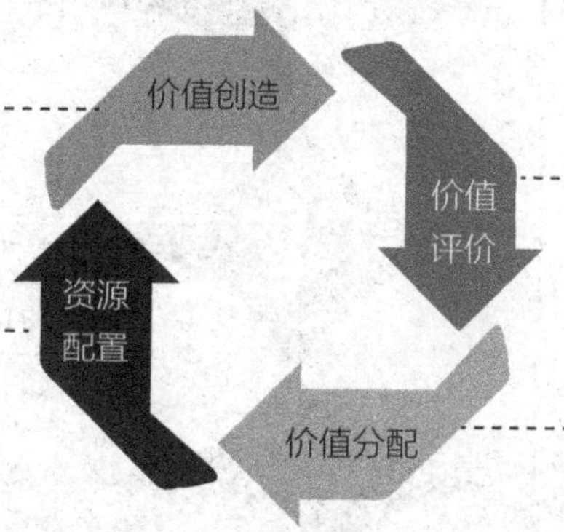

在资源配置的环节中，公司应根据公司的战略制定人力资源规划，并合理配置人力资源在公司中的比例。招聘管理和人才调配等人力资源管理工作在这个环节中为资源配置创造了源泉。

在价值分配的环节，薪酬管理和绩效管理共同发挥着关键作用。在这个环节中，公司将根据管理者和员工价值创造的情况、价值评价的结果，采取一定的分配形式，运用公司的权利，进行经济利益的分配。

7.1.2 影响绩效的关键因素

要点介绍

绩效大师托马斯·吉尔伯特（Thomas F. Gilbert）曾研究影响组织绩效水平的因素。他在调研了300多个组织以后，形成了一系列的调研报告和著作。其中，在*Human Competence: Engineering Worthy Performance*（《人的能力：绩效价值工程》）一书中，吉尔伯特提出了非常有价值的行为工程模型工具。

吉尔伯特行为工程模型

环境因素	分类	信息	资源	奖励 / 后续结果
	影响	35%	26%	14%
个体因素	分类	知识 / 技能	素质	动机
	影响	11%	8%	6%

“信息”的含义是公司内部信息，包括明确清晰的工作行为标准和目标、与此相对应的明确及时的工作反馈，以及能及时获取所需信息的畅通渠道。

“知识 / 技能”的含义是能够通过各种职业技能培训让员工获取到的，能够胜任本职工作的知识和技能。这是培训能够起作用的关键领域。

“动机”包括员工在某方面的价值认知、员工把工作做好的信心、员工的情绪偏向，以及员工的其他能够被环境、文化、氛围等因素引发的主观情绪和能动性的变化。

“资源”的含义是员工能获取到的资源情况，包括工具、系统、适当的流程、易于查阅的参考手册、充足的时间、专家或专家体系，以及充足的、安全的附属设施。

“奖励 / 后续结果”可以分为经济性和非经济性的奖励或结果，包括有形的奖励和无形的奖励，如对员工的认可、员工可以获得的晋升或处罚。它不仅是针对某个人的，还是针对整个公司中所有人的。

“素质”包括员工的个人特点、性格特质、行为偏向、生理特质、心理或情绪特质，以及因为生活状况、生活方式、生活环境等因素造成的个人认知和习惯上的局限性。

小贴士

通过吉尔伯特行为工程模型可以得出一个结论——对公司绩效影响最大的，其实是环境因素。但很多公司最经常、最习惯做的事是为了改善公司和员工的绩效，坚持不懈地想办法诊断和改变员工，以为一切的问题只是员工的问题，持续不断地给员工培训。实际上，改变环境往往对公司来说成本更低，效果也更好。

7.2 绩效管理常见工具

绩效管理的工具多种多样，比较常见的有目标管理方法（MBO）、关键过程领域（KPA）、关键结果领域（KRA）、关键绩效指标（KPI）、目标与关键成果法（OKR）、平衡计分卡（BSC）、关键成功要素（KSF）和360度评估等方法。这些方法本身没有好坏之分，处在不同管理阶段的公司应根据自身的经营管理状况，选择最适合自身发展阶段的方法。

7.2.1 目标管理方法（MBO）

要点介绍

目标管理方法（Management by Objective，MBO）最早由管理学家彼得·德鲁克（Peter F. Drucker）提出。彼得·德鲁克指出，并不是因为有工作才有目标，而应是因为有目标才有了工作岗位。管理者应该通过目标管理下级，当组织目标确定后，各级管理者必须将其有效分解，转变成每个部门和岗位的子目标。组织中的各级管理者根据部门和岗位子目标的完成情况对下级实施评价、考核和奖惩。

MBO 的四大特点

具备明确的目标

目标要具备 SMART 原则，即目标必须是具体的（Specific）、可以衡量的（Measurable）、可以达到的（Attainable）、与其他目标具有一定的相关性的（Relevant）、有明确截止期限的（Time-bound）。

各层级参与决策

MBO 强调让下级参与到目标的制定过程中来，通过上下级协商的方式，让上级和下级共同制定组织整体、业务单位、经营单位、部门直至个人等各层级的目标。

规定出具体时限

根据SMART 原则，MBO 中的每项目标都有时效性的要求。一般情况下，越靠近组织层面的目标，目标设置的时间越长；越靠近个人层面的目标，目标设置的时间越短。

反馈目标的结果

MBO 强调员工的上级领导和员工一起定期检查、评估目标的完成情况，并持续将结果反馈给员工。在整个过程中，上级领导要持续地引导员工自己评价预先设定好的目标，鼓励员工自我发展，激发员工的内升动力。

7.2.2 关键过程领域（KPA）

要点介绍

关键过程领域（Key Process Area，KPA）指的是组织为了达到某个目标或达到某种结果，需要解决具体的、关键的问题。当某一任务目标短时间内难以实现量化时，组织可以将完成它必须经历的关键过程分解为具体的行为或动作，形成多个完成行为或动作后的小目标。组织通过对这些小目标的完成情况进行评估，达到考核管理的结果。

KPA 的六大内容框架

目标（Goals）一般 3 ~ 5 个

最佳实践（Best Practice）一般 5 ~ 15 个

执行能力（Ability to Perform）一般 2 ~ 4 个

执行验证（Verifying Implementation）一般 2 ~ 4 个

执行任务（Commitment to Perform）一般 1 ~ 2 个

衡量与分析（Measurement and Analysis）一般 2 ~ 4 个

小贴士

一些难以将考核指标量化的部门（如行政办公室）可以通过 KPA 工具实施考核。KPA 也是做短期计划的常用工具（如日计划或周计划）。梳理 KPA 的过程，不仅是大目标在过程层面的分解过程，也是更加聚焦和明确实现目标需要具备何种能力的过程。

7.2.3 关键结果领域（KRA）

要点介绍

关键结果领域（Key Result Area，KRA）指的是组织为了实现战略目标、使命和愿景，必须要实现的、最不可替代的、最关键的、最核心的、达到组织期望的结果。这些结果对组织的未来发展起着至关重要的作用。

KRA 的四大关键分析点

时间，如项目截止日期、生产截止日期、交货日期等。

数量，如产量、库存、销售收入、实现的利润等。

成本，如产品成本、管理成本、销售成本、服务成本等。

质量，如产品质量要求、顾客满意度、员工满意度等。

选择 KRA 的三大原则

描述结果，而不是描述过程、程序、工具。

描述产出，而不是描述投入、付出、努力。

描述目的，而不是描述手段、方法、行为。

KRA 案例

一位木匠准备为一位定制家具的客户做一套家具，其 KRA 错误和正确的描述如下。

错误的描述	正确的描述
买材料 画图纸 锯木板 钉钉子 组装	完成 2 张床、8 把椅子、1 张桌子、3 个柜子 必须在 10 天内完成 购买材料的成本不能超过 5 000 元 保证质量达到公司产品的出厂要求 保证客户验收产品时满意

与错误的描述相比，正确的描述不是聚焦在过程、行为、投入、活动或程序的层面，而是梳理了要取得最终任务的成功（产品交付且客户满意）必须要完成的关键结果。当这些关键结果全部完成时，最终的任务目标也能实现。

7.2.4 关键绩效指标（KPI）

要点介绍

关键绩效指标（Key Performance Indicator，KPI）指的是公司通过对内部流程的输入和输出的关键参数进行设置、取样、计算、分析，以衡量绩效的目标式来量化管理指标，是组织实现战略目标需要的关键成功要素的归纳和提取，是公司中最常被用来衡量不同部门或岗位人员绩效表现的量化指标。

实施KPI这一绩效管理工具，有助于根据公司战略目标和发展计划来制定部门和个人的业绩指标，将部门和个人的目标与公司的目标联系起来。KPI是绩效评价的依据，通过对KPI的实时监测，能够及时发现部门或个人存在的问题，并通过反馈机制，促使部门或个人及时改进，引导公司向期望的目标发展。

KPI 的优点

考核目标明确，有利于公司战略的实现。通过对公司战略的层层分解，通过对KPI的整合和控制，员工的绩效行为会与公司要求的行为吻合。

关注客户价值，有利于公司形成市场导向的经营理念。

有利于把公司利益和个人利益绑定在一起，员工实现个人目标的同时也可以实现公司目标。

KPI 的缺点

KPI比较难界定。界定KPI需要公司自身具备一定的管理基础和管理能力。

KPI更多是量化指标，这些量化指标有时在理论上能帮助员工更好地完成自己的工作职责，但最终却不一定会对公司的绩效产生积极影响。

KPI容易让考核者陷入一种机械、死板的考核方式，过分强调指标是否达成，而不考虑一些环境因素、弹性因素以及主观因素，容易让考核产生争议。

KPI并不适合所有的岗位。

7.2.5 目标与关键成果法（OKR）

要点介绍

目标与关键成果法（Objectives and Key Results，OKR）的最早提出者是英特尔公司前CEO 安迪·格罗夫（Andy S.Grove）。在 1976 年左右，英特尔公司面临着从存储器业务到处理器业务的转型，安迪·格罗夫为了让全员都明确工作的重心，提出高产出管理（High Output Management，HOM），并开始在公司内推行 OKR。

OKR 的 2 大典型特点

让每个岗位都能明确工作的重心，而不是设置大量的 KPI。

实现对公司全员的公开透明，以免某岗位人员因原本岗位职责或工作惯性所限而偏离方向。

OKR 与 KPI 的 4 个不同

OKR 60%的目标最初源于底层员工，因为底层员工与客户的接触更紧密，对工作的要求更实际，而 KPI 更多是自上而下目标分解的过程。

对于目标与关键成果法，每个团队或个人最多设置 5 个目标，每个目标一般包含 4 个关键结果，而 KPI 一般是每个部门或岗位设置 5 ~ 8 个。

OKR 剥离了员工直接利益因素，它的结果不直接用于考核。OKR 系统将组织的工作重心由“考核”回归到了“管理”，这与传统的 KPI 考核已大不相同。

公开透明，每个人的 OKR 在全公司都是公开透明的，通过这种公开透明，让员工的思维跟上公司的目标和团队的目标，而 KPI 很少公开。

7.2.6 平衡计分卡（BSC）

要点介绍

平衡计分卡（Balanced Score Card，BSC）是由美国哈佛商学院的教授罗伯特·卡普兰（Robert S. Kaplan）和诺兰诺顿研究所所长、美国复兴全球战略集团创始人兼总裁戴维·诺顿（David P. Norton）共同创建的。

平衡计分卡的核心思想是通过财务（Financial）、客户（Customers）、内部经营过程（Internal Business Progress）、学习与成长（Learning and Growth）4 个维度的指标之间相互驱动的因果关系（cause-and-effect links），展现出组织的战略轨迹，实现从“绩效考核”到“绩效改进”、从“战略实施”到“战略修正”的目标。

BSC 示意

客户细分

- 谁是我们的客户
- 我们的价值定位
- 我们如何知道客户是否满意
- 市场份额
- 客户获得、保留、满意
- 带来最大利润的客户

重要经营绩效

- 战略期望的财务结果
- 收入增长及其组合
- 成本降低、生产率提高
- 资产利用和投资战略

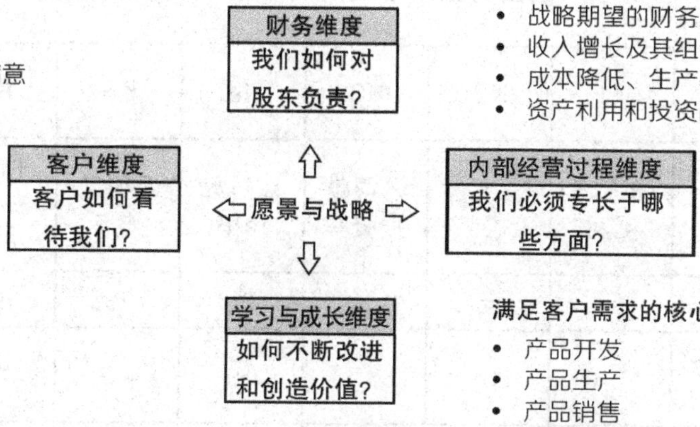

必须具备的能力与条件

- 领导力、核心胜任能力
- 知识资产
- 信息与技术
- 工作环境、企业文化

满足客户需求的核心流程

- 产品开发
- 产品生产
- 产品销售
- 售后服务

BSC 中的 8 个平衡

既关注战略，又考虑实际经营管理，是战略落地和公司经营管理之间的平衡。

既有前馈指导，又有后馈控制，是结果与达成结果需要的动因或过程之间的平衡。

既有财务指标考核，又有非财务指标考核，是财务与非财务之间的平衡。

既考虑短期增长，又考虑长期发展，是短期价值与长期价值之间的平衡。

既有定量的指标，又有定性的指标，是定量与定性之间的平衡。

既考虑组织的利益，又考虑利益相关者的利益，是组织与各利益相关者之间的平衡。

既有主观的评价，又有客观的评价，是主观与客观之间的平衡。

既关注外部衡量，又关注内部衡量，是内部衡量与外部衡量之间的平衡。

7.2.7 关键成功要素（KSF）

要点介绍

关键成功要素（Key Success Factors，KSF），也可以叫作薪酬全绩效模式，是一种管理员工价值的工具。这种方法是把员工的薪酬和公司想要的绩效进行全面的融合，寻找两者之间的平衡点，让员工和公司之间形成利益共同体，实现共创和共赢。关键成功要素不仅仅着眼于绩效的优化，更致力于同步提升员工的收入，激发员工的士气和创造力。

关键成功要素一方面着眼于改善公司的绩效，另一方面致力于提高员工的收入。员工的外源动力到内源动力的开发，可以增强员工的利益驱动。强调让员工为自己工作，为了公司和员工共同的目标而工作。所以，关键成功要素既是绩效优化的方案，也是员工薪酬改革的方案。当每个员工都拿到高薪时，公司的业绩也必然超额完成。

某公司生产经理岗位 KSF 月度计算量表案例

考核指标	K1	K2	K3	K4	K5	K6	K7	K8
薪酬激励	总工艺毛利	生产工艺总产值	公司总报废率	部门费用率	及时交货率	生产工艺小时产值	员工主动流失人数	培训
单位	元	元	%	%	%	元	人	小时
月薪权重（%）	25	15	10	10	20	10	5	5
金额	1 250	750	500	500	1 000	500	250	250
平衡点	40 万	430 万	8%	3.5%	96%	40.5	0.2	2
奖励制度	每多1万	每多3万	每降低0.05%	每降低0.02%	每上升0.05%	每多0.1元	每月0人流失	多培训不奖励
奖励尺度（元）	31	5	2.5	2.3	2	1.2	50	
少发制度	每少1万	每少3万	每上升0.05%	每上升0.02%	每降低0.05%	每少0.1元	每流失1人	每少1小时
少发尺度（元）	25	4	2	2.3	2	1	250	125

7.2.8 360 度评估

要点介绍

360 度评估（360° Feedback）最早是由英特尔公司提出并实施的。它是根据员工的直接上级、直接下级、客户、供应商、同事以及员工本人全方位对自己的绩效进行评估。被评估者不仅可以获得来自各方的反馈，也可以从不同角度的反馈中更清醒地认识自己的优势与劣势。

360 度评估中被评估者与各方的关系

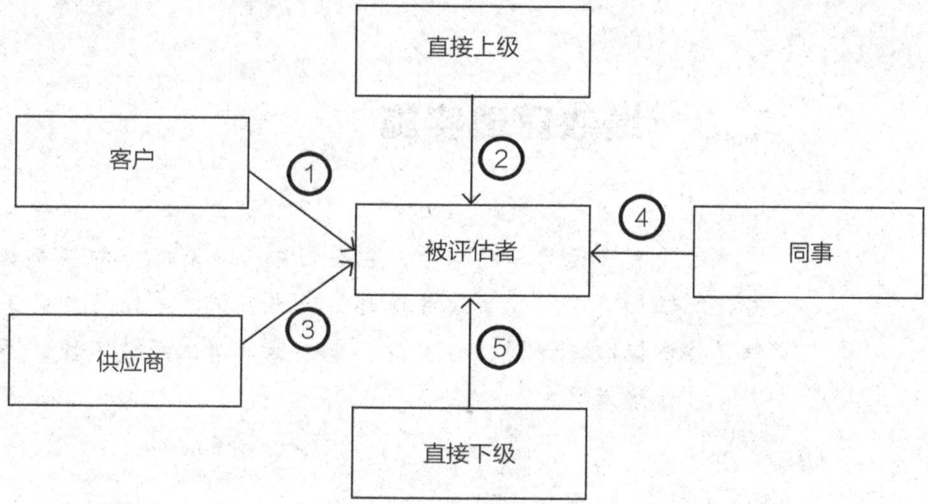

在 360 度评估中，不同关系间设置的权重比例一般为①＞②＞③＞④＞⑤。例如，可以分别设置为 30%、25%、20%、15%、10%。

360 度评估的优缺点

优点

1. 避免了只有上级评估下级可能出现的绩效评判错误。
2. 从多个角度评估员工绩效结果，相对来说更加准确。
3. 更强调对内外部客户的服务，提升组织的运行效率。
4. 能够实现对员工的态度、能力、素质更全面的评估。

缺点

1. 实施起来较复杂，花费时间较长，评估的成本较高。
2. 容易被某些员工利用而成为处理私人恩怨的方法。
3. 因全员参与，对评估标准、打分规则进行培训的难度较大。
4. 若培训或管理不善，打分和最终结果容易流于形式。

7.3 绩效管理实施

绩效管理因为其特殊性，在公司中关联着各方的切身利益。所以公司在实施绩效管理时，应当特别注意做好相关工作。公司应当有计划、有准备、有节奏地实施绩效管理，不要盲目地随意实施。

7.3.1 绩效管理推进程序

要点介绍

绩效管理小组实施绩效管理推进工作时，可以按照从上到下，从宏观到微观，从公司到岗位的顺序实施。

推进绩效管理的 5 步

1. 前期宣传引起重视

绩效管理小组应当组织召开绩效管理的启动会，有条件的公司应当召集公司全员参与绩效管理的启动会。在启动会上，公司总经理应说明推动绩效管理的决心，以及绩效管理的实施计划。

2. 编制公司绩效计划

编制公司绩效计划时，首先需要进行战略研讨。战略研讨可以通过高层访谈、召开战略研讨会的形式进行，过程中应与公司的决策层充分讨论公司的发展战略。

3. 编制部门绩效计划

绩效管理小组分析各部门的职能和关键业务流程，分别访谈相关部门的中层管理者，了解他们的工作目标、工作职责和工作内容。绩效管理小组根据公司层面的绩效指标，将指标分解到中层管理者。

4. 编制岗位绩效计划

由于公司岗位较多，在编制岗位绩效计划时，绩效管理小组可以形成少数典型岗位的样例，然后通过该样例在公司内进行推广。

5. 完善绩效管理流程和制度

绩效管理小组与人力资源部共同编制绩效管理流程和绩效管理制度，设计绩效管理的流程文件，形成绩效管理的制度框架和文件汇编。

小贴士

在开展绩效管理推进程序时，绩效管理小组可以形成一份绩效管理前期推进工作的计划表。计划表中至少应当包括工作活动的具体内容、相关责任人、时间进度安排和产出成果。

7.3.2 绩效管理工具选择

要点介绍

绩效管理工具非常多，公司在选择适合自己的绩效管理工具时，要考虑多种因素。不同行业、不同发展阶段、不同公司，可以采用的绩效管理工具和构建出来的绩效管理体系可能完全不同。

处于不同阶段的公司适合的绩效管理工具

在公司的初创期，内部制度和流程不完善，一般管理会比较粗放。这个阶段的管理以人治为主，公司的战略通常只有大方向，并不明确具体。

在公司的成长期，公司规模开始迅速扩张，公司的经营目标逐渐明确，逐渐形成清晰的战略。此时需要公司自上而下协同努力，共同实现战略。

在公司的成熟期，公司的业务已经比较成熟，外部的市场相对稳定，内部各岗位的工作也相对平稳。

在公司的衰退期，公司的某些业务开始出现萎缩。公司进入产品的调整、技术的创新、资源的整合阶段，为下一轮的成长做准备。

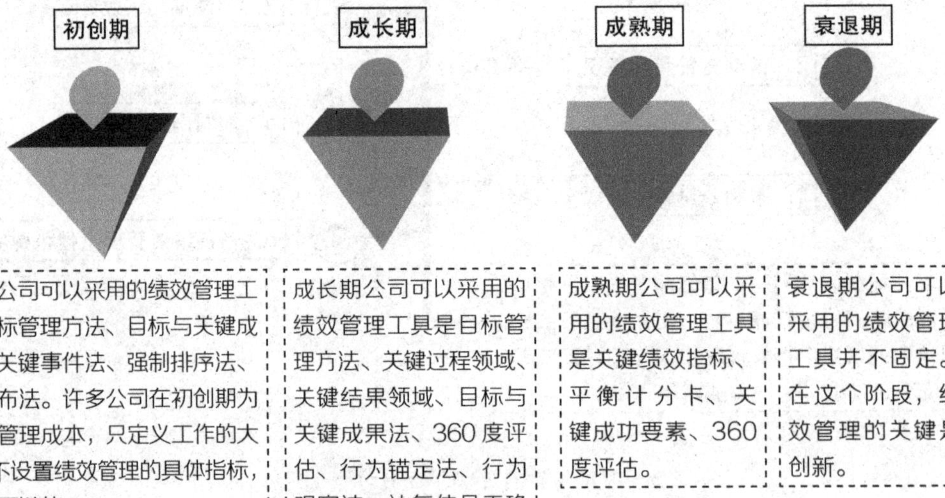

初创期公司可以采用的绩效管理工具是目标管理方法、目标与关键成果法、关键事件法、强制排序法、强制分布法。许多公司在初创期为了减少管理成本，只定义工作的大方向，不设置绩效管理的具体指标，这也是可以的。

成长期公司可以采用的绩效管理工具是目标管理方法、关键过程领域、关键结果领域、目标与关键成果法、360 度评估、行为锚定法、行为观察法，让每位员工确定自己的绩效目标并付诸行动。

成熟期公司可以采用的绩效管理工具是关键绩效指标、平衡计分卡、关键成功要素、360 度评估。

衰退期公司可以采用的绩效管理工具并不固定。在这个阶段，绩效管理的关键是创新。

小贴士

所有的绩效管理工具都具有各自的优缺点，不是每一种绩效管理方法都适用于每一个公司，也不是引入了某一种绩效管理工具就可以代替公司的正常管理，公司应当根据自身的实际情况选择适合的绩效管理方法和工具，这样才能达到绩效管理的目的，提高公司的绩效水平。

7.3.3 绩效管理周期确定

要点介绍

在实施绩效管理之前，公司应当确定实施绩效管理的周期。一般来说，绩效管理的周期应当根据岗位的职级和属性的不同而有所不同。对于管理岗位，根据职责权限不同和管理属性不同：一般越往高层，绩效管理的周期可以越长；越接近基层，绩效管理的周期应当越短。按照工作属性划分，岗位类别一般可以分为技术研发类、销售业务类、行政管理类、生产操作类、客户服务类 5 类岗位。岗位属性不同，绩效周期也有所不同。

岗位职级与绩效周期的关系参考

管理岗位类别	绩效周期特点	一般可采取的绩效周期
高层管理者	长	年度、半年度
中层管理者	中	半年度、季度、月度
基层管理者	短	季度、月度、周度

岗位类别与绩效周期的关系参考

岗位类别	工作属性	绩效周期特点	一般可采取的绩效周期
技术研发类	绩效周期与产品的研发周期相关，对于较长研发周期的产品，一般绩效周期较长	长	项目周期、项目阶段性周期、季度、半年度、年度
销售业务类	需要激励的即时性，绩效管理周期不能太长，但是由于销售业务类岗位通常会有回款问题，通常这类岗位的绩效周期也不能太长	中	月度、季度、半年度
行政管理类	由于绩效管理过程往往付出的成本较高，如果绩效周期设置得较短，则可能需要付出的管理成本较高。如果绩效周期设置得较长，则可能起不到管理的效果	中	月度、季度
生产操作类	因为每天都要从事生产劳动，生产劳动的结果能够得到即时的体现	短	天、周度、月度
客户服务类	因为几乎每天都要和客户打交道，客户服务的结果往往能够得到即时的体现，尤其是对于客诉处理的客服岗位，更是应当尽快处理，分秒必争	短	天、周度、月度

7.3.4 绩效管理培训

要点介绍

为了减少绩效管理的培训次数，对公司全体员工进行绩效管理的培训可以分成两大类，一类是对中高层管理者的培训，另一类是对基层员工的培训。

对中高层管理者绩效管理培训重点内容

绩效管理的意识

绩效管理是让公司和员工双赢的工具，如果不能让中高层管理者真正明白绩效管理的好处，他们便不会真心支持绩效管理。

绩效管理的理念

绩效管理在具体的操作过程中有大量需要中高层管理者实施和配合的工作。公司要做好绩效管理，需要中高层管理者自身具备一定的理念。

绩效管理的方法

中高层管理者才是绩效管理的真正主角，所以他们必须掌握绩效管理的具体方法和工具应用。

绩效沟通的方法

绩效沟通在绩效管理过程中不仅容易被忽略，而且在实施的过程中也常常出现问题。不懂沟通、不会沟通、不愿沟通，是中高层管理者最容易出现的问题。

对基层员工绩效管理培训重点内容

许多基层员工认为公司运行绩效管理的目的是扣工资。公司要在培训中让员工认识到绩效管理其实是帮助员工提高自身能力，提高工作业绩。员工提高绩效水平，公司能够获得效益，员工也能提升工资，最终实现公司和员工的双赢。

在实施绩效管理的过程中，基层员工同样有对应的职责和任务。要向基层员工说明其应当履行的具体职责，应当进行的具体工作任务，以及他们应该如何配合各级管理者实施绩效管理，如何查找绩效问题，如何更好地提升能力和绩效水平。

清晰的目标、明确的方向有助于员工理解和认识工作的价值。公司通过绩效管理培训，向基层员工传达公司的战略规划，以及承接战略规划的部门规划。宣扬公司的目标，增强员工的目标意识。

7.4 绩效指标分解

绩效指标的分解和设计是绩效管理运行的第1步。绩效指标并不是戴在被考核人头上的“紧箍咒”，而是被考核人与考核人之间达成的一种对于目标和结果的默契，是考核双方都认可的、未来的行动方向。

7.4.1 绩效指标分解原理

要点介绍

绩效指标分解的原理是从公司到部门再到岗位的、自上而下的逐级分解。

绩效指标分解逻辑示意

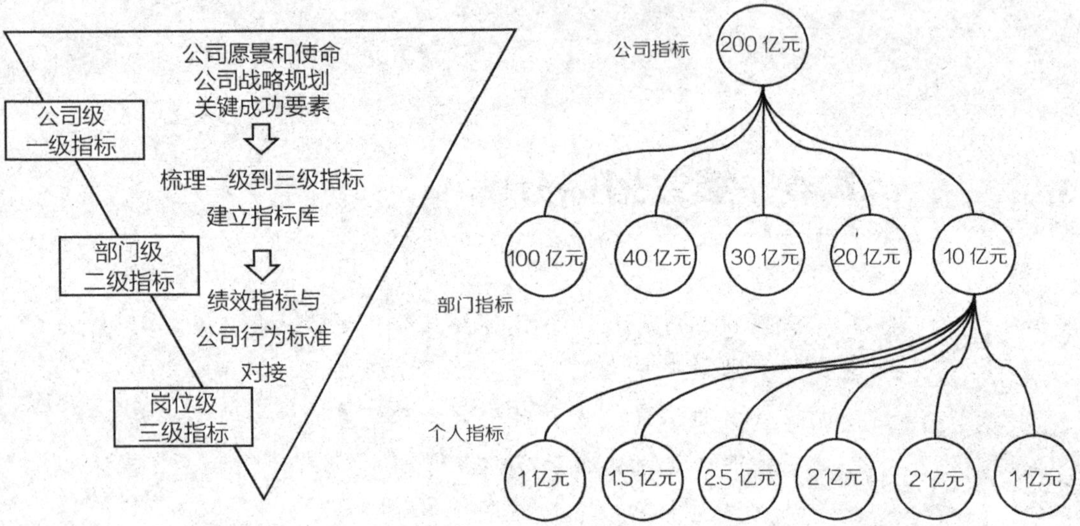

某公司绩效指标分解案例

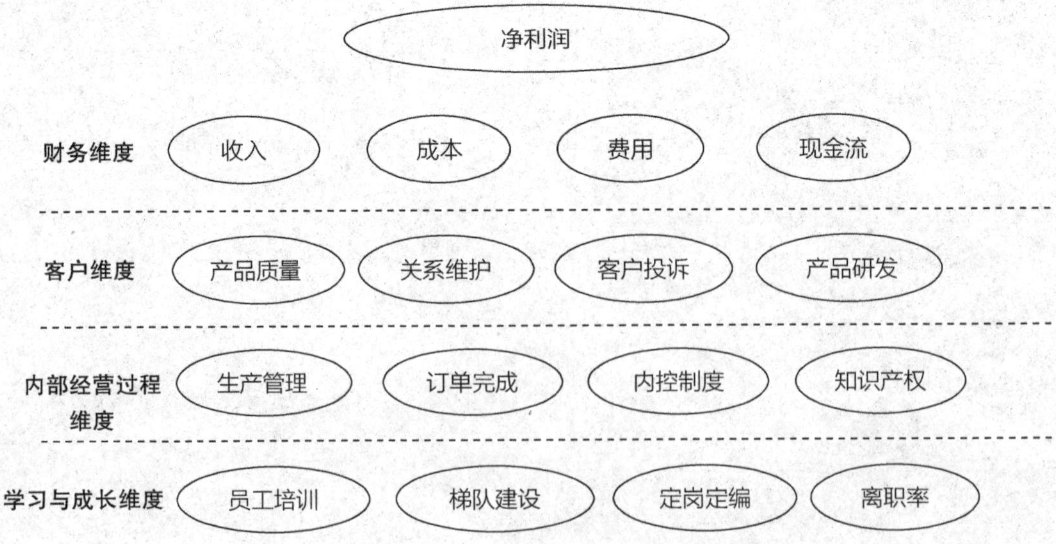

7.4.2 绩效指标来源

要点介绍

按照年度、季度、月度的时间维度和公司、部门、岗位的空间维度，绩效指标可以由宏观的计划逐层分解为目标和任务。每个岗位绩效考核指标的来源可以是岗位说明书、部门绩效的目标以及跨部门的流程要求。整合这些信息输入的来源后，寻找关键的绩效领域，最终选择 5 ~ 8 个适合该岗位的绩效指标。

绩效指标按照时间和空间分解示意

绩效指标的来源

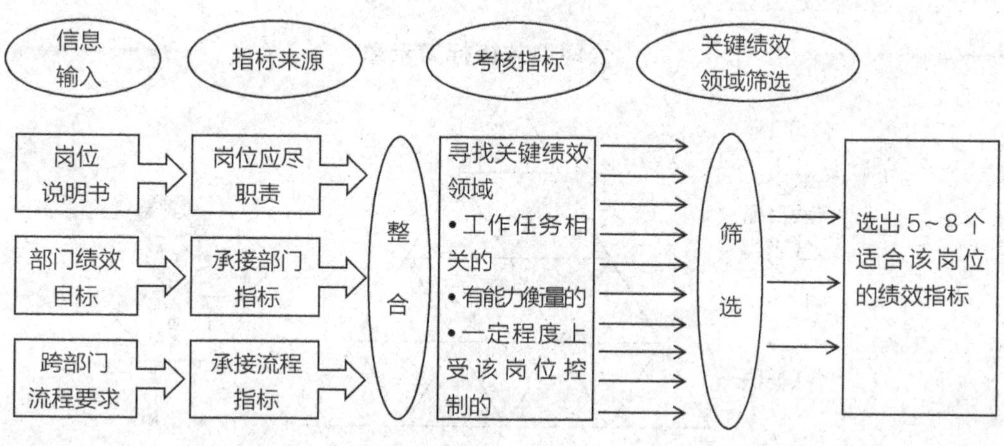

7.4.3 绩效指标设计程序

要点介绍

有效的绩效指标应当是对公司战略影响最大的、与公司的经济效益和业绩关联性最强的、可控性最强的、最易于测量的指标。公司通过设计绩效指标的过程，能够形成整个公司层面的绩效指标库。

设计绩效指标的 5 步

1. 初拟绩效指标

确定公司的战略目标和经营计划。根据公司的战略目标确定公司的关键流程。根据关键流程确定部门的绩效指标和岗位的绩效指标。

2. 筛选绩效指标

初步列出的绩效指标往往有一些是不具备有效性、操作性或可行性的。按照绩效指标设定的原则进行筛选，避免出现没有作用的、没有意义的、相互矛盾的绩效指标。

3. 确认权重关系

对于公司、部门或者岗位的绩效指标应当列出一定的权重，体现重要性。重要的指标权重大，不重要的指标权重小。

4. 确认具体目标

绩效指标的具体目标来自公司战略目标向下的层层分解。目标值的设定源于一定的财务测算，也源于对外部的市场状况、内部的管理状况以及目标可行性的探讨和分析。

5. 细化行动计划

最后，形成具体的绩效管理计划。得到绩效指标的各事业部和各部门也要形成绩效指标达成的行动计划。

公司绩效指标库示意

7.4.4 绩效指标权重设计

要点介绍

绩效指标权重设计是绩效评估的关键。因为绩效结果对公司战略的贡献度不同，部门或者岗位的工作重心不同，所以绩效指标应有一定的权重之分。合理分配绩效指标的权重能够帮助公司更准确地进行绩效管理。

专家评审法

专家评审法是组成专家团，由专家团中的专家作为评委，独立评价当前所有的绩效指标权重。评价结束后，将专家评价的结果取平均值，得出最终的绩效指标权重。

绩效指标	A 评委	B 评委	C 评委	D 评委	E 评委	平均值
销售额	30%	40%	25%	20%	35%	30%
毛利额	10%	5%	15%	10%	10%	10%
客户数量增加	30%	25%	35%	40%	35%	33%
回款率	20%	25%	20%	20%	15%	20%
销售费用控制	10%	5%	5%	10%	5%	7%

因子比较法

因子比较法是把绩效指标两两进行比较的方法。通过比较得出评分，再根据评分算出最终的权重。

绩效指标	指标 1	指标 2	指标 3	指标 4	指标 5	评分值	权重
指标 1	×	5	5	2	1	13	22%
指标 2	1	×	3	4	3	11	18%
指标 3	1	3	×	1	2	7	12%
指标 4	4	2	5	×	1	12	20%
指标 5	5	3	4	5	×	17	28%

注：表中 5 代表最重要，1 代表最不重要

表中数据指的是最左端纵向的指标 N 与最上端横向的指标 N 比较的重要程度。评分值是横向重要程度得分的数值总和。最后的权重的计算公式：指标 N 的权重 = 指标 N 的评分值 ÷ Σ 指标评分值。

质量评分法

质量评分法是先设定好绩效指标大类的比例，然后由公司根据绩效指标的质量评分得出每项指标的加权得分，计算出指标权重的方法。绩效指标的质量评分项可以根据需要设置，一般包括战略相关性、指标与岗位的关联性以及岗位的可控性等，也可以根据公司需要设置其他的质量评分项。质量评分法样表如下。

指标类型	指标权重	具体指标	绩效指标质量评价得分				权重
			战略相关性（满分 60 分）	指标与岗位的关联性（满分 20 分）	岗位的可控性（满分 20 分）	加权得分（满分 100 分）	
关键业绩指标	70%	指标 1	50	15	15	80	24.3%
		指标 2	40	10	10	60	18.3%
		指标 3	55	20	15	90	27.4%
重大任务指标	30%	指标 4	60	15	20	95	15%
		指标 5	60	20	15	95	15%

7.4.5 绩效指标目标值设置

要点介绍

绩效指标目标值的设置决定了绩效责任人实现绩效目标的难易程度，同时也决定了当绩效目标达成时，公司整体战略的实现程度。因此，公司对绩效指标目标值的设置，既要考虑顶层设计，又要考虑岗位员工的实际能力。

绩效指标目标值设置的 4 种方法

趋势外推法

趋势外推法是根据公司经营的历史数据，根据数据的趋势分析，得出绩效指标的目标值的方法。例如，某公司前 3 年的销售业绩增长率分别是 5.6%、5.8% 和 5.9%。据此，若公司经营平稳，下一年制定销售业绩增长目标时，可考虑制定为 6% 左右。

自上而下法

自上而下法是根据公司的战略目标和经营计划，对公司期望达到的业绩实行层层分解，先分解到部门，再分解到岗位，然后硬性地把绩效目标和员工做强关联，让各部门或员工必须执行该目标的方法。

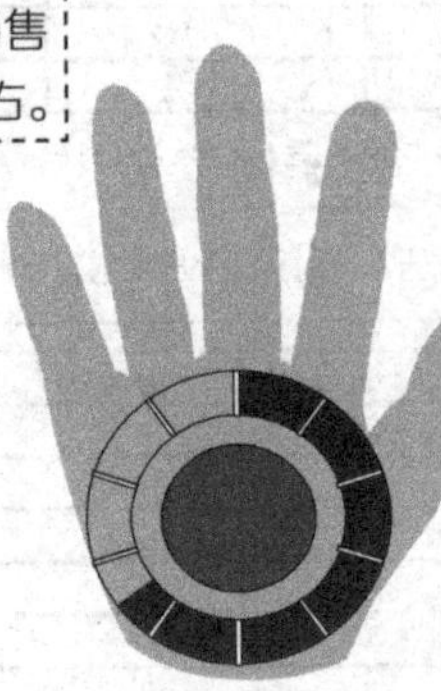

自下而上法

自下而上法是各岗位的员工根据公司战略的大方向，根据自己工作开展的情况，自行设置绩效指标的目标值，并上报给直属领导，再由直属领导层层上报，在公司相关管理层审批后生效的方法。

标杆基准法

标杆基准法是公司以行业内的标杆公司为参照基准，根据标杆公司的做法设置自身的绩效指标目标值的方法。

4 种绩效指标目标值设置方法优缺点比较

优缺点	趋势外推法	自上而下法	自下而上法	标杆基准法
优点	符合公司的实际情况，成本较低，易于让员工接受	绩效指标的目标值确定比较科学	员工的认可度较高；比较容易实施	目标值的设置符合市场情况，目标具有一定的挑战性
缺点	由于公司的发展是动态的过程，有时历史数据是否值得参考需要仔细评估	操作难度较大；员工可能存在抵触情绪，需要大量的沟通	可能会导致绩效指标的目标值水平较低，难以支撑公司战略发展需要	可能会因为目标值的标准过高造成员工信心不足，或造成员工的抵触情绪，需要进行大量的沟通

7.4.6 绩效指标质量检验

要点介绍

绩效指标的质量也可以叫作绩效指标的有效性，指的是绩效指标是否为公司目标的实现提供有效的支持。有效性越高，代表绩效指标的质量越高。

绩效指标质量检验的 8 个维度

1. 关联性

如果绩效指标与被考核人不存在关联，则这项指标即使再重要，也不能用来作为被考核人的绩效指标。

2. 可控性

可控性指的是这项绩效指标能否被绩效责任人控制，能否通过被考核人的努力实现，该绩效指标和被考核人之间的关系是否是直接的责任归属关系。

3. 可实施性

可实施性指的是该绩效指标能否被公司有效地实施，实施过程中遇到的难题能否被有效解决。

4. 精准性

精准性指的是该绩效指标是否有稳定的数据来源和科学的数据处理方法，是否能够保证绩效指标的获取是准确无误且不存在偏差的?

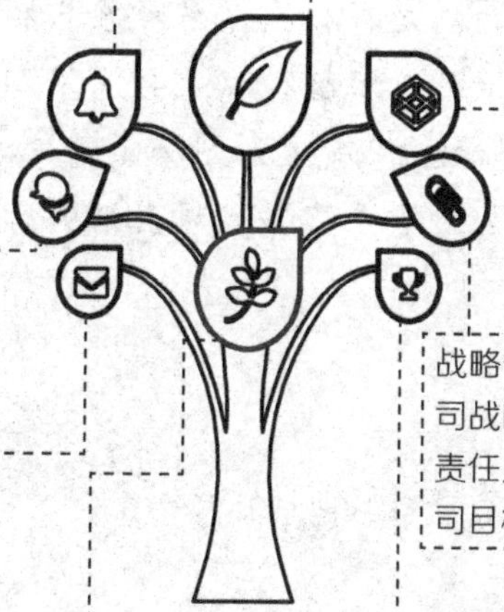

5. 可衡量

可衡量指的是该绩效指标是否能够被度量。这里的度量不仅指的是量化层面的度量，也包括行为层面的度量。

6. 低成本

低成本指的是公司或者考核人员要达到该绩效指标需要付出的成本是否足够低。

7. 战略一致性

战略一致性指的是绩效指标能否与公司战略所处的阶段一致，能否与绩效责任人的上层、下层一致，能否与公司目标、部门目标和岗位目标一致。

8. 战略贡献度

战略贡献度指的是绩效指标最终能否对实现公司的某项战略目标提供贡献和帮助。

绩效指标质量检验表

绩效指标	1	2	3	4	5	6	7	8	结论
	关联性	可控性	可实施性	精准性	可衡量	低成本	战略一致性	战略贡献度	
A									
B									
C									

7.5　绩效计划设计

绩效计划是考核人与被考核人根据既定的绩效标准共同制定并修正绩效目标，以及共同编制为了实现目标而采取的行动计划的过程。绩效计划必须清楚地说明期望达到的结果，以及为了达到结果需要表现出来的行为和技能。

7.5.1 绩效计划的分类

要点介绍

绩效计划按照责任的主体划分，可以分为公司的绩效计划、部门的绩效计划和岗位的绩效计划 3 个层面。一般来说，这 3 个层面的绩效计划是自上而下逐级分解形成的。公司的绩效计划决定了部门的绩效计划，部门的绩效计划决定了岗位的绩效计划。

绩效计划分类示意

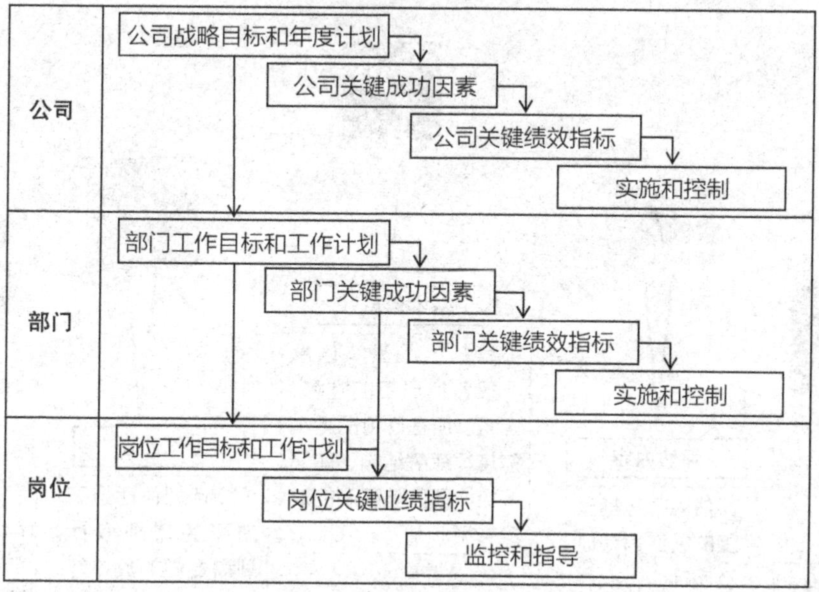

公司的绩效计划对应着公司的战略目标。公司的绩效计划中需要包含公司的关键成功因素。公司的关键成功因素可以分解为关键的绩效指标，并在公司绩效计划执行过程中进行有效的实施和控制。

部门的绩效计划源于公司的战略、年度计划和部门的工作目标。部门的绩效计划中应当包含部门的关键成功因素，以及部门的关键绩效指标。执行部门绩效计划同样需要有效的实施和控制。

岗位的绩效计划源于年度战略、年度计划、部门计划、部门工作目标和岗位工作目标。岗位的绩效计划中包含了岗位的关键业绩指标。在实施岗位绩效计划的过程中，考核人需要不断地实施监控和指导。

小贴士

在制订公司、部门和岗位绩效计划的过程中，通过协调各方面的资源，可以让资源向对公司目标实现起到瓶颈或者制约作用的方面倾斜，通过促进部门和岗位绩效计划的实现，保证公司计划和目标的实现。

7.5.2 绩效计划的内容

要点介绍

许多公司绩效考核工作难以开展的原因就在于绩效计划制订得不合理。绩效计划制订有问题会降低绩效薪酬的激励效应，达不到激发员工积极性的目的。能否科学合理地制订绩效计划是绩效管理能否取得成功的关键。

绩效计划应包含的五大内容

评价标准

绩效计划中要写明如何衡量不同的绩效目标、指标和工作计划。

评估内容

评估内容包括员工的绩效指标以及目标。

基本信息

被考核人的基本信息一般包括员工的姓名、工号、所在岗位的基本信息、薪酬结构、薪酬等级、绩效与薪酬的对应关系。

工作计划

工作计划包括员工为了完成绩效计划需要做的具体行动，或者需要的协助、资源支持或工作上的帮助。

完成时间

包括每项指标、每个目标、每项行动的完成时间。

7.5.3 绩效计划制订流程

要点介绍

制订绩效计划，应当遵循一定的流程。

绩效计划的制订流程

1. 绩效理念培训

对公司全体员工进行绩效管理基本理念的培训，让员工积极主动地参与绩效管理活动。

2. 诠释发展战略

公司的管理层对公司的发展战略和目标的诠释，可以增强员工的主人翁意识，增强员工的主动精神。

3. 分解发展目标

将公司发展目标分解为各个部门的特定目标，再把部门的目标分解为岗位的目标。

4. 制订绩效计划

员工为自己制订绩效计划，在制订绩效计划之前，员工应对本岗位的工作描述进行回顾，重新思考自身岗位设置的目的和自己的主要职责。

5. 审核绩效计划

考核人应当审核被考核人的绩效计划，有些被考核人制订的绩效计划不切实际。

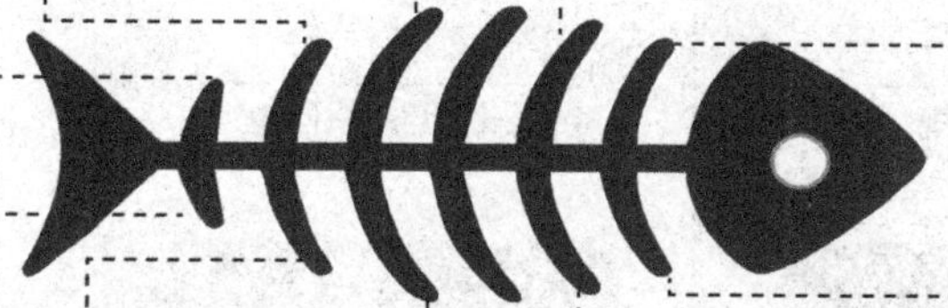

6. 绩效计划沟通

针对被考核人绩效计划中的问题，考核双方应当共同讨论，充分沟通，将其修改为切实可行的绩效计划。

7. 达成计划共识

考核双方就绩效计划沟通的最终目标达成共识。

8. 明确评价标准

考核双方在绩效计划制订的最后，都要把绩效评价的标准设定清楚。

9. 形成行动计划

员工的个人绩效计划是员工想要做的事情以及做到什么程度，而根据绩效计划形成的行动计划是员工通过努力实现绩效计划的一系列行为。

10. 双方签字认可

绩效计划协议书中包括了岗位的绩效目标、预期结果、衡量的标准、各项工作的权重、每项工作的行动计划等内容。双方签字后，形成双方都认可的正式文件。

7.5.4 绩效计划沟通流程

要点介绍

绩效计划的沟通方式对考核人和被考核人就绩效计划内容能不能达成共识有很大的影响。沟通绩效计划时，要注意不同的公司文化、环境因素、员工性格等多种因素。根据需要采取灵活多样的沟通方式。

绩效计划的沟通流程

1. 沟通前的准备

考核人应当和被考核人沟通确定一个专门的时间进行绩效计划沟通。在这段时间内，双方都应当把各自的工作放下。沟通的场地要安静，以免双方的沟通思路被打断，影响沟通的效果。

2. 回顾有关信息

开始沟通绩效计划时，考核人应当对被考核人就绩效相关问题做必要的信息回顾。内容包括在考核期内，公司的目标是什么；被考核人在考核期内需要完成的工作目标是什么；被考核人的岗位职责是什么；被考核人应当在什么时间前完成这些目标。

3. 确定绩效指标

被考核人陈述想要制定的绩效指标以及制定绩效指标的原因。在被考核人说完后，考核人可以提出质疑，并共同讨论，确定绩效指标。针对具体的任务，要从数量、质量、费用、时间 4 个维度进行量化。

4. 讨论支持帮助

被考核人可以提出需要考核人提供的支持和帮助。在被考核人说完后，考核人可以根据自己的理解，与被考核人协商实际需要的支持和帮助。

5. 结束计划沟通

如果绩效计划沟通顺利，双方最后就可以签订绩效承诺书。如果沟通过程中有未达成的事项，双方可以一起制订后续的跟进计划。

7.5.5 绩效计划沟通注意

要点介绍

在沟通绩效计划的过程中，考核人需要注意一些事项，如果不注意，可能会让绩效沟通产生负面效果。

绩效计划沟通的 4 个注意事项

进行讨论

考核双方要就绩效计划中的每项工作目标进行充分的讨论并达成一致，过程中考核人要鼓励被考核人参与，争取到被考核人的个人承诺。在讨论之后，考核双方要对每个项目设定评价的标准和期限。

提出意见

沟通绩效计划的过程中考核人要鼓励被考核人参与，鼓励其提出意见。考核人要充分倾听被考核人的不同意见，鼓励其说出自己的顾虑。考核人通过对被考核人的提问，摸清楚问题所在，要从被考核人的角度思考问题，了解其感受。

总结结果

考核双方在绩效计划讨论的最后，要总结出讨论的最终结果和跟进的日期。考核人要进一步和被考核人确认，确保被考核人能够充分理解和完成任务。在被考核人完成任务的过程中，考核人要随时跟进和检查绩效计划的完成进度。

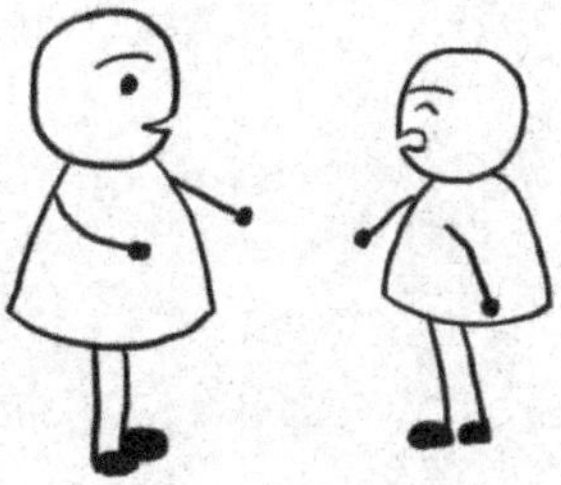

达成共识

考核人和被考核人要对绩效计划需要的行动计划和所需要的资源和支持达成共识。这里需要注意，有的困难是主观上的，而不是客观的，考核人要帮助被考核人克服主观上的困难。对于客观的困难，考核人可以与被考核人讨论，并提供给被考核人必要的资源、支持和帮助。

7.6 绩效辅导方法

绩效辅导指的是考核人就被考核人当前的绩效进展情况，与被考核人讨论可能存在的潜在问题和障碍，并与被考核人一起共同制定方案，一起解决问题的过程，是考核人辅导被考核人实现目标或计划的最重要的方式之一。

7.6.1 绩效辅导角色

要点介绍

在绩效辅导的过程中，根据考核人为被考核人提供的支持类型不同、内容不同，绩效辅导可以分成 3 个类别。一类是为被考核人提供知识和能力的支持；一类是帮助被考核人矫正行为的支持；还有一类是给予被考核人职权、人力、物力、财力等资源的支持。

管理者在绩效辅导中的三大角色

工作教练

当被考核人出现目标上的偏差时，考核人应帮助其及时纠正。纠正的过程应当以启发为主、培训为辅，启发被考核人的思路，教会被考核人知识，锻炼被考核人的技能。考核人可以成为被考核人的职业导师，帮助被考核人判断方向是否无误，方法是否得当，方式是否合理。

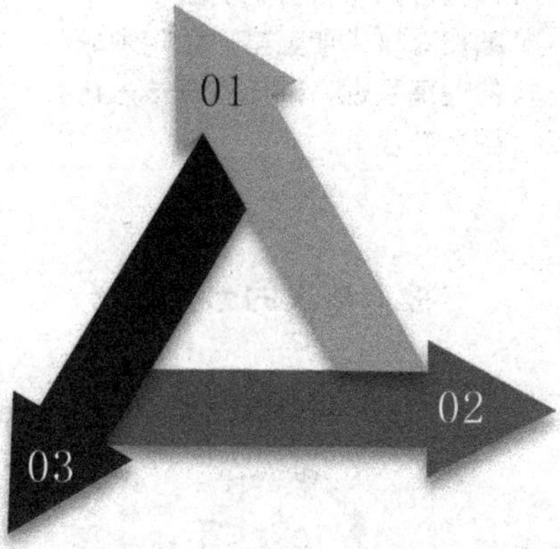

资源支持

被考核人因为自身职责和权限的限制，在某些方面可能会有调度资源的困难，而有时，这些资源又是完成工作必需的。这时，考核人应当帮助被考核人协调并获得开展工作所必需的资源，协助其完成工作任务。

合作伙伴

如果被考核人能够很好地履行岗位职责，能够按计划和目标有条不紊地开展工作，那么考核人应当放权或放手让被考核人自己进行自我管理。在这个过程中，如果被考核人遇到难题，考核人应当与被考核人一起解决难题，为被考核人提供一定的帮助。

7.6.2 绩效辅导职责

要点介绍

考核人和被考核人是绩效辅导中的两大主体角色，在绩效辅导过程中都有各自的职责。

考核人的三大职责

1. 帮助被考核人获得成功

考核人应为被考核人提供帮助其获得成功的辅导，确保被考核人可以尽可能有效地处理遇到的各种绩效问题，以及可能存在的潜在问题和挑战。

2. 帮助被考核人提高能力

考核人应为被考核人提供改进和提高能力的辅导，使被考核人的行为符合公司的要求，帮助被考核人加强某一特定领域的业绩表现，以便被考核人达到绩效要求。

3. 帮助被考核人再创佳绩

当被考核人业绩表现出色时，为了使被考核人能够继续提升、再创佳绩，考核人应当认同被考核人良好的业绩，鼓励被考核人保持良好的工作表现。

被考核人的七大职责

1. 请求绩效结果情况反馈和辅导。

2. 积极参与绩效辅导沟通过程。
3. 与考核人讨论绩效目标达成情况。
4. 建立自己的绩效成果记录。
5. 开诚布公地提出工作开展中的困难。
6. 随外界情况的变化改变绩效目标。
7. 不断完善个人的发展计划。

7.6.3 绩效辅导程序

要点介绍

绩效辅导的全过程可以分为 3 个阶段，分别是准备阶段、沟通阶段和追踪阶段。每个阶段有不同的重点工作。

绩效辅导的 3 个阶段

1. 准备阶段

考核人要收集、分析和整理被考核人绩效的相关数据和信息，包括被考核人工作任务的完成情况、被考核人绩效指标的达成情况、对于关键事件被考核人的处理情况等，对被考核人当前的绩效情况进行评价。

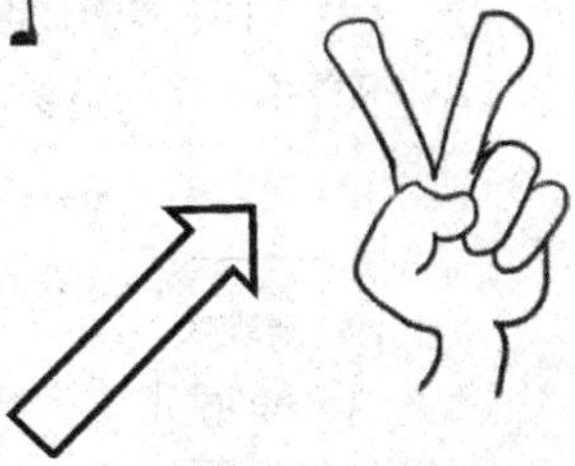

2. 沟通阶段

考核人要与被考核人共同讨论和查找绩效问题；与被考核人沟通绩效目标是否需要改变；与被考核人共同制订出有效的行动计划；询问被考核人需要的帮助和支持，并给予被考核人支持。

被考核人要收集和分析自己日常工作的绩效信息和数据；提前做绩效的总结和自我评价；查找当前存在的问题；思考需要获得的帮助。

被考核人要积极配合考核人实施绩效辅导；协助考核人发现当前绩效问题；制订下个阶段的具体行动计划；调整和改变对应的日常工作行为。

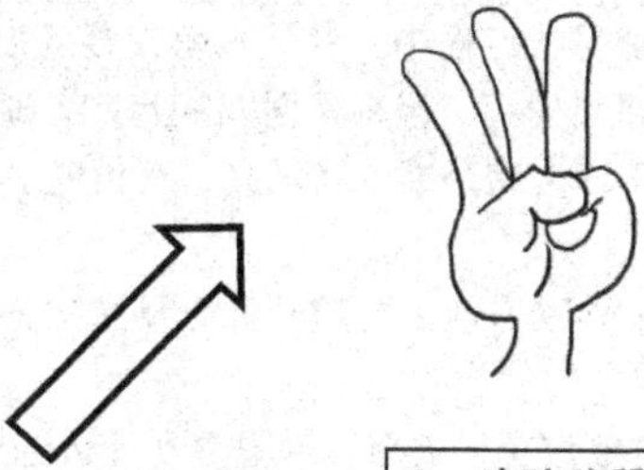

3. 追踪阶段

考核人要定期跟进绩效辅导后工作计划的进展情况；定期评估绩效辅导的效果是否能达到预期；根据追踪结果，持续对被考核人实施绩效辅导。

被考核人要积极提供工作计划的进展情况；评估自己工作执行中的问题；思考出现问题的原因和方案。

7.6.4 绩效辅导工具

要点介绍

有的考核人不知道如何对被考核人实施绩效辅导，有时实施了某一项又忘了另一项。这时考核人可以使用GROW工具，分别是G（Goal，目标）、R（Reality，现实）、O（Options，选择）、W（Will，意愿）。

绩效辅导工具GROW

在绩效辅导的过程中，考核人首先要与被考核人一起建立目标。目标是努力的方向，明确了方向，工作才有开展的有意义、有价值。

注意：

1．本次绩效辅导主要想谈什么事情或解决什么问题？

2．通过绩效辅导之后，希望得到什么结果？

3．对于如何确定目标，考核人和被考核人分别有哪些想法？

在绩效辅导的过程中，考核人还要和被考核人一起了解当前的现实状况。考核人和被考核人都要以事实为依据，不能依靠凭空的想象或者拍脑袋决策。

注意：

1．假如让被考核人打分，被考核人会给自己打多少分？

2．发生了什么事情，当前的现实状况是怎么样的？

3．被考核人是怎么评价自己当前的工作状况和问题的？

在绩效辅导的过程中，考核人要和被考核人一起讨论方案。被考核人的行动方案不应当完全由被考核人自己制定，因为可能会趋于简单，也不应当完全由考核人指示，因为可能不切实际。

注意：

1．被考核人准备如何解决这些问题？

2．还有谁能帮助解决这些问题？

3．被考核人有没有其他更多的选择？

在绩效辅导的最后，考核人要和被考核人达成一致的意见。考核人和被考核人的意见一致代表着双方都可以接受沟通结的结果，是一种管理和辅导的平衡。

注意：

1．被考核人下一步准备做哪些明确的、具体的事情？

2．在不同的解决方案中，被考核人比较倾向哪一种？

3．被考核人准备什么时候开始行动，何时完成行动？

7.6.5 绩效辅导对象

要点介绍

绩效辅导应当根据不同被考核人的绩效情况、态度情况、能力情况，采取不同的、有针对性的绩效辅导方法。在绩效辅导中常见的5类被考核人分别是绩效进步迅速的被考核人、绩效表现有所进步的被考核人、绩效表现有所退步的被考核人、工作未尽全力的被考核人以及新入职不久的被考核人。

绩效辅导的五大重点对象

1. 绩效进步迅速者

对于绩效进步比较迅速的被考核人，考核人可以采取如下方法。

（1）适时在公开场合给予被考核人表扬和肯定。

（2）适时给予被考核人培训、学习或深造的机会。

（3）适当给予被考核人更多的工作授权。

2. 绩效表现进步者

对于绩效表现进步的被考核人，考核人可以采取如下方法。

（1）了解被考核人绩效具体在哪个方面得到提升。

（2）及时把被考核人绩效改进的情况反馈给他。

（3）适当给被考核人增加一些工作任务和锻炼机会。

3. 绩效表现退步者

对于绩效表现退步的被考核人，考核人可以采取如下方法。

（1）深入发掘被考核人的绩效问题，与被考核人一起找出问题的原因。

（2）尝试与被考核人探讨岗位问题，了解被考核人对本岗位的看法。

（3）帮助被考核人制订绩效改进计划，并确定任务和进度。

4. 工作未尽全力者

对于工作未尽全力的被考核人，考核人可以采取如下方法。

（1）了解被考核人未尽全力的原因和被考核人的真实想法。

（2）发掘被考核人在以往工作中做出过的成绩，并发掘被考核人的兴趣所在。

（3）发现被考核人工作中可能让被考核人望而却步的障碍和困难，并帮助被考核人克服。

5. 新入职不久的被考核人

对于新入职不久的被考核人，考核人可以采取如下方法。

（1）不要过分苛责和要求被考核人的绩效结果。

（2）将工作重点放在被考核人能力的成长上。

（3）和被考核人共同制订成长和发展计划。

7.6.6 绩效辅导步骤

要点介绍

考核人对被考核人实施绩效辅导时，为避免内容遗漏，应当遵循规范的步骤。

绩效辅导的6个步骤

1. 发现问题

考核人建立良好的沟通氛围，说明对被考核人绩效辅导的目的。让被考核人积极参与绩效辅导；了解被考核人的目标进展情况、工作情况、态度情况，有意识地观察并发现被考核人的问题。

2. 描述行为

考核人要描述被考核人的具体行为，而不是概括性地直接总结和推论。考核人要解释这个行为对绩效目标可能产生的具体影响。

3. 积极反馈

考核人要积极地、真诚地、具体地表扬被考核人的行为，必要时可以嘉奖被考核人表现积极的行为。

4. 达成共识

考核人要与被考核人确认需要改善的工作内容、需要提高的知识和技能、需要给予的资源和支持，并最终与被考核人达成一致。

5. 鼓励结尾

在沟通结束时，考核人要着眼于未来，给予被考核人一定的鼓励、支持或帮助，并规划正面的结果，让沟通以鼓励的语言结尾。

6. 形成记录

沟通的最后，考核人和被考核人要按照公司的要求，形成书面的记录，写清楚考核双方都认同的事情、具体的行动计划、改进的措施以及还有哪些没有达成一致的事项。

绩效辅导中考核人和被考核人应遵循的原则

考核人	被考核人
坦诚率直	保持积极豁达的态度
客观地讨论具体行为和事实	有所准备并愿意表达意见
关注工作问题而不是个人问题	有所准备并愿意表达意见
维护被考核人的自尊	针对反馈意见提出问题使其明确具体
提供方法和建议	明确将来的目标和行动计划

7.7 绩效评价方法

绩效评价是考核人对被考核人的绩效结果做出评价的过程。绩效评价常用的方法包括关键事件法、行为锚定法、行为观察法、加权选择法、强制排序法、强制分布法。这些方法各有特点，适用于不同的场景。

7.7.1 关键事件法

要点介绍

关键事件法是以事实为依据，考核人在进行绩效评价时不仅注重对行为本身的评价，还要考虑行为所处的情境。这种绩效评价方法的内容通常是员工的特定行为，而不是他们的个性、态度或者品质。关键事件法比较适合用来评估岗位职责比较难于量化，但是工作的流程和工作的行为标准相对比较容易明确的岗位。

关键事件法的实施步骤

1. 识别关键事件

识别关键事件时，对考核人有比较高的专业要求，如果考核人对岗位了解不深，或者经验较浅，很难在短时间内识别出岗位的关键事件。

2. 记录信息资料

识别关键事件时，考核人需要观察和记录的关键信息和资料包括导致关键事件发生的前提条件、背景、过程、直接或间接原因、具体行为表现、发生之后的结果、员工控制和把握关键事件的能力。

3. 归纳总结特征

汇总关键事件分析和设计过程中的所有资料后，考核人可以归纳和总结出这个岗位的主要特征、具体的行为控制要求和具体行为表现。

关键事件法实施案例

美国通用汽车公司在1955年开始运用关键事件法对员工的绩效进行评价。其要求生产一线的管理者，针对下属的关键事件进行描述。

日期	姓名	有效行为	无效行为
某年月	约翰	虽然今天并没有轮到约翰值班，但他还是主动留下来加班到深夜，协助其他同事完成了一份计划书，让公司第2天能够顺利与客户签订合同	公司总经理今天来视察，约翰为了表现自己，当众指出了杰克和麦克的错误，导致同事之间的关系变得紧张

7.7.2 行为锚定法

要点介绍

行为锚定法也叫行为定位法、行为定位等级法或行为决定性等级量表法。这种方法是一种将同一职务可能发生的各种典型行为进行分析、度量和分级之后，建立一个行为锚定评分表，并以此为依据，对员工工作中的实际行为进行分级测评的绩效评价方法。行为锚定法适用于对强调行为表现的工作岗位进行绩效评价。

行为锚定法的设计步骤

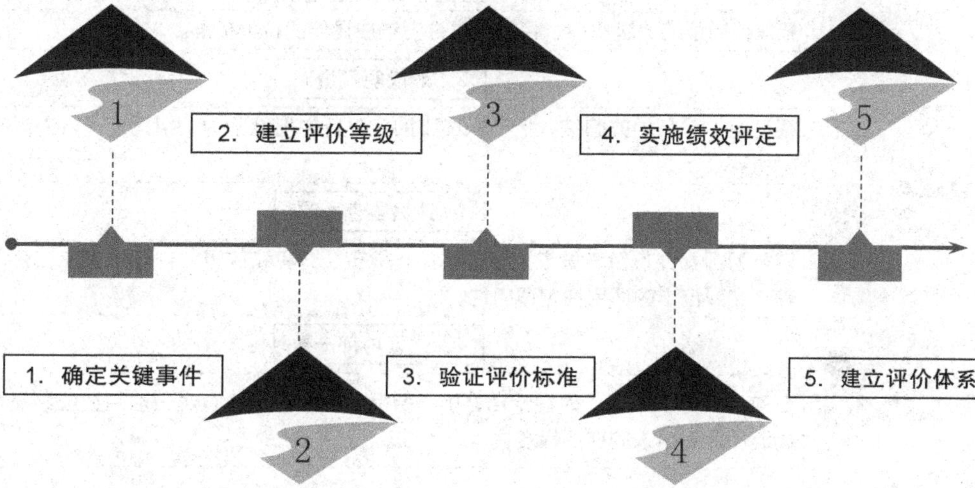

某直营门店内销售经理岗位行为锚定评价表

<table>
<tr><th>评价等级</th><th>描述</th><th>行为表现</th></tr>
<tr><td>7</td><td>能全权领导直营店，并能够把两名以上新员工培养成部门的优秀员工</td><td rowspan="6">高于岗位要求</td></tr>
<tr><td>6</td><td>充分信任部门员工，能授权他们重点的工作，有效激发员工的责任心</td></tr>
<tr><td>5</td><td>能够胜任培养销售人员的工作任务，满足培训计划和培训大纲的要求</td></tr>
<tr><td>4</td><td>能够听取下属的意见和合理化建议</td></tr>
<tr><td>3</td><td>能够及时地提醒下属热情接待客户并认真遵守劳动纪律</td></tr>
<tr><td>2</td><td>根据直营店实际情况，制定并修改规章制度</td></tr>
<tr><td>1</td><td>能够要求下属按公司要求出勤并坚守工作岗位</td><td>岗位基本要求</td></tr>
<tr><td colspan="2">不合格</td><td>低于岗位要求</td></tr>
</table>

7.7.3 行为观察法

要点介绍

行为观察法也可以叫行为观察量表法、观察评价法或者行为观察量表评价法。这种方法是在关键事件法和行为锚定法的基础上发展出来的，是从另外的角度，采取另外的方式，观察和评价人的行为的方法。与行为锚定法不同的是，行为观察法不是确定某岗位员工的工作行为处在哪一种水平，而是确定该员工某种行为出现的概率。

行为观察法的设计步骤

1. 归纳行为标准

聚焦该岗位的关键事件，将关键事件归纳成具体的行为标准。

2. 形成观察量表

根据对关键行为的归纳，把在职员工的优秀行为指标归为一组，形成行为观察评价量表。

3. 评估检查修改

对行为观察评价量表做进一步的评估、检查、分析和改进，判断该量表在公司的这一类岗位中的适用性和适应性。

4. 保证内部一致

在对某类岗位应用行为观察法之前，要保证该岗位的所有员工都能适应该量表，同时保证考核人的评价标准具有一致性。

某公司前台岗位行为观察量表

评分项目	评分标准			权重	得分
	5分	3分	0分		
仪容仪表	□工作时间着正装，仪容仪表整洁	□大部分工作时间着正装，仪容仪表较整洁	□工作时间较少着正装，仪容仪表常常不整洁	15%	
行为礼仪	□行为礼仪总是规范得体	□偶尔礼仪不规范或行为不得体	□经常礼仪不规范或行为不得体	25%	
接听电话	□电话铃声响起3声以内接听电话	□电话铃声响起超过3声接听电话	□一直无人接听电话	10%	
礼貌用语	□总是使用礼貌用语	□偶尔使用礼貌用语	□从不使用礼貌用语	15%	
微笑服务	□始终面带微笑	□偶尔面带微笑	□从不微笑	15%	
提交报表数据是否准确	□完全准确	□偶尔出错	□经常出错	10%	
提交报表是否准时	□总是非常准时	□偶尔不准时	□经常不准时	10%	

7.7.4 加权选择法

要点介绍

加权选择法，又被称为加权选择量表法，同样是一种通过观察客观行为来进行量化评价的方法。它是通过一系列的描述性或形容性的语句，说明员工各种具体的工作行为和表现，并对每一项进行多等级的评分赋值。员工行为表现越好，越是公司希望看到的，等级分值越高；员工行为表现越差，越是公司不希望看到的，等级分值越低。

加权选择法的设计步骤

收集资料

组成岗位评价小组，进行工作岗位的调查、评价和分析，采集该岗位人员的有效行为和无效行为，或者对公司有重大影响的，公司期望看到的行为和公司不期望看到的行为，并用简洁明了的语言描述出该行为的特征或表现。

等级判断

对每一类行为进行等级判断，合并同类项，删除缺乏代表性的项。

评分赋值

对每一个行为项目进行等级的评价并做分数赋值，行为表现越好，等级分值就越高。对公司不想看到的行为，可以赋予其较低的等级分值，也可以赋予其负值。

某公司管理岗位加权选择法行为评价量表

类别	行为	分值
公司期望看到的行为	能够有效地制订部门计划	5
	能够实施并推进部门计划	5
	布置工作前，能够和下属进行讨论和沟通	4.5
	重要决策前，能够征求下属意见	4.5
	耐心倾听下属的意见	4
	能够接受来自各方的意见、建议或批评	4
	愿意承担责任，也能让下属承担责任	3.5
	能够给员工适时的表扬	3.5
	深入观察员工的行为	3.5
	愿意深入了解员工	3
公司不期望看到的行为	不能够有效识人	−2
	不能用人所长	−2
	不愿意和下属有工作以外的任何接触	−2
	对下属的承诺无法兑现	−1.5
	刚愎自用，一意孤行	−1.5
	不考虑下属的感受	−1.5
	因自己判断失误而错怪下属，也不向下属道歉	−1.5

7.7.5 强制排序法

要点介绍

强制排序法又叫强制排列法，通常是考核人对被考核人工作表现的优劣从第 1 名到最后 1 名进行的强制排序。强制排序法的核心是建立一个排行榜，把员工的工作表现按照排行榜的规则从高到低进行排列。有时候为了提高排序的精准程度，也可以根据岗位工作内容做适当的分解。按照分解后的分项进行排序，再求出平均排序数，平均排序数可以作为绩效评价的最终结果。强制排序法可以分成主观强制排序法和客观强制排序法。客观强制排序法可以直接通过收集量化数据，根据数据量值的高低实现排序。

主观强制排序法的设计步骤

1. 确定考核人选

强制排序法的考核人可以是员工的直属领导，也可以是专门成立的评价小组。

2. 设置评价因素

可以设置细分因素直接排序，也可以设置不同的因素主观打分后排序。

3. 评价汇总排序

收集主观打分情况，汇总后得出最终的评价结果。

公司中常见的客观强制排序法领域

销售业绩排名；
销售增长排名；
销售回款排名。

客户增长排名；
出勤天数排名；
合理化建议排名。

某公司销售部门 5 位销售专员排序结果案例

被考核人	工作态度	团队意识	执行力	业务能力	汇总平均	最终排序
张三	4	3	1	5	3.25	3
李四	1	2	2	1	1.5	5
王五	2	1	4	2	2.25	4
赵六	3	5	3	3	3.5	2
徐七	5	4	5	4	4.5	1

7.7.6 强制分布法

要点介绍

强制分布法也叫强迫分配法或硬性分布法。与强制排序法不同，强制分布法是把被考核人进行分类。人为地设置出几个分类，把被考核人按照不同的绩效、行为、态度、能力等标准归到不同的分类中。强制分布法源于美国通用电气公司的前 CEO 杰克·韦尔奇（Jack Welch）的“活力曲线”。杰克·韦尔奇按照绩效和能力，将所有员工分成 3 类，A 类员工占比 20%，B 类员工占比 70%，C 类员工占比 10%。对不同类别的员工，采取不同的策略。

强制分布法的设计步骤

确定公司期望的划分等级和每个等级中的人数占比。需要区分出针对不同等级的不同奖励，各个等级之间的差别应当会产生一定的激励效果。

对员工进行绩效评分。如果是直属领导或某位特定的考核人评价，则可以直接得出结果。如果是评价小组评价，则由评价小组成员分别评分后，计算平均分，得出员工的绩效评价得分结果。

根据员工的绩效评价得分结果，员工可以被对应划分到事先分好的等级中。

依据事先定好的规则，参照员工最终的等级划分结果，实施应用并兑现相关激励。

某公司年度绩效分布等级案例

绩效类别	A	B	C	D	E
人数占比	10%	20%	30%	30%	10%
第 2 年薪酬提升策略	20%	15%	10%	5%	0

小贴士

注意，在有的公司中，员工的业绩和能力事实上并不符合公司预想的正态分布规律。例如，有的部门 80% 的员工的绩效和能力都非常优秀，这时采用这种方法可能会遭到员工的排斥，同时，评价的客观性和准确度也会大打折扣。

7.8 绩效反馈

绩效反馈是绩效管理的末端环节，是考核人向被考核人反馈绩效评价的结果，并对绩效期间取得的成绩、存在的问题、下一阶段的工作目标、未来的绩效提升计划进行双向交流的过程，是考核人和被考核人之间就当前绩效的总结和如何让未来绩效更好地实现而进行的有效沟通。

绩效反馈不仅能为被考核人的努力指明方向，还可以激发被考核人的上进心和积极性，从而提高组织的整体绩效。

7.8.1 绩效反馈面谈准备

要点介绍

与绩效辅导不同的是，绩效反馈面谈最好是以一对一面谈的方式进行。考核人如果通过书面报告或会议形式来进行绩效反馈，从绩效反馈的效果上，相比一对一面谈差一些。

绩效反馈面谈的准备工作

1. 时间

绩效反馈面谈的时间最好选择在被考核人情绪比较平缓、心智比较清醒、工作压力较小以及没有较紧急的工作任务时。一般来说，上午的 9：00 ~ 11：00 是最佳的时间段。

2. 地点

绩效反馈面谈的地点最好安排在明亮的房间，周围不要有杂音。考核人要提前安排好自己的行程计划，以免过程中被打扰或打断。

3. 资料

考核人和被考核人都应当为绩效反馈面谈准备相关的资料，都要提前了解被考核人的工作目标以及目标完成情况。

绩效反馈面谈的正确就座方法

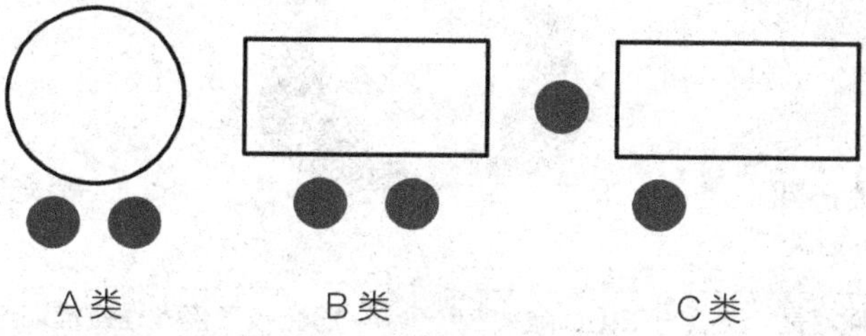

绩效反馈面谈的错误就座方法

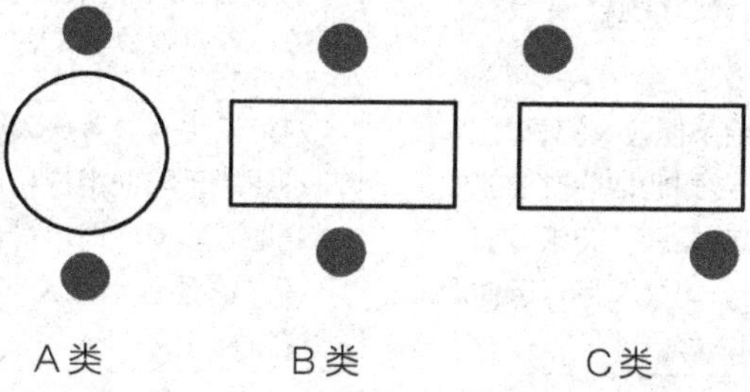

7.8.2 绩效反馈面谈技巧

要点介绍

绩效反馈面谈的过程中，考核人要根据被考核人的特点，采取不同的面谈技巧。被考核人通常可以分为成熟型、迷茫型和内耗型 3 类。

绩效反馈面谈技巧

成熟型

这类被考核人通常具备内升动力，其绩效不会太差，自我评估偏向正面居多。但需要注意，这类人往往会对物质奖励或晋升机会等有较高的期望。他们往往容易有自大的情绪，看不到自己的缺点和不足，听不进别人的劝告，可能会忽视自己的绩效改进计划。

对待这类人，考核人应继续鼓励其上进，不要泼凉水、打击其积极性。要充分肯定其过去的贡献，关心他，并站在他的角度为他出些主意，让他更优秀。如果没有足够的理由，则不需要对其有所承诺。

迷茫型

这类被考核人通常是一群没有主见、随大流的人，他们喜欢被动地接受而不是主动地思考，在自我评估的过程中往往话不多，基本是主管领导提出什么他就接受什么。

对待这类人，考核人要给予他应有的尊重，不使其自尊心受伤害。要耐心地启发他的思想，引导其做出积极的反应。如果要节省时间，则不必兜圈子，可以直接告诉他怎么做，并给他必要的指导。

内耗型

这类被考核人是最难沟通的，他们常常自以为是、胡搅蛮缠，把自己绩效的问题全部推给同事、公司或环境。他们只想“听好话”，不愿意别人指出他们的不足，喜欢和同事比较，不愿意做出改变。

对待这类人，考核人要耐心地倾听，有问题不要急于与他辩论和反驳。应开诚布公，冷静地、建设性地让其意识到自己的不足，与其讨论是否当前岗位不适合，是否需更换岗位。

7.8.3 绩效改进实施步骤

要点介绍

绩效改进的思路是要寻找亮点，去找怎么样把绩效工作做得更好的最佳实践，然后把最佳实践复制到相关领域。

绩效改进的 5 个步骤

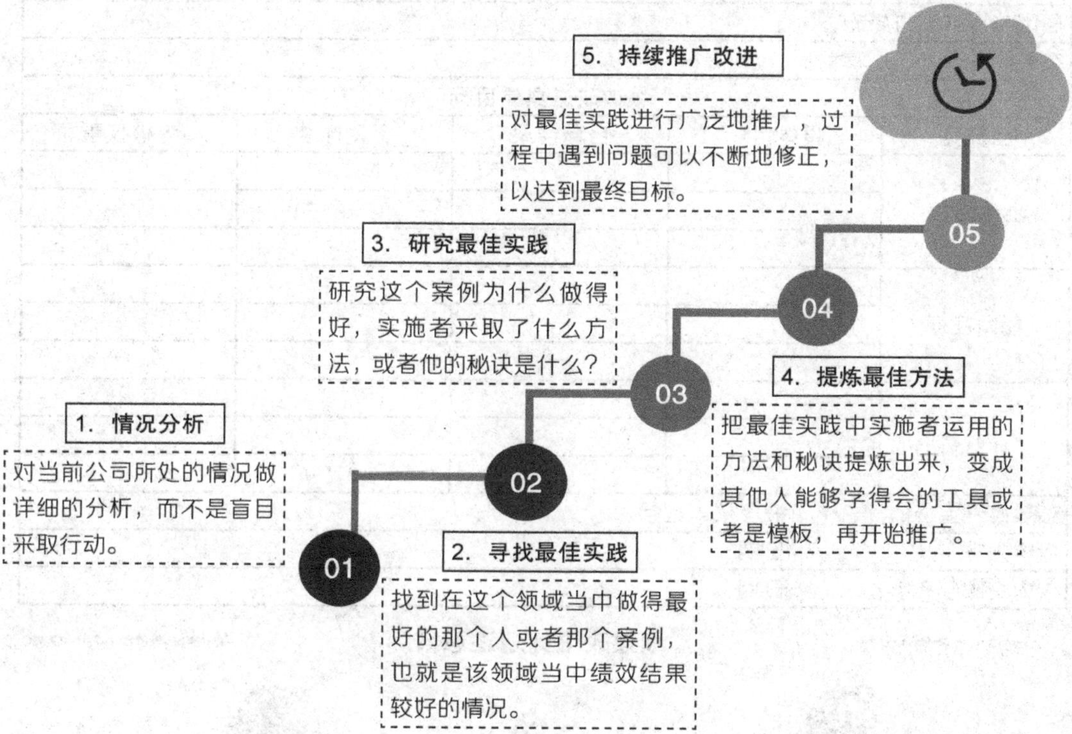

小贴士

这套绩效改进的方法几乎可以适用于任何公司、任何行业、任何绩效问题。

7.8.4 绩效改进计划制订

要点介绍

如果绩效问题比较偏重于员工个体，员工应当根据自身的绩效问题，制订书面的绩效改进计划。

绩效改进计划表模板

被考核人姓名	部门	职位	考核人姓名	考核周期
绩效中存在的不足：				
原因分析与改进措施：				
绩效改进计划：				
绩效改进具体目标				
目标类	具体目标	目标结果	衡量标准	考核权重
业绩目标				
能力目标				
行为目标				
绩效改进完成时间：	被考核人签字：	日期：		
考核人签字：	日期：			
人力资源部签字：	日期：			

绩效改进计划注意事项

不是非要等到绩效结果出来之后再做绩效改进计划，在绩效辅导的阶段，就可以做绩效改进计划。

绩效改进计划的目标要遵循SMART原则。绩效改进计划的截止日期一般不超过下一个绩效周期的开始日期。

公司可以要求被考核人对绩效改进计划完不成的情况，制定一定的自我负激励。

7.9 绩效结果应用

绩效结果应用是把绩效评价的最终结果应用到其他管理方式中的过程。公司根据“目标—承诺—结果—应用”的原则，得出绩效评价结果之后，参照绩效管理制度、绩效结果以及公司的相关规定，进行相应的应用。

7.9.1 绩效结果在薪酬发放中的应用

要点介绍

比较常见的绩效结果应用是利用绩效结果发放绩效工资。与基本工资、岗位津贴、福利等保障性收入不同，绩效工资属于激励性收入。保障性收入主要根据岗位工作的重要性、责任大小、能力要求高低等按照公司的规定执行，与业绩挂钩的激励性收入一般是以公司的绩效结果为基础。

绩效结果影响月工资案例

某公司规定某岗位员工每月的绩效工资是月基本工资的 20%。员工月度绩效结果对应的月绩效工资的系数如下表。

等级	A	B	C	D	E
系数	120%	100%	80%	50%	0

某月在该岗位的张三月度绩效评级为 C，张三的月基本工资为 6 000 元，该月正常出勤，则张三该月的绩效工资计算方式如下。

张三该月绩效工资 =6 000×20%×80%=960（元）。

绩效结果影响年终奖金案例

某公司的年终奖金以员工月基本工资为基准，同时参考员工所在部门的年度绩效结果、员工个人的年度绩效结果以及个人年度的出勤情况，计算和发放员工的年终奖金，计算公式如下。

年终奖金 = 员工月基本工资 × 员工所在部门年度绩效结果对应系数 × 员工个人年度绩效结果对应系数 ×（员工年度实际出勤天数 ÷ 公司规定员工年度应出勤天数）。

其中，员工所在部门的年度绩效结果对应系数如下表。

等级	A	B	C	D	E
系数	1.8	1.4	1	0.8	0

员工个人年度绩效结果对应系数如下表。

等级	A	B	C	D	E
系数	3	2	1	0.5	0

该公司的某员工张三的月基本工资为 5 000 元，某年度张三所在部门年度绩效结果评定为 A，张三本人的年度绩效结果评定为 B。该年度张三实际出勤 200 天，公司规定的员工年度应出勤天数为 240 天。则张三的年终奖金计算方式如下。

张三的年终奖金 =5 000×1.8×2×（200÷240）=15 000（元）。

7.9.2 绩效结果在薪酬调整中的应用

要点介绍

绩效结果在薪酬调整中的应用主要是根据员工的绩效结果对其基本工资进行调整，调薪的比例根据绩效结果的不同也应当有所区别。一般员工的绩效结果评分越高，调薪的比例也就越高。薪酬调薪的周期一般是以年度为单位，根据不同需要也可以以半年度或季度为单位。

运用绩效结果调薪案例 1

本年度绩效评定结果	上年度绩效结果	基本工资调整幅度
A	A	20%
	B	15%
	C 或 D	10%
B	A 或 B	15%
	C 或 D	5%
C	A 或 B	10%
	C 或 D	5%
D	A 或 B 或 C 或 D	0

运用绩效结果调薪案例 2

某公司每年根据员工当年的绩效结果给员工进行基本工资的调整。但是由于员工原本的基本工资不同，为了防止相同绩效水平的员工工资差距越来越大，该公司引入薪酬均衡指标来调节员工年度基本工资的调整比例。薪酬均衡指标是衡量员工当前的工资水平与公司的中位工资水平之间的差距的工具。

计算公式：薪酬均衡指标 =（员工基本工资 ÷ 基本工资的中位值）× 100%

1. 当薪酬均衡指标 > 100% 时，代表员工的基本工资大于全公司员工基本工资的中位值。这时薪酬均衡指标的值越大，员工基本工资离基本工资的中位值越远，员工的工资相对越高。
2. 当薪酬均衡指标 = 100% 时，代表员工的基本工资等于全公司员工基本工资的中位值。
3. 当薪酬均衡指标 < 100% 时，代表员工的基本工资小于全公司员工基本工资的中位值。这时薪酬均衡指标的值越小，员工基本工资离基本工资的中位值越远，员工的工资相对越低。

该公司根据员工绩效评定结果等级和薪酬均衡指标的不同，对员工月度基本工资调整幅度的规则规定如下表。

本年度绩效评定等级	薪酬均衡指标 90% 以下 基本工资调整幅度	薪酬均衡指标 90% ~ 110% 基本工资调整幅度	薪酬均衡指标 110% 以上 基本工资调整幅度
A	20%	18%	16%
B	15%	13%	11%
C	10%	8%	6%
D	5%	3%	1%
E	0	0	0

7.9.3 绩效结果在员工福利中的应用

要点介绍

员工福利的设置体现了公司管理的艺术化和创新性，是公司吸引人才、留住人才和激励人才的重要方式。不同的公司因员工福利的差异性，将影响人才在求职时的选择、工作投入的积极性或者当人才有想离开公司的念头时，是否愿意继续留在公司的判断。绩效结果在员工福利中的应用通常是以公司对绩效达到一定程度的优秀员工发放的额外福利的形式出现的。

运用绩效结果设计福利案例 1

某公司的规定如下。

连续 2 年绩效结果评定为 A 的员工，可以享受公司组织的集体出国旅游一次。

连续 5 年绩效结果评定为 A 的员工，可以享受公司发放的一部分子女教育的学费补贴。

连续 8 年绩效结果评定为 A 的员工，可以享受公司购买的一份大额的终身医疗和意外保险。

运用绩效结果设计福利案例 2

某公司规定员工每年的绩效结果可以兑换成员工个人的福利积分，具体兑换规则如下表。

年度绩效结果	A	B	C	D
员工福利积分（分）	100	80	50	0

员工个人福利积分可以兑换物品的示意如下表。

福利类别	购物卡	补充商业保险	体检卡	出国旅游	……
需要积分（分）	50	100	150	300	……

7.9.4 绩效结果在员工晋升中的应用

要点介绍

绩效结果同样可以应用在员工的晋升过程中。如果公司缺乏有效的基于绩效结果的员工晋升体系，将导致公司员工的工作热情、创造力、执行力大打折扣，将直接影响员工的满意度和流失率。

一般员工晋升需满足的 3 个条件

员工能力达到晋升后的职位的要求是员工晋升的保障。当员工的能力达到某职位的要求时，员工才能在该职位上发挥作用。对于能力不达标的员工，即使公司硬性给予晋升到某职位，该员工也会因为不胜任该职位而造成公司和员工双方的损失。

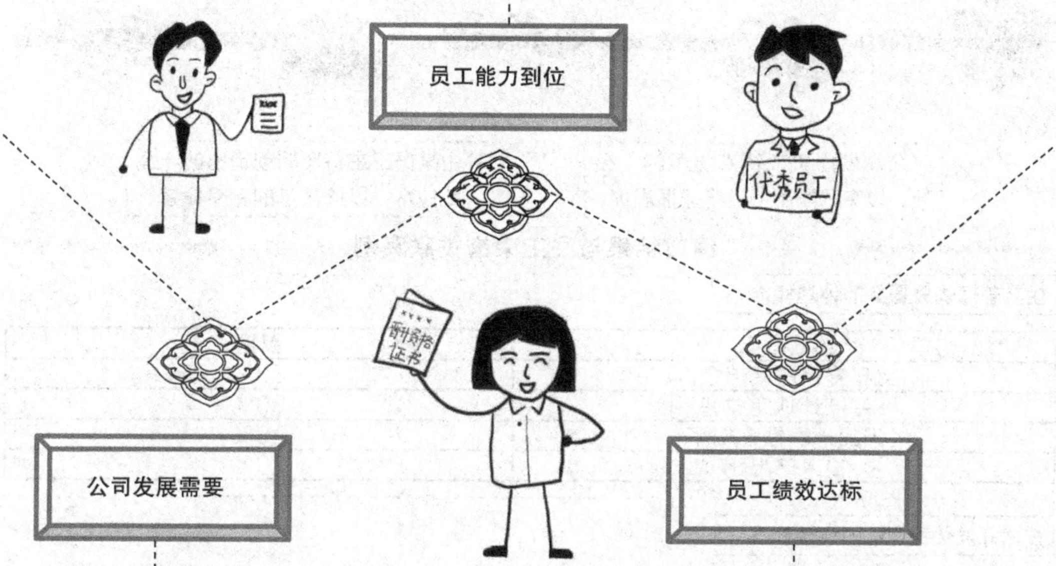

公司的需要是员工晋升的前提。公司有关键职位的要求，有对员工能力进一步发展的要求，员工才能有职位上的晋升。如果公司本身并没有发展上、组织机构上、岗位设置上的必要，那员工也就没有晋升的机会。

员工绩效达到一定程度同样是员工晋升的条件。如果公司晋升一位绩效没有达标的员工，即使该员工能力再优秀，也会给其他员工造成一种公司不仅可以容忍低绩效，而且即使低绩效也可以得到公司奖励的误解，从而降低其他员工追求绩效的动力。

7.9.5 绩效结果在员工荣誉中的应用

要点介绍

员工激励离不开荣誉激励，物质层面的激励能够满足员工的基本生活，但是各类奖项、奖状、证书、奖杯等这些公司内部的荣誉能够给员工提供精神层面的满足，能够更好地激励和激发出员工的创造力和积极性。绩效结果在员工荣誉中最常见的方法是把员工的荣誉与绩效结果相关联。

绩效结果与员工荣誉的常见关联

发放奖状、证书或荣誉称号时，根据绩效结果的高低排序。

内训讲师选拔中需要做经验分享时，选拔绩效水平较高的员工。

公司定期举办员工技能比赛，绩效达到一定标准的员工可参加。

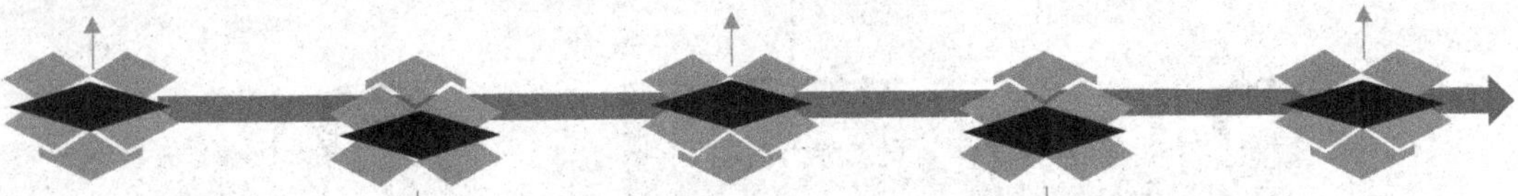

对公司做出某项特殊贡献的、绩效比较突出的员工给予通报表扬。

由某员工主持发明创造出的产品或技术，以该员工的名字命名。

绩效结果与员工荣誉关联案例

生产管理优秀团队的评选标准

绩效指标	权重
上年度客户索赔金额	30%
生产计划完成率	30%
产品一次性合格率	20%
投入产出比	20%

技术开发优秀团队的评选标准

绩效指标	权重
上年度产品开发一次性通过率	30%
上年度开发有效样品数量	25%
上年度开发样品成交金额	25%
开发样品按期完成率	20%

产品销售优秀团队的评选标准

绩效指标	权重
上年度销售增长比例	60%
销售货款回收率	20%
库存周转率	20%

7.9.6 绩效结果在组织诊断中的应用

要点介绍

绩效问题的诊断可以分为两种，一种是直接绩效诊断，另一种是间接绩效诊断。直接绩效诊断指的是公司对绩效管理活动中所有相关因素进行诊断、分析并改正，以提升公司的绩效管理水平；间接绩效诊断指的是公司通过绩效诊断活动，发现绩效管理问题的同时，也能够及时发现公司除绩效管理外其他经营和管理方面存在的问题。

绩效问题诊断的对象

对公司绩效评价指标和评价标准的诊断。

对公司绩效管理制度和管理体系的诊断。

对公司组织机构和经营管理模式的诊断。

对绩效管理过程中考核双方行为的诊断。

绩效问题诊断的操作步骤

1．分析人员通过对绩效的预算和实际情况进行对比，对本期绩效与上一期或去年同期进行对比，对公司内部不同单位之间进行对比，对同行业和竞争对手之间进行对比，找出公司、部门或个人的绩效差距。

2．分析人员根据绩效目标的设置情况查找问题的源头，评估是公司目标的问题、部门目标的问题还是个人目标的问题。如果是个人层面的原因，分析是个人的态度、知识、能力、经验哪方面出了问题。

3．分析人员应当聚焦绩效问题的根源，根据公司解决该问题的难易程度，把绩效问题划分成不同的类别。

绩效问题分类模板

问题分类及描述		问题 1	问题 2	问题 3
A 类问题	组织层面的问题			
	子公司或部门层面的问题			
B 类问题	人与公司关系的问题			
	物质层面的问题			
	技术层面的问题			
C 类问题	管理技术可以解决的问题			
	现有管理技术不能解决的问题			
D 类问题	公司内部产生的问题			
	公司外部产生的问题			
E 类问题	能在公司内部解决的问题			
	需在公司外部才能解决的问题			
问题对公司的影响程度				
解决问题的难易程度				

7.10 绩效管理申诉

绩效管理过程中，难免会出现考核人与被考核人对绩效结果有意见分歧的情况，或者被考核人认为公司的绩效管理体系或流程存在问题。这时，公司需要有一套绩效申诉机制，保证关于绩效管理的意见或建议能够快速被公司接收并及时做出相应的调整。

7.10.1 绩效申诉渠道建设

要点介绍

绩效管理中的申诉渠道是员工表达绩效管理意见的重要方式。一个健康的公司有绩效管理的申诉是正常现象，如果完全没有绩效申诉，反而不能判断该公司的绩效管理是否正常。因为有可能是员工有意见却无处表达，或公司的文化氛围不允许员工表达，又或者因绩效申诉机制存在缺陷，员工表达意见后可能对自己未来发展不利。

绩效申诉渠道建设的 4 个关键点

人力资源部在接受绩效申诉时，对绩效申诉人以及绩效申诉事件要严格保密。对于匿名的绩效申诉，人力资源部要尊重绩效申诉人的隐私，把工作重点放在查实事实上，不需要过分调查绩效申诉人具体是谁。

申诉渠道建设的第 1 步是明确公司内部绩效申诉的对口管理机构和相关权责。一般来说，绩效管理委员会下设的绩效管理小组是绩效申诉的裁决机构。

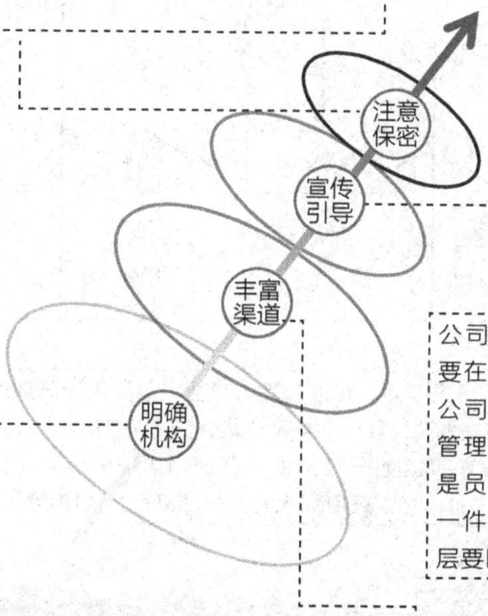

公司在建立绩效申诉渠道时，要在内部给予正确的宣传引导。公司的最高管理层要对各部门管理层宣导员工维护自身权益是员工本身就具有的权利，是一件很正常的事，各部门管理层要以平常心对待。

有了方便快捷的绩效申诉渠道，员工有绩效管理的相关问题时，才愿意说出来。绩效申诉的渠道应该多种多样而不要拘泥于一种，如邮箱、社交软件、内网平台、员工意见箱或直接到人力资源部诉说等任何能够方便员工传递信息的渠道都可以作为绩效申诉的渠道。

小贴士

绩效管理过程出现问题在所难免，关键是如何修正。各部门的管理者作为考核人也应当在部门内部建立起绩效申诉的渠道、机制和氛围，争取在部门内部解决绩效申诉问题。建立被考核人敢于直接向考核人提出异议的氛围，而不是仅依靠公司的绩效申诉渠道。

7.10.2 绩效申诉处理流程

要点介绍

公司为员工建设好绩效申诉渠道之后，应当设计一套规范的绩效申诉处理流程。

通用的绩效申诉处理流程

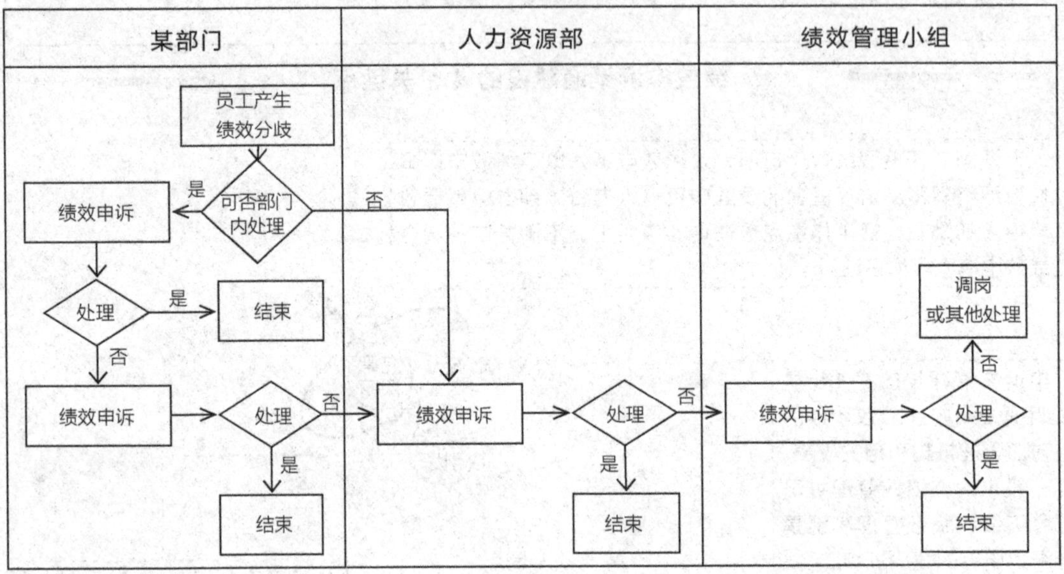

1．当被考核人对绩效结果有意见分歧时，最理想的做法是先和考核人或者部门负责人沟通，尝试在部门内部达成一致意见。

2．考核人或部门负责人听取被考核人的意见，确认绩效申诉的分歧点，进行沟通。如果沟通后意见没有得到处理，那么至少要再进行第 2 次沟通。若有必要，也可以再进行第 3 次、第 4 次甚至更多次的沟通。

3．如果考核人或部门负责人无法处理被考核人的绩效分歧，或者被考核人认为该绩效分歧不便于在部门内部申诉解决，也可以直接到人力资源部进行绩效申诉。

4．人力资源部应当把绩效申诉的全部资料和处理意见报给绩效管理小组。绩效管理小组可以约谈有绩效分歧的被考核人，听取他的陈述，并根据实施资料和证据，形成最终的决议。

5．绩效管理小组的意见代表了公司最终的处理意见。

7.10.3 绩效申诉处理技巧

要点介绍

绩效申诉如果处理不当，会让绩效申诉人感觉不公，影响绩效申诉人的积极性，甚至引发绩效申诉人离职。公司在建立和健全绩效申诉管理机制，实施绩效申诉的处理流程时，需要注意对申诉的处理技巧。

绩效申诉处理技巧

以事实为依据

被考核人不会接受不以事实为依据的绩效结果，造成绩效申诉也是在情理之中。即使是绩效结果中的主观评价，也可以以事实为依据。利用被考核人的关键事件，可以实现对被考核人基于客观事实的评价。

多种渠道求证

公司在进行绩效申诉调查时，应当先与绩效申诉人进行面谈，了解具体的情况。再与其同事面谈，从侧面了解事实。同时，应了解绩效申诉人直属领导的相关意见和看法。必要时，公司可以将调查范围拓展到供应商、经销商或客户等外部人员。

及时反馈沟通

在处理绩效申诉时，若有结论，应及时给予绩效申诉人反馈，及时告知绩效申诉人处理进展或者处理结果。对于公司其他员工也可能会存在的误解，可以形成书面的通知或说明，及时向公司其他员工传达。

多种处理方式

有时被考核人只是因为考核人针对自己的主观评分比较低而情绪失控。这种情况下，被考核人进行绩效申诉的目的并不一定真的需要一个明确的说法，而只是情绪上比较难过，借此渠道发泄。这时要做的是绩效申诉人的思想开导。

及时反省改进

对于绩效申诉过程中反馈出来的公司经营上、管理上、流程上、制度上的问题，人力资源部应当反馈给公司相关管理层，及时地进行改进和修正。

保持信息对称

绩效分歧和绩效申诉的形成常常是源于信息不对称。可能是考核人与被考核人缺乏绩效相关的沟通，导致被考核人只能猜测和想象自己绩效结果评判的来源和依据。在建立绩效管理体系时，要注意绩效相关信息的通畅性，强化绩效沟通。

疑难问题 绩效管理与绩效考核的不同

要点介绍

绩效管理离不开绩效考核，绩效考核是绩效管理的一环，是绩效管理过程中的一种工具和手段。单纯看绩效考核，实质上反映的是过去的绩效，而绩效管理更强调未来绩效的提升。只有将绩效考核纳入绩效管理的体系和制度中，才能对绩效进行有效的监控和管理，从而实现绩效管理的目标。

绩效考核与绩效管理的差异

分类	绩效考核	绩效管理
定位	控制员工	员工主动承诺
着眼点	重点放在过去的业绩	重点放在如何提升将来的绩效
提高绩效的手段	主要通过“胡萝卜加大棒”政策	主要通过指导来鼓励自我学习和发展
管理者的角色	判断、评估控制工作的细节、解决问题者	指引方向和目标，指导、帮助、沟通和反馈，在允许的范围内积极授权
员工的角色	被动的、反作用的、防卫性的行为	在学习和发展过程中表现积极主动的行为

绩效管理的认识误区

分类	误区	正确
对工作成果	是一种判断	是一种计划
绩效管理重心	绩效考核的结果	绩效管理的过程
绩效管理目的	寻找错误	解决问题
公司与被考核人得失	此得 - 彼失	全胜 - 全输
关注重点	结果	行为和结果
绩效工作属性	人力资源部的工作	全公司各部门的管理程序
对被考核人	是一种威胁	是一种成果或推动

疑难问题　员工讨厌绩效管理该怎么办

要点介绍

从许多公司的管理实务中能够看出，越高层的管理者越喜欢绩效管理，越底层的员工越讨厌绩效管理。因为员工对绩效管理的这种不理解、不情愿和不支持，许多公司一谈起绩效管理推进就面露难色。

员工讨厌绩效管理的 4 种情况和对策

对策：强化对管理层的宣导工作，因为管理层通常是绩效管理的直接实施者。当实施绩效管理后，公司的业绩有所提升时，宣传公司业绩提升与绩效管理开展的关联性，提升全员对绩效管理的信心。邀请权威来传播绩效管理的正确理念。

对策：绩效工资不应是从员工的固定工资中拿出一部分来做，原理上应是在原来固定工资的基础上增加一部分作为绩效工资。当然这里的增加也不是平白无故的增加，如何增加可以根据公司的实际情况判断。另外，公司要在绩效管理实施之前，做正确的引导和信息传递。

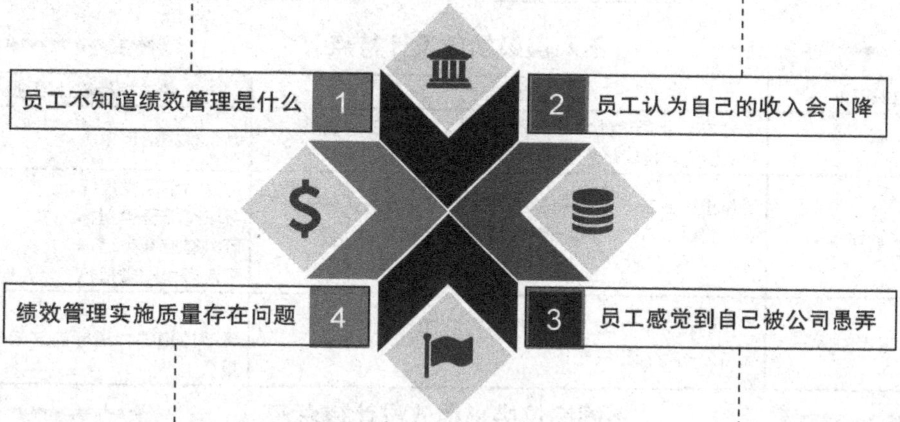

对策：学习行业的标杆公司、基准公司、竞争对手的绩效管理做法，取长补短。与行业内对绩效管理有一定心得和经验的公司交流经验。借助外部力量，引入外部专业的咨询公司，帮助公司完善绩效管理体系，对内部的部门和各级管理者实施培训。

对策：将公司的焦点放在绩效工资的投入产出比上，而不是绩效工资的绝对值上。绩效工资的投入产出比高的公司，投入更多的绩效工资会带来公司价值的不断提升。这样的话，即使绩效工资的绝对值可能在提升，但公司价值提升的速度更快、收益也更多。

疑难问题　不同岗位如何设置绩效指标

要点介绍

对于高层管理者、中层管理者、基层管理者和员工，由于其岗位特性不同，贡献方式不同，因此绩效指标的形式也有所不同。越往高层，越应当注意长期绩效和短期绩效的结合，越应当注重结果，而不是行为。越往基层，越应当强调行为、任务或工作的过程。一般来说，高层管理者注重综合性的财务指标和组织层面的关键业绩驱动要素；中层管理者注重效益、营运指标和部门对应的业务重点；基层管理者和员工注重相对单一的业务重点和营运工作内容。

不同层级绩效指标关注点

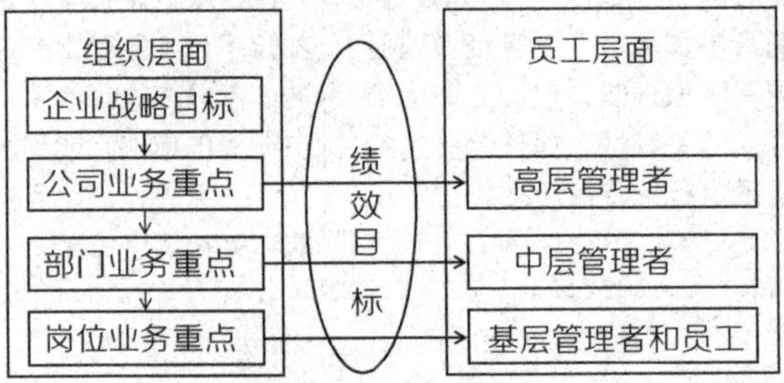

不同层级绩效设计特点

岗位职级	职级特点	绩效指标设计原则
高层管理者	对公司或业务单元负主要责任；具备较高的独立性；需要处理的非程序化的工作较多；工作内容不固定	以结果类指标为主
中层管理者	工作重点是部门的规划和策略；部门计划的实施以及团队的打造；工作内容一部分相对固定，一部分有一定的灵活性	可以有结果类指标； 可以有流程类指标； 可以有业务类指标； 可以有管理类指标
基层管理者和员工	工作的程序化比较高；工作内容相对比较固定；工作目标与公司目标距离较远	可以具体行动为主；指标能够被清晰地描述；指标能够被准确地测量

不同岗位类别绩效设计特点

岗位类型	岗位特点	绩效指标设计原则
销售类岗位	以完成业务目标为导向； 工作的弹性和灵活性较大	以结果类指标为主； 以行为类指标为辅
技术类岗位	输出结果与个人专业技术水平相关； 工作的创新性较大	以能力类指标为主； 以行为类指标为辅
生产类岗位	工作内容比较单一； 工作的机械化程度高	以数量和质量类指标为主； 以能力和行为类指标为辅
行政类岗位	工作内容比较繁杂，工作量比较多； 工作中可能有的沟通较多、不确定性较大； 工作产出主要是任务完成质量和完成度	以任务类指标为主； 以行为类指标为辅； 以结果类指标为补充

疑难问题　如何根据员工特点实施辅导

要点介绍

在实施绩效辅导的过程中，考核人（管理者）常常会发现当自己实施相同的绩效辅导行为时，对不同的被考核人（员工），效果却是截然不同的。一套方法只适用于一类被考核人，只能对一部分被考核人起作用。针对不同类型的被考核人，考核人应当采取不同的管理风格，而不是一套方法用到底。

那么，如何针对不同类型的被考核人，采用不同的方法，对被考核人进行绩效辅导呢？这里考核人可以用到情境领导理论工具。情景领导理论（Situational Leadership Theory，SLT），是由保罗·赫西（Paul Hersey）和肯尼思·布兰查德（Kenneth Blanchard）提出的，是一个针对被考核人的不同成熟度采取不同领导风格的权变理论工具。

情景领导理论模型示意

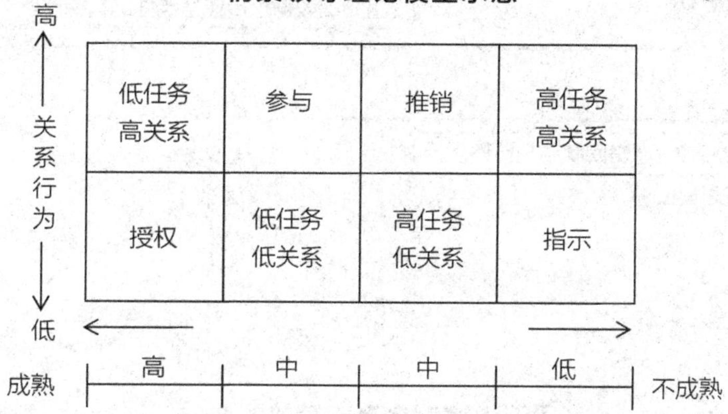

情景领导理论模型在绩效辅导中的应用

1. 当被考核人既没有能力又不愿意做某项工作时，考核人可以给被考核人明确而具体的指示。

2. 当被考核人没有能力，但是却有意愿做某项工作时，考核人可以给被考核人布置更多的工作任务，来锻炼和弥补被考核人能力的欠缺，并且给予被考核人更紧密的关注，让被考核人在一定程度上能够领会和理解考核人的意图。

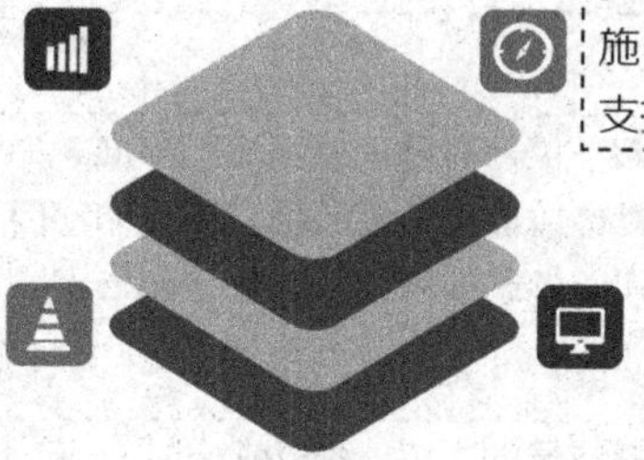

3. 当被考核人有能力，但是不愿意做某项工作时，考核人可以让被考核人更多地参与工作的发起、讨论、制定、实施等全过程，并给予被考核人充分的支持。

4. 当被考核人既有能力，又有意愿做某项工作时，考核人本人不需要干预被考核人太多，可以授权给被考核人。考核人可以适时在过程中给予被考核人一定的协助和支持。

疑难问题 如何保证绩效信息真实有效

要点介绍

为了保证绩效信息真实有效，公司在设计绩效信息或收集、核准数据时，应当分情况在这两个方面有针对性地采取措施。

保证绩效信息真实有效的传递方法

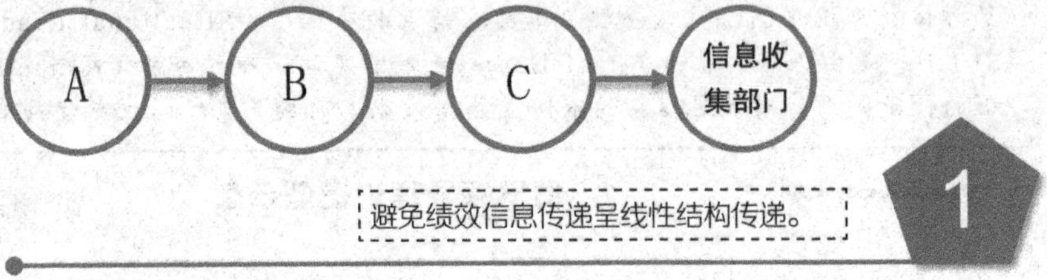

避免绩效信息传递呈线性结构传递。

2 让绩效信息呈网状结构传递。

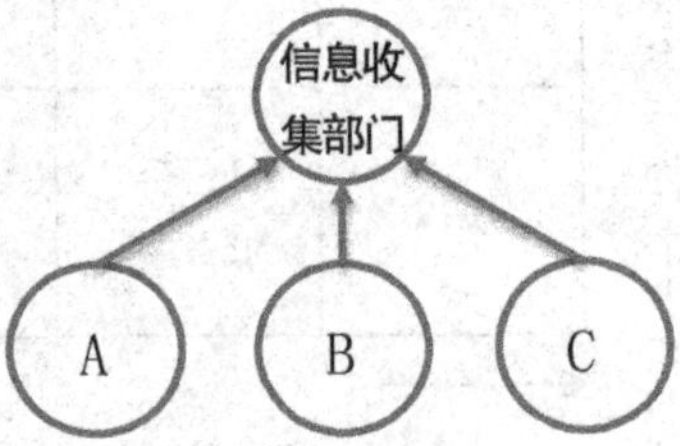

保证绩效信息真实有效的方法

增加犯错成本

增加绩效信息提供人犯错的成本，对于有意或无意的信息提供失真都有一定的效果。但是对于故意提供虚假信息的绩效信息提供人，公司应当给予其较大力度的处罚。

加强检查

绩效信息提供人不仅自身要注意信息的核准，为了提高检查的效力和效果，还可以联合公司中具备管理上的监督检查职能的部门，强化绩效信息提供结果的审计、监督和检查工作，做好绩效信息的核查和核实。

宣导教育

通过强化对公司成员的宣传、教育或培训，同样可以影响绩效信息提供人的行为。培训的内容可以同时涵盖绩效管理的各方面，例如，如何观察工作、如何提供绩效信息、如何使评级误差最小化等。

第8章

员工关系与劳动保护

员工关系指的是公司和员工之间的关系。员工关系管理是人力资源管理中一个非常重要的模块。公司通过做好员工关系管理和员工劳动保护，能够提高员工的满意度，增强员工的稳定性，提高工作效率，减少管理内耗，降低公司成本。

8.1 规章制度汇编

没有规矩，不成方圆。公司的成功需要适应公司发展的、系统的、明确的、具备可操作性的规章制度。公司的规章制度，是员工在工作中必须遵守的公司内部规范总和，是公司拥有的重要权利。规章制度不仅是“有没有”的问题，而是公司要系统编制公司规章制度，让规章制度真正发挥作用，需要采取一系列科学的方法。

8.1.1 规章制度基本类别

要点介绍

系统的规章制度是公司自主管理的根本体现，是维护公司的秩序，作为法律法规对员工行为约束的延伸和补充。系统的规章制度能够明确员工的行为规范和劳动条件，成为劳动争议中的法律依据，是公司依法维护自身合法权益的重要文件。

公司规章制度的基本类别

工作流程类规章制度

这类规章制度同样适用于所有员工，但并不强调具体的行为，更偏重“标准”“流程”“秩序”，包括入职管理制度、转正管理制度、离职管理制度、岗位调整管理制度、岗位晋升/降职管理制度、薪酬管理制度、绩效管理制度、请假管理制度、述职管理制度等。

行为规范类规章制度

这类规章制度适用于所有员工，对所有员工的规范程度相同，是所有员工都必须遵守的基本行为准则参照依据，包括员工行为规则、劳动纪律、公司奖惩条例、公司商业准则、办公用品管理制度、物品领用管理制度、保密制度、竞业限制制度、出勤管理制度等。

工作内容类规章制度

这类规章制度通常适用于部分员工，属于从事特定岗位员工需要遵守的行为规范，包括生产作业管理制度、生产设备管理制度、产品质量管理制度、技术研发管理制度、市场营销管理制度、采购管理制度、物流控制管理制度、信息系统管理制度、财务会计管理制度、安全检查管理制度等。

小贴士

如果需要，规章制度可以涵盖公司中的所有行为。有效的规章制度通常是系统化的规章制度，但系统化的规章制度不一定有效。公司在编制系统化的规章制度时，不应追求“多”，而应当追求“有效”。随着公司的内外部环境的不断发展变化，规章制度要与时俱进。

8.1.2 规章制度汇编注意

要点介绍

公司的规章制度要具备有效性和可操作性，要注意证据意识，规范操作流程，要根据实际情况，及时调整、适时修改。

编制规章制度常见的两大问题

程序问题

有的公司的规章制度只是少数管理者或个别部门拟定后，没有与工会协商，没有与员工代表讨论，就开始实施；有的公司用上级公司的规章制度代替下级独立法人公司的规章制度。公司在制定规章制度时，要注意民主协商，运用合法的程序通过规章制度。

内容问题

有的公司的规章制度有悖于法律法规的相关规定；有的公司的规章制度完全照搬法律法规；有的公司的规章制度成了处罚员工的菜单，全是处罚内容；有的公司的规章制度言之无物，没有具体的内容和标准。

规章制度中常见的内容问题

霸王条款，如不得恋爱，不得生育，不缴纳保险/住房公积金，工伤全部由员工承担，安全责任全部由员工承担，没有假期，工作损失全部由员工承担等。

随意调岗，调岗的主动权在公司，公司可以根据需要，随意给员工调整岗位。

随意解聘，公司可以根据各类违法条件，解除与员工的劳动关系。

规章制度实施过程的注意事项

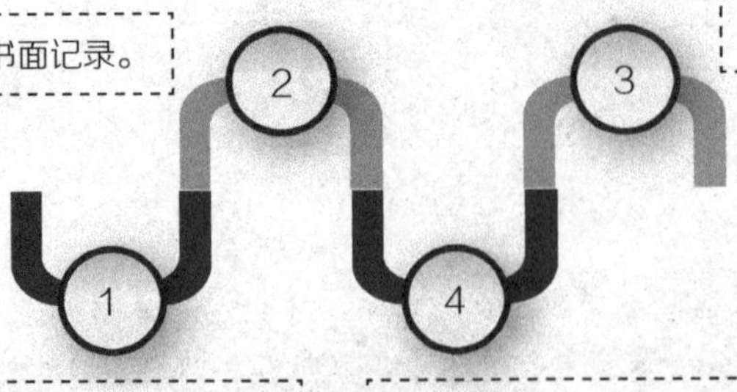

1. 统一标准，平等对待。
2. 保留证据，书面记录。
3. 设置期限，员工确认。
4. 依规实施，全面履行。

8.1.3 员工手册内容框架

要点介绍

员工手册是公司规章制度、公司文化和公司战略的集合与浓缩，能够起到展示公司形象、明确工作规则、传播公司文化的作用。员工手册可以覆盖公司所有规章制度的内容，也可以作为规章制度的补充。

常见员工手册的内容框架

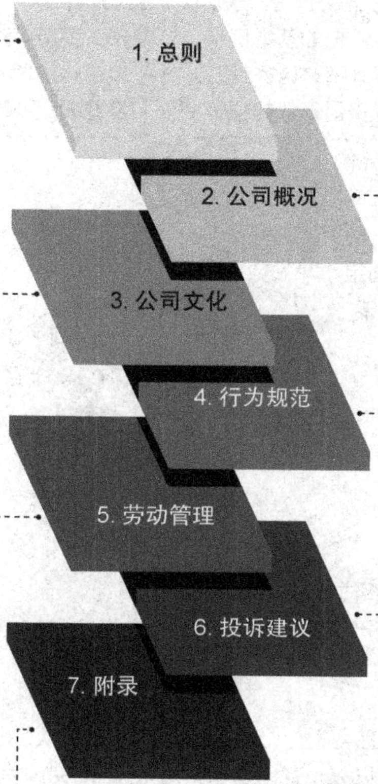

在员工手册的总则部分，可以说明员工手册的作用定位，内容包含适用范围、使用方法、制定过程、通过程序、公示形式、主编部门、版本编号、更新规则、创始人/一把手致辞等。

在公司概况的部分，可以说明公司的发展历程、大事记，公司性质，经营范围，主要产品，主要客户，市场分布，行业地位，组织机构，资金实力，隶属关系，合伙人关系，投资人概况，人数规模，所在地区等。

在公司文化的部分，可以说明公司的愿景、使命、价值观、经营哲学，公司形象，公司精神，公司风采，公司理念，公司信仰，典型故事，典型人物，公司标识，标识释义，公司歌曲等。

在行为规范的部分，可以说明公司的仪容仪表要求、工装制度、行为准则、劳动纪律、保密管理、竞业限制、奖惩规则等。

在劳动管理的部分，可以说明公司的人才选拔标准、用人原则，公司与员工的权利义务关系，绩效考核标准，晋升/降职制度，聘用/解聘程序，试用期/转正规定，工资待遇，工资结构，工龄计算，各类奖金，各类补贴，出勤制度，休假制度，轮岗制度，调岗制度，劳动保护制度，报销制度，出差制度，车辆使用制度，安全制度，卫生制度，社会保险/住房公积金制度，早/午/晚餐制度，住宿制度，图书借阅制度，休假制度，工作地点，工作流程，离职管理制度等。

在投诉建议的部分，可以说明公司的投诉流程、建议反馈方法、工会和职工代表大会制度、劳动争议处理流程等。

在附录的部分，可以包含员工签收页、公司相关部门的联系方式、公司网站、公司地址、交通地图、有寓意的照片等。

8.1.4 员工手册编制步骤

要点介绍

员工手册不能由负责员工手册编制的部门独自编制。一方面，负责编制员工手册的部门要主动与其他相关部门沟通；另一方面，公司其他相关部门也要主动参与到员工手册内容填充的过程中。因为员工手册中可能涉及许多顶层设计的内容，公司在编制员工手册的过程中，最好成立专门的工作小组，由级别比较高的管理层任组长。

编制员工手册的四大步骤

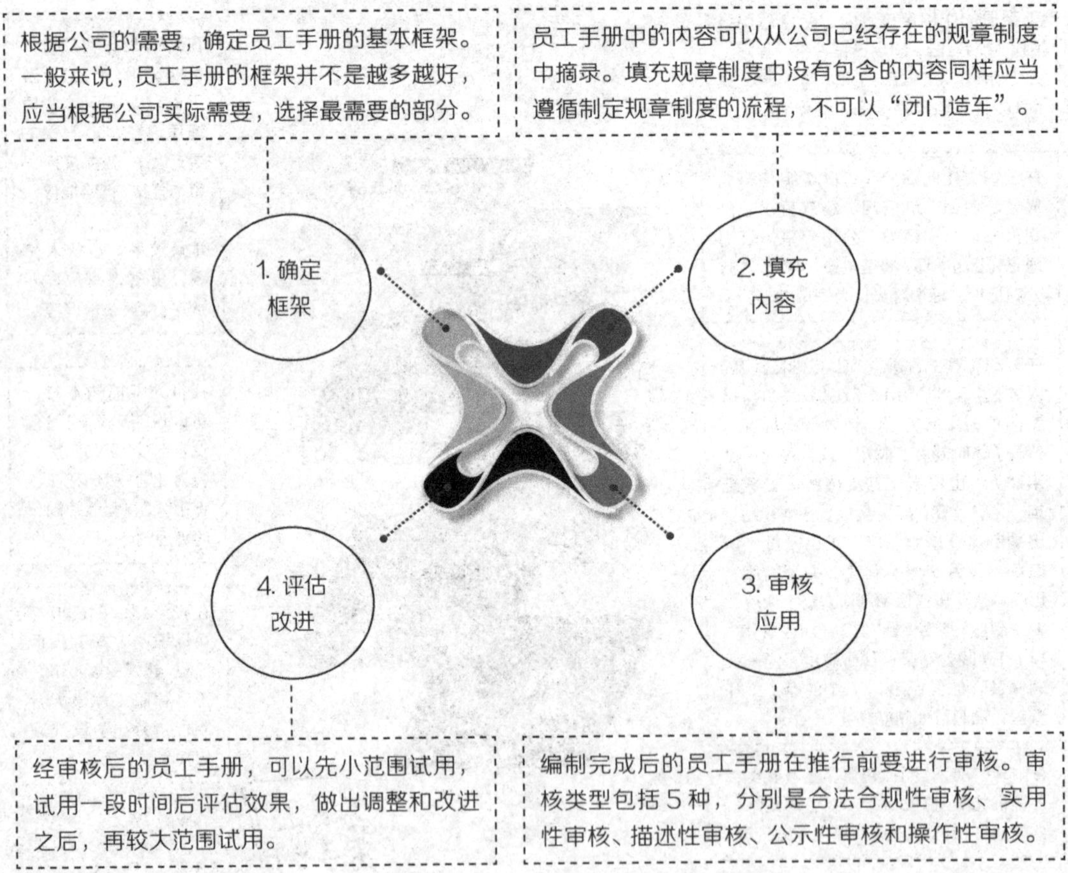

8.1.5 员工手册编制注意

要点介绍

员工手册代表着公司的形象，是新员工能够拿到的关于公司的早期书面资料。编制员工手册时，需要注意一些常见问题。

员工手册编制注意事项

不要贪多：编制员工手册的目的不是要把公司所有想告诉员工的事项全放在里面，而是把员工必须知道的，与员工切身利益相关度比较高的，日常工作中出现频率比较高的事项放在里面。

语言亲和：员工手册不是上级给下级发的公文，不是上级对下级的命令文书，所以员工手册的语言应当表现出亲和力，应当少一些类似“绝对不许”“后果自负”“过时不候”等生硬的语言。可以使用类似“我们”“大家”等亲切的表达。

有的公司员工手册中的语言表达过于亲和了，员工手册变成了类似父母教育孩子的说教，有大量类似“希望不要这样，因为这样做违反道德，影响个人声誉”的表述。这些内容是没必要的，公司只需要客观地说明要求，不需要有任何说教类的内容。

印刷质量：员工手册的编写质量不仅体现在内容上，还体现在外在的印刷和装帧质量上。包装精美的员工手册能显出公司的用心、大气、专业，能给员工比较好的感官感受，能让员工产生翻阅的冲动。

适时更新：公司所在的商业环境在发生巨大的变化，员工手册也应当相应变化。内容陈旧的员工手册起不到应有的作用。一般来说，如果公司经营状况平稳，员工手册应当至少两年更新一次；如果公司经营过程中发生较大的变化，员工手册应当及时更新。

8.1.6 规章制度通过程序

要点介绍

很多公司和员工发生劳动争议时，公司会拿出自己的规章制度作为证据，即使规章制度的内容本身合法合规，但却还是败诉。因为规章制度建立的程序出了问题。很多公司没有通过民主程序制定规章制度，或者通过的民主程序不符合法定的要求，或者没有经过职工代表大会或者全体员工讨论，这些都会导致在发生劳动争议时公司处于不利的地位。公司要想让规章制度有效，有3个要件缺一不可：一是内容上必须合法合规，二是流程上必须通过民主程序，三是条件上必须向员工公示。

规章制度的通过程序

1. 法律规定

根据《中华人民共和国劳动合同法》（2013年7月1日实施）第四条规定：
用人单位应当依法建立和完善劳动规章制度，保障劳动者享有劳动权利、履行劳动义务。用人单位在制定、修改或者决定有关劳动报酬、工作时间、休息休假、劳动安全卫生、保险福利、职工培训、劳动纪律以及劳动定额管理等直接涉及劳动者切身利益的规章制度或者重大事项时，应当经职工代表大会或者全体职工讨论，提出方案和意见，与工会或者职工代表平等协商确定。

在规章制度和重大事项决定实施过程中，工会或者职工认为不适当的，有权向用人单位提出，通过协商予以修改完善。用人单位应当将直接涉及劳动者切身利益的规章制度和重大事项决定公示，或者告知劳动者。

2. 民主程序

公司规章制度通过的民主程序首先是将公司初拟的规章制度经过职工代表大会讨论，没有职工代表大会的公司，可以请全体员工讨论。结合职工代表大会或全体员工的反馈意见，经过平等、充分的讨论和协商后，最终由职工代表大会或全体员工审议确定并通过。

小贴士

注意：职工代表大会和工会虽然不是公司中必须存在的组织，但是它们却对规章制度的确定和通过起着至关重要的作用。如果没有职工代表大会，那么就需要全体员工通过。这样公司组织起来会有比较大的难度，不容易实现。所以，公司不如一开始就成立职工代表大会和工会，一来可以让公司的管理更规范，二来可以增强员工的归属感。

8.1.7 规章制度公示方法

要点介绍

发生劳动争议时，员工可能会主张自己并没有看到或学习到规章制度，也就是有的员工会说公司并没有履行规章制度公示的程序。这种情况一旦发生，公司需要提供规章制度公示的证据，而公司往往很难拿出证据，因此就容易使公司陷入一种不利的局面。

规章制度的 4 种公示方法

入职申明法

公司在新员工入职时，让新员工阅知规章制度，保留新员工阅知规章制度签字的凭证；在新员工入职培训时，要保留新员工通过规章制度考试的试卷资料；也可以直接把规章制度放在劳动合同中，作为劳动合同的附件，和员工签订劳动合同时一起约定签字。

张贴公示法

公司可以把规章制度张贴在宣传栏中，或者做成黑板报的形式；规章制度的张贴公示不仅可以在物理办公环境下进行，而且可以通过互联网进行。例如，在官方网站、内网系统上公示，或者可以通过内网系统或电子邮件主动推送、群发，可以设置员工打开后自动回复。

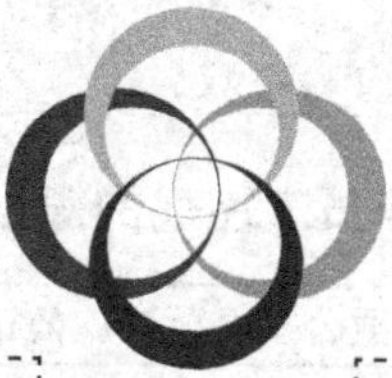

集中学习法

公司可以适时组织员工集中学习规章制度，尤其当公司的规章制度发生变化时，新老员工对新的规章制度不了解，公司可以集中组织培训，留下培训的影音资料、照片资料、签字资料、培训后的考试资料等。

传阅签字法

公司可以把规章制度打印出来，由各部门负责人组织，在各部门内部传阅学习，已阅者要签字登记并确认；或者直接把规章制度汇编进员工手册，保证人手一本，在员工手册中设置回执页，员工收到员工手册后，在回执页上签字确认，并统一回收保存。

小贴士

以上方法并非用了其中一条，公司就可以高枕无忧了，而是在公司管理成本允许的前提下，用得越多越好。无论规章制度的公示方法是作为劳动合同的附件、作为员工手册，还是培训后的签字确认，都要有明确表示员工已经知悉规章制度的说明签字。

8.1.8 员工违规处理办法

要点介绍

有时会因员工违规操作而发生事故，既让员工个人受到伤害，又给公司带来财产损失的情况。公司不希望员工违规，当违规发生时，公司应当采取相应的措施，最小化损失的同时，防止违规再次发生。

员工违规处理注意

赔偿责任

员工违规操作，如果是员工的责任，公司可以要求员工承担一定的赔偿责任。不过，有3个前提：一是员工确实存在违反规章制度、操作流程或应当遵守的劳动纪律、职业规范等行为；二是公司确实由于员工的违规行为，造成了损失；三是员工存在主观上的故意。

违规判断

公司判断员工是否存在违规操作，首先得有“规”。如果没有“规”，公司不能随意说员工违规。当有了规章制度之后，公司说员工违规操作，还得有确凿的“证据”，或者一套完整的证据链条。如果没有确凿的证据，公司依然不能认定员工违规。

违规处理

对于日常工作中，有确凿证据的员工违纪行为，公司可以有两种处罚方式。一种是行政处罚，主要包括警告、记过、记大过、降级、撤职、留用察看、开除；另一种是经济处罚，一般是在给予行政处罚的同时，给员工一次性罚款的处罚。除这两种处罚外，其他对员工违规的处罚都可能违法。

处理员工违规的原则

注意要公平、公开、公正

公平是指公司要依据规章制度，同样的情形，必须做出同样的处罚，无论是员工还是领导，无一例外；公开是指员工违反了劳动纪律，必须公开处理，公司不得私自陷害或侮辱员工；公正是指公司要站在中立的一方，不偏袒，不偏激，客观地处理。

教育警示为主，惩罚为辅

公司惩罚违规的员工只是一种手段，根本目的不在于惩罚本身，而在于警示。警示当事的员工，也警示其他员工，希望所有人不要犯同样的错误。所以，公司一定要分清楚主次，强化教育和警示的力量。能不处罚，尽量不处罚。

以事实为依据，重视证据

公司在处罚违纪员工时，要做到以事实为依据。不以事实为依据的处罚是不被法律接受的。以事实为依据的关键是证据，没有证据，不能说员工违规。证据最好是书面的，如果是员工口头承认的，也可以作为证据使用，但必须有录音。对于员工口头承认的证据，最好形成书面文件，并让员工签字。

8.2 员工满意度调查

员工满意度调查是广泛听取员工意见，并激发员工参与管理的一种方式，是公司预防和监控员工流失的手段，也是公司管理在员工心态和行为上的体现。公司通过员工满意度调查可以捕捉员工思想动态和心理需求，从而采取有针对性的应对措施。

8.2.1 员工满意度调查流程

要点介绍

员工满意度调查能够收集到员工对改善公司经营管理的意见和要求，同时又能激发员工参与组织变化，提升员工对组织的认同感和忠诚度，也为公司人力资源管理的决策和改善提供有效的依据。

员工满意度调查实施流程

1. 确定调查团队

实施员工满意度调查应当有专属的团队。对一般公司来说，员工满意度的专项调查由人力资源部负责组织实施并统计结果，由各部门配合完成。员工满意度的日常了解和异常发现，由部门内部的直属领导在工作中通过访谈的形式实施关注。

2. 确定调查对象

员工满意度调查的对象可以是全体员工，也可以是部分员工。公司选择部分员工作为调查对象时，可以随机选择，可以针对当前暴露出的问题对员工区分调查，可以根据员工层级区分调查，也可以根据员工所属地区、年龄、性别、部门等区分调查。

3. 确定调查内容

常见员工满意度调查的内容包括工作时间、工作环境、劳动强度、工作感受、薪酬福利、晋升空间、学习机会、领导方式、生活保障等。

4. 确定调查方法

员工满意度调查方法从大类上区分，可以包括定性调查和定量调查，进一步划分可以包括问卷调查法、员工访谈法等。

5. 制订调查计划

根据员工满意度调查的对象、内容和调查方法，设计满意度调查的实施方案，形成行动计划，由调查团队组成实施小组，开展实施。

6. 实施调查总结

对员工满意度调查的所有数据结果进行综合统计，数据分析，发现其中存在的问题，对问题做深入挖掘和分析，形成改进措施、解决方案和调查结果的分析报告，报相关人员。

8.2.2 员工满意度调查内容

要点介绍

员工满意度调查可选的内容非常多，公司应当根据自身需要，选择适合自己的员工满意度调查内容。

常见员工满意度调查的内容

类别	项目	满意度
工作时间	您对上下班时间安排是否满意?	□满意 □不满意 □折中
	您对休假的安排是否满意?	□满意 □不满意 □折中
	您是否能够经常按时下班?	□满意 □不满意 □折中
	您是否能够或愿意接受加班?	□满意 □不满意 □折中
工作环境	您对工作场所的环境温度、湿度是否满意?	□满意 □不满意 □折中
	您对工作场所的光线、通风状况是否满意?	□满意 □不满意 □折中
	您对工作场所的噪声情况是否满意?	□满意 □不满意 □折中
	您对工作场所的清洁情况是否满意?	□满意 □不满意 □折中
	您对工作的出差情况是否满意?	□满意 □不满意 □折中
	您对工作中用到的工具和设施是否满意?	□满意 □不满意 □折中
	您对工作中提供的劳动保护用品是否满意?	□满意 □不满意 □折中
工作感受	您对当前的工作量是否满意?	□满意 □不满意 □折中
	您对当前工作耗费自己的体力或精力是否满意?	□满意 □不满意 □折中
	您对当前工作产生的意义和价值是否满意?	□满意 □不满意 □折中
	您对当前工作中产生的愉悦感是否满意?	□满意 □不满意 □折中
	您对当前工作中与领导之间的关系是否满意?	□满意 □不满意 □折中
	您对当前工作中与同事之间的关系是否满意?	□满意 □不满意 □折中
	您对当前工作给您带来的压力与挑战是否满意?	□满意 □不满意 □折中
薪酬福利	您对当前工资是否满意?	□满意 □不满意 □折中
	您对公司告知工资明细的方式是否满意?	□满意 □不满意 □折中
	您对福利发放的种类和形式是否满意?	□满意 □不满意 □折中
	您对工资、节假日福利发放的时间是否满意?	□满意 □不满意 □折中
晋升空间	您对所在岗位的晋升通道是否满意?	□满意 □不满意 □折中
	您对公司提供的职业发展和晋升方式是否满意?	□满意 □不满意 □折中
	您对公司晋升需要的时间是否满意?	□满意 □不满意 □折中
	您对所在部门领导对您晋升给予的支持是否满意?	□满意 □不满意 □折中
学习机会	您对当前能接受的岗位业务或管理技能培训是否满意?	□满意 □不满意 □折中
	您对公司能够提供的外出学习和培训机会是否满意?	□满意 □不满意 □折中
	您对公司的培训管理制度是否满意?	□满意 □不满意 □折中
领导方式	您对自己的直属领导是否满意?	□满意 □不满意 □折中
	您对自己直属领导处理问题的能力是否满意?	□满意 □不满意 □折中
	您对自己直属领导工作安排的能力是否满意?	□满意 □不满意 □折中
	您对自己直属领导上传下达的能力是否满意?	□满意 □不满意 □折中
	您对自己直属领导公平公正的态度是否满意?	□满意 □不满意 □折中
	您对自己直属领导以身作则的态度是否满意?	□满意 □不满意 □折中
	您对自己参与决策的程度是否满意?	□满意 □不满意 □折中
生活保障	您对公司的用餐质量及服务是否满意?	□满意 □不满意 □折中
	您对宿舍的环境及服务是否满意?	□满意 □不满意 □折中
	您对公司提供的休闲娱乐设施是否满意?	□满意 □不满意 □折中
	您对公司组织的各类文体活动是否满意?	□满意 □不满意 □折中

8.2.3 员工满意度调查注意

要点介绍

通过有效的员工满意度调查，公司可以准确、全面地了解员工的满意状况及潜在需求，并凭借这些依据，制定并实施有针对性的激励措施。公司这样做不仅能有效地留住员工，更能尽量使员工满意。提升员工满意度就是提升顾客满意度，最终提升公司的整体经营绩效。然而公司要想员工满意度调查有效，需要注意以下事项。

公司在实施员工满意度调查之前需要提前考虑的因素

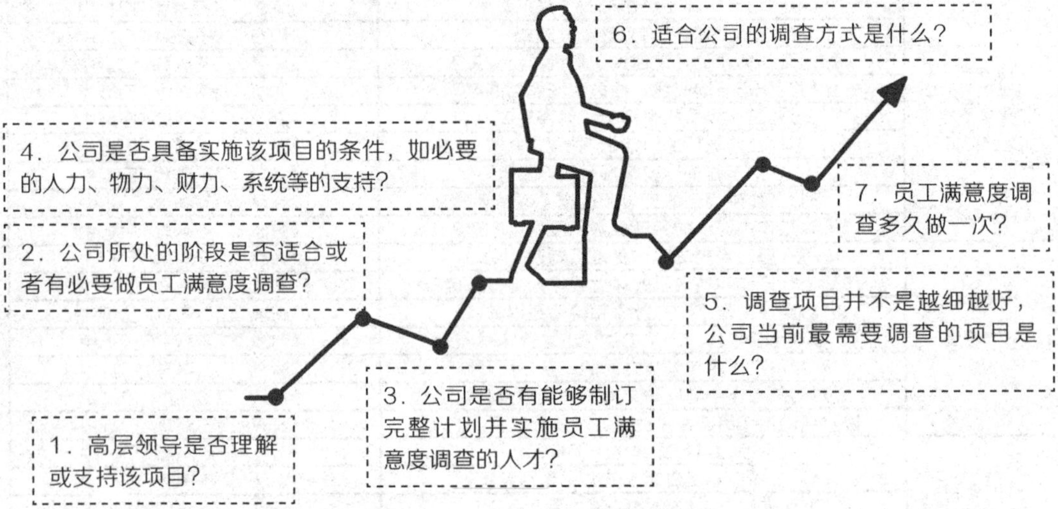

公司在实施员工满意度调查之后需要采取的措施

8.3 员工投诉

公司中上下级之间、同事之间交流，免不了会产生摩擦，有了摩擦就会产生冲突，产生投诉，甚至产生劳动争议。公司要正视员工的投诉以及已经产生的员工冲突，妥善管理好员工投诉。

8.3.1 员工投诉受理

要点介绍

在一般的公司中，人力资源部是员工投诉的接待方。人力资源部的工作人员应本着负责任的态度来应对员工投诉。

员工投诉接待人员选择

本身比较稳定，对公司具有一定的忠诚度。

在公司工作 5 年以上，对公司的文化、政策、内部关系比较了解。

具备一定亲和力，有接待员工投诉的基本能力。

具备一定的社会阅历，家庭和睦，年龄最好在 40 岁以上。

员工投诉受理的注意事项

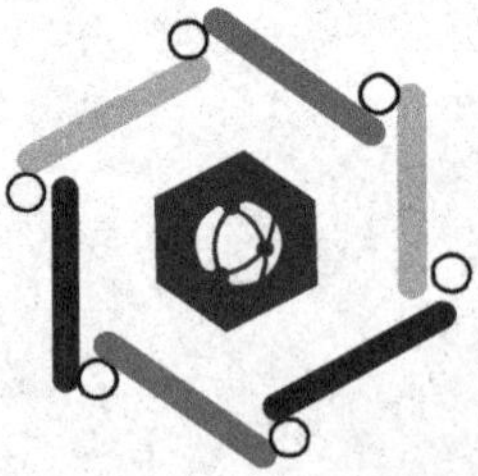

1. 建立恰当的投诉沟通渠道，并提前对全体员工公布。如果没有正规的渠道，投诉员工可能会选择比较极端的手段，给公司造成不良的影响。

2. 最好把员工可以拨打的投诉热线电话固定，而且把固定电话与手机绑定，保证有人在第一时间接待投诉员工。有条件的公司要保证投诉电话 24 小时有人接听。

3. 接到投诉后，要第一时间明确告知投诉反馈的时间，尤其是当收到匿名投诉的群发邮件时，或者是看到论坛中公示的投诉帖时，要第一时间让对方知道相关部门已经获悉其投诉内容，将马上着手处理。

4. 如果条件允许，最好第一时间与投诉员工见面。当面接待投诉员工的方式比通过电话或互联网等方式更能让投诉员工满意，而且有助于安抚投诉员工的情绪，推进投诉处理，避免引发投诉的进一步升级。

5. 受理员工投诉时，要客观了解投诉员工的投诉要点，要多听、少说，同时引导投诉员工尽量多地表达意见、反映问题。

6. 做好员工投诉的相关记录，包括投诉的详细情况，如投诉时间、投诉地点、投诉者、投诉对象、投诉的关键事件、投诉的目标等。

8.3.2 员工投诉调查

要点介绍

人力资源部在受理员工投诉后，要查找员工投诉的原因，妥善解决员工投诉，避免以后再次发生类似的员工投诉。每个投诉的员工都有动机，这个动机也许是某种不公平或不公正的待遇。针对员工投诉的动机，人力资源部可以寻找投诉员工的诉求，找准员工投诉的症结，更准确地应对员工投诉。

明确员工投诉动机

员工为什么要投诉？

是什么引起了员工的投诉？

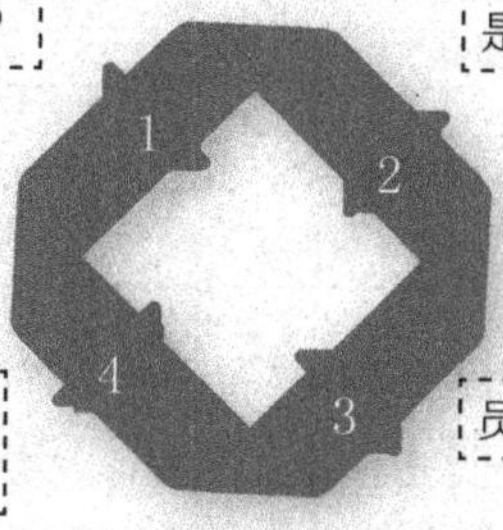

员工投诉想达到的目的/目标/结果是什么？

员工投诉的具体对象到底是什么？

投诉调查的注意事项

做到对事不对人，客观调查，不要有“理应”的想法，不要加入主观判断，不要掺杂个人的价值观。

进行调查的过程要严格保密，避免在公共场合或向第三方发表对投诉者、被调查者以及其他相关人员的评判性评价。

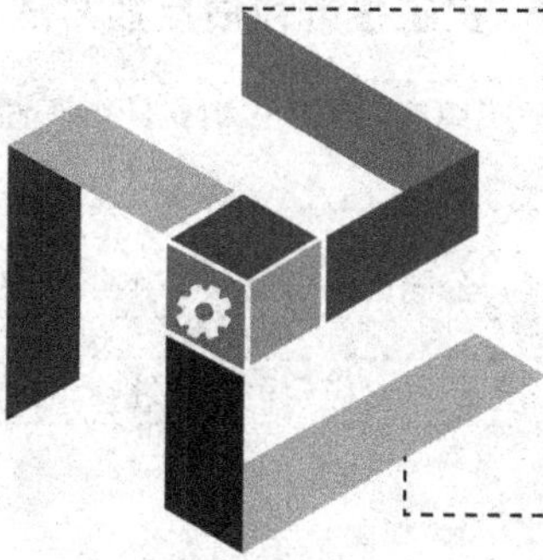

找出发生投诉的核心原因，而不是仅浮在投诉表面，如查找究竟是公司的问题，是个别管理者的问题，还是员工的情绪问题。

小贴士

并不是每个投诉员工都能说清自己投诉的动机，都知道自己到底想达到什么样的结果。有的投诉员工也许只是一时情绪使然，有的投诉员工也许因为一些原因而不想直说，还有的投诉员工自始至终就没有想过这类问题。这时，工作人员需要与投诉员工深入沟通，挖掘员工投诉背后的这类关键信息。

8.3.3 员工投诉处理

要点介绍

公司在对员工投诉的事件进行调查，得出结论之后，如何处理员工投诉，决定了整个员工投诉处理过程的质量。如果处理得当，不仅单次的员工投诉能够得到化解，而且能减少未来因为同类问题引起员工投诉的数量；如果处理不得当，可能会让员工投诉升级，引发更严重的劳动争议。

员工投诉处理方法

1. 处理员工投诉的工作人员应把投诉调查的结果向有关领导汇报，根据指示，召集相关部门人员，研讨出针对员工投诉的处理结果和行动计划。

2. 把员工投诉的调查结果告知投诉员工，告知投诉员工问题产生的原因，并把处理结果和行动计划告知员工。

3. 对员工投诉的处理结果，要争取投诉员工的理解和认同。尤其是当处理结果与投诉员工原本的诉求不同时，要充分沟通，征求投诉员工的理解。

员工投诉评估反馈方法

1. 处理员工投诉的关键不仅在于解决单次的员工投诉，还在于通过对单次员工投诉的处理，准确找到投诉背后的深层次原因。

2. 参考对单次员工投诉的处理结果，公司要评估类似投诉再次发生的可能性，及时做好预防措施。

3. 针对整个员工投诉的处理过程，形成一份包含可实施性或可行性的整改报告。

员工投诉整改检查方法

1. 针对整改活动，形成整改报告。

2. 将审批后的整改报告报送相关部门，由相关部门执行整改报告。

3. 定期对相关部门的方案进行检查，并评估整改情况。

8.3.4 员工对抗应对

要点介绍

在工作沟通中，员工的对抗通常源于员工总偏向于对自己做出较高的评价，当现实与这种自我评价相悖时，员工有逃离现实的倾向，就可能出现对抗。对于一些具备一定挑战性和压力的岗位，员工的对抗可能格外明显。

面对员工对抗的 3 个关键点

保持理智

面对员工的对抗，不要慌张，也不要用对抗来回应对抗，要保持客观，了解状况，独立思考，不要被员工“带着走”。

倾听心声

倾听和考虑员工的观点，让员工充分表达，找到员工想表达的关键信息或核心思想，判断员工说的是客观事实还是主观判断，是否有理有据。

客观判断

判断员工表达内容的合理性：如果是合理的，那么应当考虑，并且给出一定的空间；如果不合理，那么应当以事实为依据，给员工反馈，和员工一起思考和寻找解决方案。

4 种员工对抗类型及应对策略

转移型

常见的语言模式为：“这个事情是这样子的……”“我是有苦衷的……”。这时，要领会员工的真正含义，不要被员工“带着跑”，要把落脚点放在工作成果上。

家庭状况型

常见的语言模式为：“因为我家里最近……”“因为我亲人这段时间……”。这时，如果员工确实有需要，可以尝试提供援助，也可以从更上层管理者处得到支持；对这类事件保持一定的关注，保持参与和持续监控。

情绪反应型

常见的情况包括：“表现出愤怒”“开始哭泣”“长时间沉默”。这时，要给员工一点时间，放慢谈话节奏，让员工平静下来。不要与其对抗，也不要使情况恶化。通过开放式的问题提高员工的参与感。

找理由型

常见的语言模式为：“都是因为其他人的某个问题”“都因为……，所以才……”。这时，要判断员工理由的合理性。如果原因合理，可以考虑；如果原因不合理，引导员工把关注点放到工作成果或者工作行为上。

8.4 劳动争议

如果人力资源管理没有做好，如果员工的冲突管理和员工投诉管理没有做好，如果公司本身存在违反劳动法律法规的情况，如果公司管理中存在比较多不合情、不合理的地方，都可能会引发劳动争议。当发生劳动争议时，公司要及时妥善处理，避免给公司造成不良影响。

8.4.1 劳动争议产生原因

要点介绍

目前我国的劳动争议案件的数量，呈现出高速增长的趋势，劳动者的申诉率越来越高，胜诉率也越来越高。其中，经济发达地区的劳动争议案件数量要远多于经济发展滞后地区的；民营公司的劳动争议案件数量明显超过国有公司的。这其中，有社会层面的宏观原因，也有公司和劳动者层面的微观原因。

常见劳动争议的 6 种类型

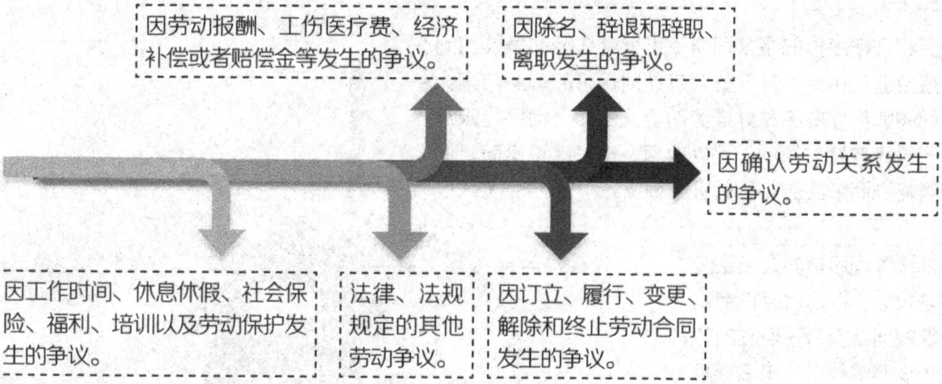

公司发生劳动争议的 4 个根本原因

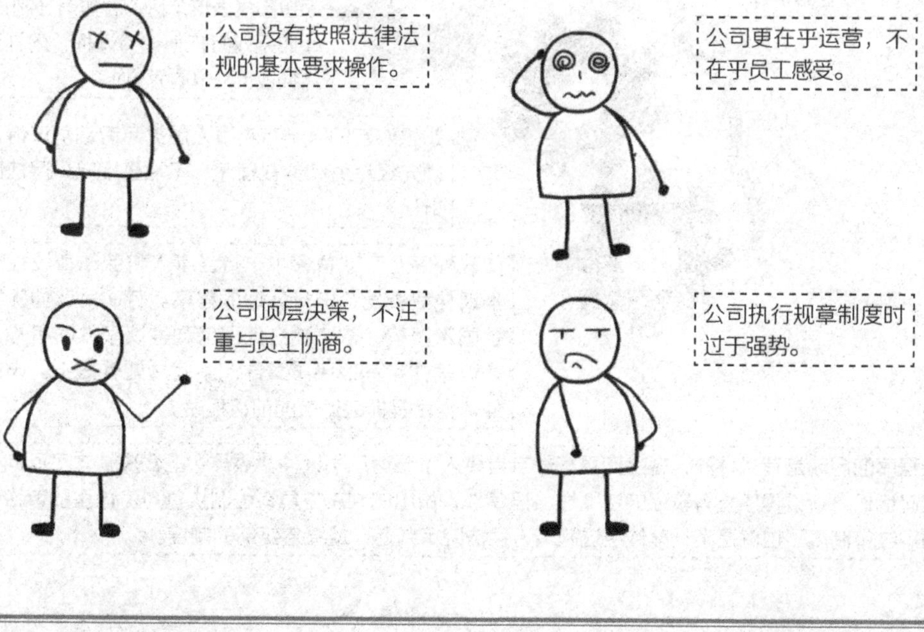

8.4.2 劳动争议处理流程

要点介绍

我国劳动争议的处理程序可以概括为“一调、一裁、两审”。与“一调、一裁、两审”对应的机构分别是：公司设立的劳动争议调解委员会、劳动争议仲裁委员会和人民法院。“一调”包含两部分，一部分是协商和解程序，另一部分是内部调解程序；“一裁”指的是仲裁程序；“两审”指的是诉讼程序。

劳动争议处理流程

协商和解程序指的是公司与员工就存在劳动争议的问题直接进行协商，并寻找双方共同认可的解决方案。协商和解程序并不是处理劳动争议的必经程序，双方出于平等自愿的原则，可以协商，也可以不协商，但如果能协商解决的，尽量协商解决。

内部调解程序指的是发生劳动争议后，双方就存在劳动争议的问题向公司设立的劳动争议调解委员会申请调解的程序。调解程序也不是发生劳动争议之后必须走的程序，双方可以自愿选择。

即使双方就劳动争议达成调解协议，也不代表这个协议就具有强制执行力。如果双方任何一方反悔，同样可以向仲裁机构申请劳动仲裁。

如果双方的某一方当事人想提起劳动争议诉讼，必须先经过劳动仲裁程序，不能直接向人民法院提起诉讼。

仲裁程序是劳动争议中一方当事人将劳动争议提交劳动争议仲裁委员会进行处理的程序。劳动争议仲裁委员会是国家授权、依法独立处理劳动争议案件的机构。劳动争议案件和其他民事案件的不同之处就在于，申请劳动仲裁程序是提起诉讼的前置程序。

诉讼程序的启动是有条件的，就是如果某一方当事人不服劳动争议仲裁委员会的裁决，才可以向人民法院提起诉讼。诉讼程序具有较强的法律性、程序性，做出的判决也具有强制执行力。这里的诉讼程序遵循两审终审制度，也就是某一案件经过两级人民法院审判后，就宣告终结的制度。

8.4.3 劳动争议防控方法

要点介绍

知道了如何处理劳动争议，不代表公司就不需要担心发生劳动争议。公司对待劳动争议，应当像对待火灾一样，最重要的不是发生火灾之后如何灭火，而是在还没有发生火灾时如何防火。公司要提高解决劳动争议的能力，不仅要学会如何处理劳动争议，还要学会如何管理劳动争议，如何预防和减少劳动争议。

减少劳动争议发生的重点工作

1. 公司要以法律法规为准绳，严格按照法律法规的规定做事，坚决不做违反法律法规的事。加强劳动合同管理，保证全员签订劳动合同，注意劳动合同的变更管理。当发生劳动争议时，争取以协商为主要调解方式。

2. 公司在做到合法合规的同时，还要做到合情合理。合法合规是必要条件，合情合理是充分条件。有了这两个条件，劳动争议的数量将会大大减少。要充分尊重员工的人格，注意员工的感受。

3. 公司要建立健全各项规章制度。规章制度的内容首先要合法合规，其次要尽可能涵盖管理体系的各方面，最后要具备可操作性。规章制度中要提前界定清楚劳资双方的权利义务关系，界定清楚评价体系，体现公平公正。

4. 各级管理层是长期和员工直接接触的人，公司要增强他们的法律意识，增强他们预防劳动争议的能力。定期组织相关管理者培训，定期开展劳动争议处理活动演练，定期开展劳动争议隐患自查活动。

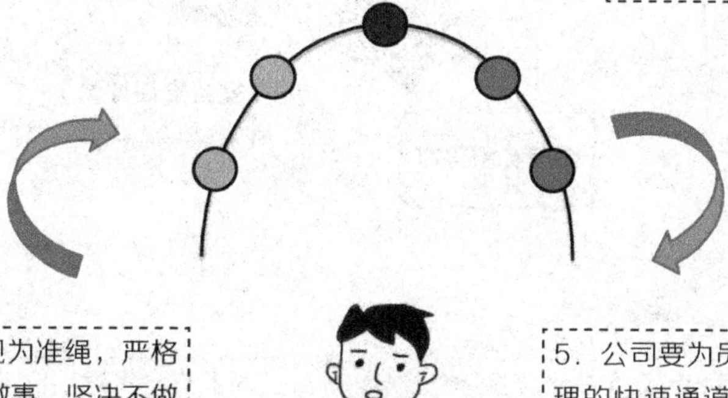

5. 公司要为员工开设员工投诉和处理的快速通道，员工投诉要简单易行，工作人员接到投诉后马上处理，处理的过程要客观公正，随时与投诉员工沟通进展，为员工开展劳动争议的正确处理方式做宣传教育。

疑难问题　如何提高全员安全意识

要点介绍

公司要想有效减少工伤事故的发生，可以通过提高全员的安全意识来提高全员的安全操作水平。

提高全员安全意识的 6 个方法

强化培训教育

公司可以强化员工的教育培训，通过思想教育类培训和操作技能类培训来提高全员的安全意识，通过实际的安全事故来警醒员工，总结安全事故的教训。

设安全管理员

公司可以让不同岗位的相对比较优秀的员工轮流做兼职安全管理员，有条件的公司也可以设立全职的安全管理员。兼职和全职的安全管理员的主要职责是在日常的工作中查找安全隐患问题，及时修正。

规范作业流程

公司可以通过查找员工作业动作的安全隐患，形成安全隐患较大岗位的标准化作业程序。公司也可以通过清单式管理法，建立安全隐患较大岗位的作业清单，规范、固化员工的作业流程。

定期实施检查

公司可以定期组织公司内部的安全大检查，可以鼓励部门内部进行安全自查，发现存在安全隐患的环境，发现问题之后及时做出改正。

合理实施奖罚

公司可以在定期的检查和自查中找到安全隐患管理优秀或较差的部门或个人，优秀的可以给予奖励，较差的应当给予相应的惩罚。奖罚可以和某种积分挂钩，也可以和工资或奖金挂钩，还可以与员工福利挂钩。

安全责任评优

公司的安全管理不仅可以与绩效挂钩，可以与薪酬挂钩，还可以与员工荣誉挂钩。公司可以规定全年未出任何安全事故的部门或个人才有年终评优的机会，或者才有岗位晋升、学习、获得某种荣誉的机会等。

疑难问题　如何避免制度“走形式”

要点介绍

很多公司的制度最后变成了写在纸上、留在嘴上、挂在墙上的无用制度。这是因为公司在制定制度的环节，没有考虑制度的“生存环境”，有的公司的“鲜活”的制度，到了别的公司，很可能变成一个“标本”，只能看，不能用。无用的制度和流程将会是“走形式”。

避免制度“走形式”的 4 个方法

领导层参与制度的出台

公司要制定和推行制度时，一定要先做好领导层的工作，想办法得到领导层的充分支持和参与。制度出台之前，公司领导层对这个制度的出台和推行是什么态度、了解多少、做过什么，决定了这个制度最终会产生什么样的结果。

明确谁为制度的实施负责

公司在制定制度时，一定要明确指出，谁为这项制度的实施负责、这项制度如果得不到实施应该怎么办。

明确谁来牵头问责

不同的制度，牵头问责的人应不同。一般根据制度的类型和情况，部门级的制度可以由部门负责人牵头，公司级的制度可以由审计部牵头，敏感的制度可以由领导指派的专人牵头，一般的制度可以由办公室牵头，特殊的制度可以由总经理助理牵头，更特殊的制度可以由总经理牵头。

制度要做定期评估和更新

公司在制定制度时，要想好制度的评估和更新流程，保证制度可以持续做到合理可行。很多制度因为本身不具有评估和更新机制，当时可能合理且适用，过段时间之后，因为环境发生了变化，也许就不适用了。